局部调整共识决策理论及应用

许叶军　王慧敏　赖小莹　著

科学出版社

北京

内 容 简 介

群决策理论的研究源于对社会选举制度的规则及其方法的探索,群决策要求决策者对最终决策方案达成一致,即共识决策。共识达成过程就是专家之间不断研讨修正自己的偏好意见最终达成一致意见的过程。目前,大多数研究自动修正专家的所有偏好。从数学的角度来说,这样能很快地达成共识,而且共识收敛,是一种理想状态。但在实际共识达成过程中,专家并不能完全按照同一个规律来修正自己的所有偏好,这同时扭曲了专家的原始判断。本书详细介绍群决策共识达成过程中局部调整意见的理论与方法,不仅尽可能保护专家原始判断,而且能按照专家的意愿来修正自己的意见。

本书可作为管理科学、系统工程、运筹与优化等领域研究生的参考用书,也可为政府、企业做出群决策提供参考。

图书在版编目 (CIP) 数据

局部调整共识决策理论及应用 / 许叶军,王慧敏,赖小莹著. —北京:科学出版社,2024.5

ISBN 978-7-03-077445-3

Ⅰ. ①局… Ⅱ. ①许… ②王… ③赖… Ⅲ. ①决策方法－研究 Ⅳ. ①C934

中国国家版本馆 CIP 数据核字(2024)第 006065 号

责任编辑:徐 倩 / 责任校对:姜丽策
责任印制:张 伟 / 封面设计:有道设计

科 学 出 版 社 出版

北京东黄城根北街 16 号
邮政编码:100717
http://www.sciencep.com

北京建宏印刷有限公司印刷
科学出版社发行 各地新华书店经销

*

2024 年 5 月第 一 版 开本:720×1000 1/16
2025 年 10 月第二次印刷 印张:11 1/2
字数:230 000

定价:**136.00** 元

(如有印装质量问题,我社负责调换)

前　　言

　　群决策源于社会选择和西方福利经济学，可追溯到18世纪法国数学家德·博尔达（de Borda）提出的博尔达计数和德·孔多塞（de Condorcet）关于政治选举制度的研究。群决策有着深刻的研究背景和广泛的应用领域。

　　群决策的本质是获得群体中所有成员满意的共识解。群体共识是指群体对备选方案完全达成一致。然而，在实际群决策过程中，每个专家对复杂问题有不同的看法，同时受专家的知识结构、判断水平等众多因素的影响，专家群体几乎不可能对所有问题完全达成一致。一些研究认为在实际群决策过程中完全一致是不必要的，因此出现了一致性度量的应用，称为"软"共识程度。共识决策的关键是共识达成过程。共识达成过程包括五个阶段：①偏好意见收集；②共识度量；③共识控制；④反馈机制；⑤选择过程。

　　共识达成过程就是专家之间不断研讨修正自己的偏好最终达成一致意见的过程，也称寻求一致的过程。因此，反馈过程（即修正专家偏好的过程）是共识达成过程的主要内容。反馈过程一般需要协调者的参与，协调者评估当前的共识水平并向意见偏差较大的专家反馈修正偏好的建议，直至达成共识。目前大多数研究建议偏差较大的专家的所有偏好与群体偏好进行集结，然后更新为新的偏好。从数学收敛的角度来说，这种方法能很快达成共识，是一种理想状态。但是在实际决策过程中，如果专家按照同一规律修正自己的偏好，就极大地扭曲了专家的原始判断。本书提出"局部调整策略"，即专家仅修正偏差最大的偏好，这样不仅尽可能保护专家的原始判断，而且能按照专家的意愿来修正自己的偏好。

　　全书共8章。第1章为绪论，概述群决策与共识决策框架。第2章为模糊加性及乘性偏好关系局部调整共识方法，分别提出基于距离的模糊加性及乘性偏好关系下的共识模型及局部调整偏好的共识算法。第3章为模糊加性偏好关系的个体间共识及迭代方法，提出模糊加性偏好关系的加性一致性衡量及调整算法，以及基于个体间相似度的共识方法。第4章为模糊加性偏好关系序一致性的共识方法，包括模糊加性偏好关系序一致性的基本概念、序一致性检验及局部调整偏好算法；基于序一致性的共识度和共识算法。第5章为突发事件的群体应急决策冲突消解模型及其应用，包括群体贡献的概念及权重更新算法，以及局部调整偏好的应急决策冲突消解模型。第6章为两阶段大规模多属性群体局部调整共识模型及其应用，包括大规模多属性群决策问题、自组织映射的概念、群体贡献和大规模群决策的共识达成模型，以及两阶段共识达成机制。第 7 章为犹豫模糊偏好关系局部调整共识模型及其应用，包括犹豫模糊偏好关系的标准化、一致性测量，以及犹豫模糊偏好关系局部调整共识模型。第 8 章为自信语言偏好关系局部调整共识模型及其应用，包括语言偏好关系、自信语言偏好关系的概念，以及自信语言偏好关系局部调整共识模型及群决策选择过程。

作者在写作过程中参考了国内外许多学者的论文与著作，从中受益匪浅，在此向这些学者表示谢意。本书大部分内容是作者所在研究团队近年来研究成果的总结。学生高鹏群、席雨沙、张晚成、朱沈楠参与了研究工作，李梦琪、张若楠、刘霞、吴楠楠、董丹迪等参与了书稿的整理工作，感谢他们的辛勤付出。本书在付梓之际，科学出版社的编辑做了大量细致的工作，在此一并表示感谢。

本书的研究工作得到了国家自然科学基金项目（No.71101043、No.71471056、No.71871085 和 No.72271179）的支持，也得到了天津大学管理与经济学部和天津大学"双一流"建设经费的资助。

由于作者的水平有限，书中难免存在欠妥之处，恳请广大读者和同行指正，相关意见和建议请发至邮箱 xuyj@tju.edu.cn。

许叶军

2024 年 4 月于天津大学

目　　录

第1章 绪　论

1.1　群决策概述

在人类文明的发展过程中，人类早就用投票表决的方式来表达多数人的意愿，这种古老的群决策方法仍是当今社会最常用的表达民意的方式[1]。群决策理论的研究源于对社会选举制度的规则及其方法的探索，可以追溯到 18 世纪 de Borda[2]提出的博尔达计数和 de Condorcet[3]关于政治选举制度的研究。除此之外，社会选择理论和福利经济学是群决策理论研究的另一个重要源泉。1944 年，von Neumann 和 Morgenstern[4]发表了关于群体效用理论的开创性专著《博弈论与经济行为》（*The Theory of Games and Economic Behaviors*），提出用对策论来研究群体选举问题；1951 年，Arrow[5]在其著作《社会选择与个人价值》（*Social Choice and Individual Values*）中提出了著名的阿罗（Arrow）不可能定理。随着学者对 Arrow 不可能定理的深入研究，群决策的研究内容和方法逐渐丰富，理论体系也更加完善[6]。

无论决策的组织和实现方式有何不同，多人构成的决策群体在决策理论中都称为群（group），所做的决策称为群决策（group decision-making）。

群决策作为一个确定意义的术语由 Black[7]于 1958 年首次提出。Hwang 和 Lin[8]认为，群决策是将不同成员的关于方案集合中方案的偏好按某种规则集结为决策群体的一致或妥协的群体偏好序。陈珽[9]认为，群是由群众选出的代表组成的各种各样的委员会，群决策是集中群中成员的意见以形成群的意见。

群决策理论建立在个体决策理论的基础上。因此，个体决策理论的假设也是群决策理论假设的前提，如决策者理性假设、偏好的传递性要求。另外，群决策理论特有的假设如下。

（1）决策群体中决策者①在一个以上，需要协同进行决策，并影响整个决策过程、决策机理，以及决策的质量和复杂性。

（2）决策对象是复杂的非结构化问题，单个决策者的知识经验难以解决该问题。

（3）决策准则往往是影响决策结果的重要因素，多种准则及多种目标的权衡取舍使群决策需要综合多学科的知识。

（4）决策群体中决策者独立地做出选择和判断，但不排除决策者之间沟通交

---

① 决策者、专家、决策个体，本书对此三词不做区分

流，改进偏好和选择，以达成具有群体一致性（即专家共识）的最终结果。

（5）群决策的结果往往是具有某种一致性的群体意见和判断，属于决策者意见的集结，关键是通过信息的互补、意见的折中和妥协来减少决策的风险和不确定性。

因此，群决策过程可以一般地描述为决策者针对共同的决策问题给出自己的判断和偏好，然后按照某种商定的预设规则进行群体意见的集结和方案的选择，根据群体的偏好进行排序选择，以给出方案的排序，或在不满足要求的情况下调整决策者偏好，直到达成群体一致的决策[10]。

1.2　共识决策框架

专家共识是指专家对备选方案达成一致，专家共识是群决策研究的热点。Hwang 和 Lin[8]认为群决策要求决策者对最终决策方案达成一致。

在实际群决策过程中，群决策的每个专家对复杂问题有不同的看法和观点，以及专家对复杂问题的重要性感知不同，同时受专家的知识结构、判断水平、个人偏好及信息的不确定性等众多因素的影响，因此专家群体几乎不可能对所有问题达成一致。一些研究者认为在实际群决策过程中完全一致是不必要的，因此出现了一致性度量的应用，称为"软"（soft）共识程度[11, 12]。共识决策的关键是共识达成过程（consensus reaching process，CRP）。共识达成过程的目的是尊重专家或群体的选择，通过信息沟通和研讨，调和各类观点，促使群体意见相互认可，最终寻求群体意见一致或达到多数满意的决策结果。经典的共识达成过程包括五个阶段：①偏好意见收集；②共识度量；③共识控制；④反馈机制；⑤选择过程。经典的共识决策框架如图 1.1 所示。上述过程需要提前设置参数（共识阈值、最大讨论次数），如果群体共识度大于共识阈值，则进入选择过程，否则，需要识别出共识度较低的专家。反馈机制将提供反馈建议并要求专家调整自身偏好意见，直至共识达成。

共识达成过程就是专家之间不断研讨修正自己的偏好意见最终达成一致意见的过程。因此，反馈过程（即修正专家意见的过程）是共识达成过程的主要内容。反馈过程一般需要协调者的参与，协调者首先计算每个专家同群体偏好之间的偏差（称为个体一致性）或者每个专家同其他所有专家偏好之间的偏差（称为接近度），然后向意见偏差较大的专家提供反馈修改偏好的建议，直至达成共识。目前，大多数研究采用自动修正专家意见的过程，偏差较大的专家所有的意见与群体意见进行集结，然后更新为新的意见。从数学的角度来说，这样能很快地达成共识，而且共识收敛，是一种理想状态。在实际共识达成过程中，专家并不能完全按照同一个规律来修正自己的偏好，而且专家所有偏好的不断修改扭曲了专家原始判断。

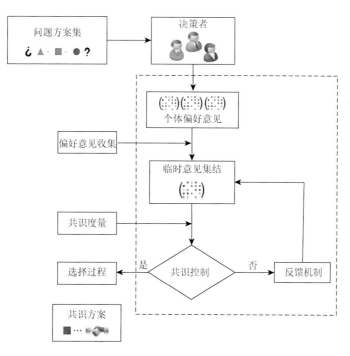

图 1.1　经典的共识决策框架

协调者应该给意见偏差较大的专家提供其偏差较大的意见，每次专家仅修正偏差最大的意见，这样一来，不仅尽可能保护专家原始判断，而且能按照专家的意愿来修正自己的意见，这称为局部调整策略。

1.3　章 节 安 排

第 1 章为绪论。该章对群决策进行概述，给出经典的共识决策框架。

第 2 章为模糊加性及乘性偏好关系局部调整共识方法。该章首先对经典的模糊加性偏好关系（fuzzy additive preference relation，FPR，或称模糊互补判断矩阵）和乘性偏好关系（multiplicative preference relation，MPR，或称互反判断矩阵）进行介绍，其次梳理 Xu 和 Cai[13]方法的缺陷，再次提出基于距离的局部调整共识算法，最后进行算例分析。

第 3 章为模糊加性偏好关系的个体间共识及迭代方法。该章首先给出模糊加性一致性提高的局部调整算法，然后提出基于个体间相似度的共识方法，最后进行算例和比较分析。

第 4 章为模糊加性偏好关系序一致性的共识方法。该章首先给出模糊加性偏好关系序一致性的概念、序一致性检验及局部调整算法，然后给出序一致性共识算法，最后进行算例和比较分析。

第 5 章为突发事件的群体应急决策冲突消解模型及其应用。该章首先给出多属性群决策问题，得到群体冲突水平；其次提出群体贡献的概念，证明降低距离最大元素的权重有助于达成共识，提出个体权重更新算法；再次提出局部调整偏好的应急决策冲突消解模型；最后进行算例和比较分析。

第 6 章为两阶段大规模多属性群体局部调整共识模型及其应用。该章首先给出大规模多属性群决策问题和自组织映射（self-organizing maps，SOM）的基本概念，其次提出群体贡献和大规模群决策的共识达成模型，再次提出两阶段共识达成机制，最后进行算例和比较分析。

第 7 章为犹豫模糊偏好关系局部调整共识模型及其应用。该章首先给出犹豫模糊偏好关系的概念及其标准化方法，然后提出犹豫模糊偏好关系局部调整共识模型，最后进行算例和比较分析。

第 8 章为自信语言偏好关系局部调整共识模型及其应用。该章首先给出自信语言偏好关系的基本概念，然后给出自信语言偏好关系局部调整共识模型，最后进行算例和比较分析。

第2章 模糊加性及乘性偏好关系局部调整共识方法

2.1 基 本 概 念

为简便起见，令 $N = \{1, 2, \cdots, n\}$，$M = \{1, 2, \cdots, m\}$。$X = \{x_1, x_2, \cdots, x_n\}(n \geq 2)$ 代表可供选择的有限方案集合，$E = \{e_1, e_2, \cdots, e_m\}(m \geq 2)$ 代表决策者集合。在多准则决策问题中，决策者 e_k 常对 X 中的方案进行两两比较，并在 $0 \sim 1$ 标度上给出他认为方案 x_i 优于方案 x_j 的程度 $p_{ij,k}$，即 $0 \leq p_{ij,k} \leq 1$。一般地，$p_{ij,k} = 0.5$ 表示决策者 e_k 认为 x_i 和 x_j 无差异，$p_{ij,k} = 1$（或 $p_{ji,k} = 0$）表示决策者 e_k 认为 x_i 完全优于 x_j，$0.5 < p_{ij,k} < 1$（或 $0 < p_{ji,k} < 0.5$）表示决策者 e_k 认为 x_i 一定程度上优于 x_j。基于此，决策者 e_k 提供的所有偏好值 $p_{ij,k}(i, j \in N)$ 构成一个模糊加性偏好关系 $P_k = (p_{ij,k})_{n \times n}$[14-30]：

$$0 \leq p_{ij,k} \leq 1, \quad p_{ii,k} = 0.5, \quad p_{ij,k} + p_{ji,k} = 1, \quad i, j \in N \tag{2.1}$$

如果决策者 e_k 对 X 中的方案进行两两比较，并在 $1/9 \sim 9$ 标度上给出他认为 x_i 优于 x_j 的程度 $a_{ij,k}$，即 $1/9 \leq a_{ij,k} \leq 9$。$a_{ij,k} = 1$ 表示决策者 e_k 认为 x_i 和 x_j 同样重要，$a_{ij,k} = 9$ 表示决策者 e_k 认为 x_i 绝对优于 x_j，$1 < a_{ij,k} < 9$（或 $1/9 < a_{ji,k} < 1$）表示决策者 e_k 认为 x_i 在不同程度上优于 x_j。决策者 e_k 提供的所有偏好值 $a_{ij,k}(i, j \in N)$ 构成一个乘性偏好关系 $A_k = (a_{ij,k})_{n \times n}$[31]：

$$a_{ij,k} > 0, \quad a_{ii,k} = 1, \quad a_{ij,k} \cdot a_{ji,k} = 1, \quad i, j \in N \tag{2.2}$$

2.2 基于距离的模糊加性偏好关系下的群体共识方法

2.2.1 Xu 和 Cai[13]的模糊加性偏好关系的群体共识研究概述

本节简要回顾 Xu 和 Cai[13]提出的模糊加性偏好关系下的群体共识方法，并对该方法的不足进行分析。

对于群决策问题，令 $w = (w_1, w_2, \cdots, w_m)^T$ 代表模糊加性偏好关系 $P_k = (p_{ij,k})_{n \times n}$ $(k \in M)$ 的未知权重向量，其中，

$$\sum_{k=1}^{m} w_k = 1, \quad w_k \geq 0, \quad k \in M \tag{2.3}$$

为获取群体的综合评价信息，Xu 和 Cai[13]采用加权算术平均（weighted arithmetic averaging，WAA）算子：

$$p_{ij} = \sum_{k=1}^{m} w_k p_{ij,k} , \quad i,j \in N \tag{2.4}$$

将个体模糊加性偏好关系 $P_k = (p_{ij,k})_{n \times n}$ 集结为一个群体加性偏好关系 $P = (p_{ij})_{n \times n}$。易证，$P$ 满足式（2.1），因此 P 也是一个模糊加性偏好关系。

显然，使用 WAA 算子的一个关键问题是确定权重向量 w。若个体模糊加性偏好关系 P_k 与群体模糊加性偏好关系 P 一致，则 $P_k = P$，即 $p_{ij,k} = p_{ij}$，$\forall i,j \in N$。由式（2.4）可得

$$p_{ij,k} = \sum_{l=1}^{m} w_l p_{ij,l} , \quad \forall i,j \in N \tag{2.5}$$

然而一般情况下，式（2.5）并不总是成立的。令

$$\varepsilon_{ij,k} = \left| p_{ij,k} - \sum_{l=1}^{m} w_l p_{ij,l} \right| , \quad \forall i,j \in N , \quad k \in M \tag{2.6}$$

由式（2.1）可知，式（2.6）等价于

$$\varepsilon_{ij,k} = \left| p_{ij,k} - \sum_{l=1}^{m} w_l p_{ij,l} \right| , \quad i = 1,2,\cdots,n-1 , \quad j = i+1, i+2,\cdots,n , \quad k \in M \tag{2.7}$$

其中，$\varepsilon_{ij,k}(i = 1, 2, \cdots, n-1, j = i+1, i+2, \cdots, n, k \in M)$ 为个体与群体模糊加性偏好关系之间的绝对偏差。为使群体达成共识，这些值应该尽可能小。为此，Xu 和 Cai[13]构建如下二次规划模型：

$$\min F_1 = \sum_{k=1}^{m} \sum_{i=1}^{n} \sum_{j=1}^{n} \varepsilon_{ij,k}^2 = \sum_{k=1}^{m} \sum_{i=1}^{n} \sum_{j=1}^{n} \left(p_{ij,k} - \sum_{l=1}^{m} w_l p_{ij,l} \right)^2$$
$$\text{s.t.} \sum_{k=1}^{m} w_k = 1 \tag{2.8}$$
$$w_k \geqslant 0, \quad k \in M$$

求解该模型得决策者的权重向量为

$$w = \frac{D^{-1}e(1 - e^{\mathrm{T}}D^{-1}p)}{e^{\mathrm{T}}D^{-1}e} + D^{-1}p \tag{2.9}$$

其中，

$$p = \left(\sum_{i=1}^{n} \sum_{j=1}^{n} \sum_{k=1}^{m} p_{ij,k} p_{ij,1}, \sum_{i=1}^{n} \sum_{j=1}^{n} \sum_{k=1}^{m} p_{ij,k} p_{ij,2}, \cdots, \sum_{i=1}^{n} \sum_{j=1}^{n} \sum_{k=1}^{m} p_{ij,k} p_{ij,m} \right)^{\mathrm{T}} \tag{2.10}$$
$$e = (1,1,\cdots,1)^{\mathrm{T}}$$

且

$$D = \begin{pmatrix} \sum\limits_{i=1}^{n}\sum\limits_{j=1}^{n} mp_{ij,1}^2 & \sum\limits_{i=1}^{n}\sum\limits_{j=1}^{n} mp_{ij,1}p_{ij,2} & \cdots & \sum\limits_{i=1}^{n}\sum\limits_{j=1}^{n} mp_{ij,1}p_{ij,m} \\ \sum\limits_{i=1}^{n}\sum\limits_{j=1}^{n} mp_{ij,1}p_{ij,2} & \sum\limits_{i=1}^{n}\sum\limits_{j=1}^{n} mp_{ij,2}^2 & \cdots & \sum\limits_{i=1}^{n}\sum\limits_{j=1}^{n} mp_{ij,2}p_{ij,m} \\ \vdots & \vdots & & \vdots \\ \sum\limits_{i=1}^{n}\sum\limits_{j=1}^{n} mp_{ij,1}p_{ij,m} & \sum\limits_{i=1}^{n}\sum\limits_{j=1}^{n} mp_{ij,2}p_{ij,m} & \cdots & \sum\limits_{i=1}^{n}\sum\limits_{j=1}^{n} mp_{ij,m}^2 \end{pmatrix}_{m \times m} \quad (2.11)$$

根据式（2.4），Xu 和 Cai[13]计算出群体模糊加性偏好关系 P。进一步地，Xu 和 Cai[13]根据式（2.6）和最优权重向量，对个体模糊加性偏好关系 P_k 与群体模糊加性偏好关系 P 间的偏差程度进行如下度量：

$$\text{ICI}(P_k) = d(P_k, P) = \frac{2}{n(n-1)}\sum_{i=1}^{n-1}\sum_{j=i+1}^{n}\varepsilon_{ij,k} = \frac{2}{n(n-1)}\sum_{i=1}^{n-1}\sum_{j=i+1}^{n}\left| p_{ij,k} - \sum_{l=1}^{m} w_l p_{ij,l} \right| \quad (2.12)$$

其中，ICI 为个体到群体的共识指数。

在此基础上，对所有偏差 $d(P_k, P)(k \in M)$ 进行加权平均：

$$\text{GCI} = \varDelta_1 = \sum_{k=1}^{m} w_k d(P_k, P) \quad (2.13)$$

其中，GCI 为群体共识指数。

由式（2.12）和式（2.13）可知，若 $d(P_k, P) = 0$，则个体模糊加性偏好关系 P_k 与群体模糊加性偏好关系 P 是完全一致的。若 $\varDelta_1 = 0$，则群体达成完全共识。此外，Xu 和 Cai[13]对群体共识做出假设：若 $\varDelta_1 \leqslant \lambda_1$，则群体已经达成一个可接受的共识水平，其中，$\lambda_1$ 是预先指定的一个可接受的群体共识阈值。

基于二次规划模型（模型（2.8）），Xu 和 Cai[13]进一步提出了模糊加性偏好关系下的群体共识算法。下面对模型（2.8）进行深入分析。

【定理 2.1】　对于模糊加性偏好关系 $P_k = (p_{ij,k})_{n \times n}(k \in M)$，模型（2.8）的最优解为

$$w = (1/m, 1/m, \cdots, 1/m)^{\text{T}} \quad (2.14)$$

证明：根据式（2.10）和式（2.11），p 和 D 间的关系可以表示为

$$p = \frac{De}{m} \quad (2.15)$$

将式（2.15）代入式（2.9），有

$$w = \frac{D^{-1}e(1 - e^{\mathrm{T}}D^{-1}p)}{e^{\mathrm{T}}D^{-1}e} + D^{-1}p$$

$$= \frac{D^{-1}e\left(1 - \dfrac{e^{\mathrm{T}}D^{-1}De}{m}\right)}{e^{\mathrm{T}}D^{-1}e} + \frac{D^{-1}De}{m} \qquad\qquad (2.16)$$

$$= \frac{D^{-1}e\left(1 - \dfrac{e^{\mathrm{T}}e}{m}\right)}{e^{\mathrm{T}}D^{-1}e} + \frac{e}{m} = \frac{D^{-1}e(1-1)}{e^{\mathrm{T}}D^{-1}e} + \frac{e}{m} = \begin{pmatrix} \dfrac{1}{m} \\ \dfrac{1}{m} \\ \dfrac{1}{m} \\ \vdots \\ \dfrac{1}{m} \end{pmatrix}$$

□

定理 2.1 表明，只要群体没有达成意见完全一致的共识，模型（2.8）就赋予每个决策者相同的权重，即 $1/m$。同时，定理 2.1 解释了 Xu 和 Cai[13]、Xu[32]的算例中所有决策者总是得到相同的权重（$1/m$）的原因。

上述分析揭示了 Xu 和 Cai[13]的算法存在以下局限。

（1）Xu 和 Cai[13]利用模型（2.8）求出决策者的最优权重向量 $w^{(t)} = (w_1^{(t)}, w_2^{(t)}, \cdots, w_m^{(t)})^{\mathrm{T}}$。然而，由定理 2.1 推导出的最优权重向量总是 $w^{(t)} = (1/m, 1/m, \cdots, 1/m)^{\mathrm{T}}$，这意味着所有决策者的模糊加性偏好关系在群体集结偏好信息中一直起着相同的作用。此外，由模型（2.8）意外产生的固定权重向量也违背了 Xu 和 Cai[13]确定 WAA 算子权重向量的初始建模思想，使该模型冗余。

（2）在 Xu 和 Cai[13]给出的算法 1 中，若群体没有达到可接受的共识水平，则决策者需要重新评估他们对方案的评价。正如 Xu 和 Cai[13]指出的，这种试错过程可能很耗时，致使决策者无法或不愿意重新评估方案。为此，他们设计出算法 2 来解决这些情况。每次迭代无需决策者的直接干预（指定参数 η 除外），自动得到新的模糊加性偏好关系：

$$p_{ij,k}^{(t+1)} = \eta p_{ij,k}^{(t)} + (1-\eta)p_{ij}^{(t)}, \quad i,j \in N, \quad k \in M, \quad 0 \leqslant \eta \leqslant 1 \qquad (2.17)$$

显然，修正后的模糊加性偏好关系 $P_k^{(t+1)}$ $(k \in M)$ 与原来的模糊加性偏好关系 $P_k (k \in M)$ 不同，所有元素 $p_{ij,k}^{(t+1)}$（等于 0.5 的对角线元素 $p_{ii,k}^{(t+1)}$ 除外）得到了改变。然而，正如他们的模糊加性偏好值所显示的，这些调整不可避免地扭曲了决策者的原始判断（Xu 和 Cai[13]在算例中对这种信息扭曲进行了解释）。此外，对于式（2.17）中的关键参数 η，除其取值范围为 [0,1] 外，Xu 和 Cai[13]没有给出如何设置其值的说明。

（3）Xu 和 Cai[13]运用式（2.13）计算群体偏好的整体偏差程度，以此衡量群体共识度。这种度量方式没有明确考虑个体偏好的偏差，可能产生一些不理想的决策结果。例如，若一些决策者的偏好偏差（由式（2.12）确定）是可以忽略的，如 $d(P_k, P) = 0(k = 1, 2, \cdots, l, l < m)$，但其余决策者的偏好偏差非常高，表现为 $d(P_k, P)(k = l + 1, l + 2, \cdots, m)$ 取值很大。在这种情况下，只要所有偏差 $d(P_k, P)$ 的加权总和足够小，满足 $\Delta_1 \leqslant \lambda_1$，Xu 和 Cai[13]仍然认为群体达成了可接受的共识水平。然而，取值很大的偏差 $d(P_k, P)(k = l + 1, l + 2, \cdots, m)$ 表明决策者 $e_{l+1}, e_{l+2}, \cdots,$ e_m 的偏好信息仍然与群体集结偏好差别很大。因此，需要对个体偏差设置一个合理阈值。

为解决上述问题，本章将构建新的模型和算法，以便在模糊加性偏好关系下的群决策中达成可接受的共识水平。

2.2.2　模糊加性偏好关系的共识模型

为了达成群体共识，Xu 和 Cai[13]对模糊加性偏好关系 P_k 进行调整，使它们可能接近群体模糊加性偏好关系 P。本章所提方法没有对决策输入进行修改，而是从不同的角度考察了决策输出。如果不考虑个体模糊加性偏好关系的权重，它们很可能存在明显的偏差。因此，权重应该包含在每个个体模糊加性偏好关系中。为了达到最大程度的偏好一致性，加权模糊加性偏好关系之间应该更接近。这是生成群决策结果的基本原则。在此基础上，本章提出一种基于距离的模糊加性偏好关系的最小二乘集结优化模型，用于整合不同决策者的决策输入。

本章总体的建模思想是最小化从一个决策输入到另一个决策输入的距离平方和，从而得到最大共识度。定义每对个体模糊加性偏好关系 (P_k, P_l) 间的加权距离平方为

$$d^2(w_k P_k, w_l P_l) = \left(\sqrt{(w_k P_k - w_l P_l)^2} \right)^2 = \sum_{i=1}^{n} \sum_{j=1}^{n} (w_k p_{ij,k} - w_l p_{ij,l})^2 \qquad (2.18)$$

基于此定义，为最小化所有模糊加性偏好关系间的加权距离平方和，构建如下优化模型：

$$\min J_1 = \sum_{k=1}^{m} \sum_{l=1, l \neq k}^{m} \sum_{i=1}^{n} \sum_{j=1}^{n} (w_k p_{ij,k} - w_l p_{ij,l})^2$$

$$\text{s.t.} \sum_{l=1}^{m} w_l = 1 \qquad (2.19)$$

$$w_l \geqslant 0, \quad l \in M$$

【定理 2.2】　模型（2.19）与如下矩阵形式等价：

$$\min J_1 = w^{\mathrm{T}} G w$$
$$\mathrm{s.t.} \ e^{\mathrm{T}} w = 1 \tag{2.20}$$
$$w \geqslant 0$$

其中，$w = (w_1, w_2, \cdots, w_m)^{\mathrm{T}}$，$e = (1, 1, \cdots, 1)^{\mathrm{T}}$，

$$G = (g_{kl})_{m \times m} = 2 \begin{bmatrix} (m-1)\left(\sum\limits_{i=1}^{n}\sum\limits_{j=1}^{n} p_{ij,1}^2\right) & -\sum\limits_{i=1}^{n}\sum\limits_{j=1}^{n} p_{ij,1} p_{ij,2} & \cdots & -\sum\limits_{i=1}^{n}\sum\limits_{j=1}^{n} p_{ij,1} p_{ij,m} \\ -\sum\limits_{i=1}^{n}\sum\limits_{j=1}^{n} p_{ij,2} p_{ij,1} & (m-1)\left(\sum\limits_{i=1}^{n}\sum\limits_{j=1}^{n} p_{ij,2}^2\right) & \cdots & -\sum\limits_{i=1}^{n}\sum\limits_{j=1}^{n} p_{ij,2} p_{ij,m} \\ \vdots & \vdots & & \vdots \\ -\sum\limits_{i=1}^{n}\sum\limits_{j=1}^{n} p_{ij,m} p_{ij,1} & -\sum\limits_{i=1}^{n}\sum\limits_{j=1}^{n} p_{ij,m} p_{ij,2} & \cdots & (m-1)\left(\sum\limits_{i=1}^{n}\sum\limits_{j=1}^{n} p_{ij,m}^2\right) \end{bmatrix} \tag{2.21}$$

证明：

$$J_1 = \sum_{k=1}^{m} \sum_{l=1, l \neq k}^{m} \sum_{i=1}^{n} \sum_{j=1}^{n} (w_k p_{ij,k} - w_l p_{ij,l})^2$$

$$= \sum_{k=1}^{m} \sum_{l=1, l \neq k}^{m} \sum_{i=1}^{n} \sum_{j=1}^{n} \left(w_k^2 p_{ij,k}^2 + w_l^2 p_{ij,l}^2\right) - 2\sum_{k=1}^{m} \sum_{l=1, l \neq k}^{m} \sum_{i=1}^{n} \sum_{j=1}^{n} w_k w_l p_{ij,k} p_{ij,l} \tag{2.22}$$

$$= \sum_{k=1}^{m} \left[2(m-1)\sum_{i=1}^{n}\sum_{j=1}^{n} p_{ij,k}^2\right] w_k^2 + \sum_{k=1}^{m} \sum_{l=1, l \neq k}^{m} \sum_{i=1}^{n} \sum_{j=1}^{n} (-2 p_{ij,k} p_{ij,l}) w_k w_l$$

由此可以得到

$$J_1 = w^{\mathrm{T}} G w = \sum_{k=1}^{m} \sum_{l=1}^{m} g_{kl} w_k w_l = \sum_{k=1}^{m} g_{kk} w_k^2 + \sum_{k=1}^{m} \sum_{l=1, l \neq k}^{m} g_{kl} w_k w_l \tag{2.23}$$

比较式（2.22）和式（2.23），可得式（2.21）。

$\square$

【定理 2.3】 对于模型（2.20），如果对于任意 i，j，k，l，至少存在一个不等式 $p_{ij,k} \neq p_{ij,l}$，则由式（2.21）确定的矩阵 G 是正定的，因此 G 是非奇异可逆的。

证明：显然，$J_1 = w^{\mathrm{T}} G w \geqslant 0$ 成立。现在证明，如果至少存在一个不等式 $p_{ij,k} \neq p_{ij,l}$，则 $J_1 \neq 0$。

假设存在一个权重向量 w，对于所有 i，j，k，l 使得 $J_1 = 0$，则

$$w_k p_{ij,k} = w_l p_{ij,l}, \quad w_k p_{ji,k} = w_l p_{ji,l}$$

因此，由式（2.1）可得

$$\frac{w_k}{w_l} = \frac{p_{ij,l}}{p_{ij,k}} = \frac{p_{ji,l}}{p_{ji,k}} = \frac{1 - p_{ij,l}}{1 - p_{ij,k}}$$

从而 $p_{ij,k} = p_{ij,l}$，对于所有 i，j，k，l。

这与至少存在一个不等式 $p_{ij,k} \neq p_{ij,l}$ 的假设相矛盾。由此，$J_1 > 0$ 和矩阵 G 的对称性及正定的定义证明了 G 是正定的，因此 G 是非奇异可逆的，即 G^{-1} 存在。

□

【备注 2.1】　定理 2.3 表明只要不是所有的模糊加性偏好关系 P_k 都相同，G 就是正定的。若所有判断矩阵相同，则群体达成完全共识，且模型（2.20）的最优权重向量为 $(1/m, 1/m, \cdots, 1/m)^T$。实际上，这种意见完全一致的情况很少发生。如果真的发生了，共识构建过程将自动终止。下面将考虑模糊加性偏好关系不完全相同的一般情况，并假设总是存在至少一个不等式 $p_{ij,k} \neq p_{ij,l}$。

令 Ω 为模型（2.20）的可行集，可以得到以下结果。

【引理 2.1】　模型（2.20）的凸集 Ω 是闭合的，模型（2.20）是一个凸二次规划。

证明： 根据凸集的定义[33]，显然 Ω 是一个闭凸集。由于 G 是正定的，J_1 是严格凸的。因模型（2.20）的约束是线性的，故模型（2.20）是一个凸二次规划。

□

为了求解模型（2.20），可通过忽略非负约束条件来构造如下拉格朗日函数：

$$L(w, \lambda) = w^T G w + 2\lambda(e^T w - 1) \tag{2.24}$$

其中，λ 为拉格朗日乘数。令 $\partial L / \partial w = 0$ 且 $\partial L / \partial \lambda = 0$，则

$$Gw + \lambda e = 0 \tag{2.25}$$

$$e^T w = 1 \tag{2.26}$$

由定理 2.3 可知，矩阵 G 可逆。因此，式（2.25）和式（2.26）的解为

$$w^* = \frac{G^{-1}e}{e^T G^{-1} e} \tag{2.27}$$

$$\lambda^* = -\frac{1}{e^T G^{-1} e} \tag{2.28}$$

【引理 2.2】 [34]　设 $F = (f_{ij})_{m \times m}$ 为一个 $m \times m$ 的对称矩阵，满足对于 $i \neq j$，$f_{ij} \leq 0$ 且 $f_{ii} > 0$，则当且仅当 F 正定时，$F^{-1} \geq (0)_{m \times m}$（即 F^{-1} 是非负矩阵）。

【定理 2.4】　对于模型（2.20），如果对于任意 i，j，k，l，至少存在一个不等式 $p_{ij,k} \neq p_{ij,l}$，则 $G^{-1} \geq (0)_{m \times m}$，即 G^{-1} 是一个非负矩阵。

证明： 由定理 2.3 可知，G 是一个正定矩阵，且满足 $g_{kl} \leq 0 (k \neq l)$ 和 $g_{kk} > 0$。根据引理 2.2，可以得到 $G^{-1} \geq (0)_{m \times m}$，即 G^{-1} 是一个非负矩阵。

□

由定理 2.3 和定理 2.4 可知，G 是一个正定且非奇异矩阵，并且 G^{-1} 是一个非负矩阵。由此可得，$w^* \geq 0$，由式（2.27）推导出的权重向量满足非负约束条件。

2.2.3　模糊加性偏好关系局部调整共识算法

2.2.2 节对 Xu 和 Cai[13]的共识方法的局限性展开了分析。为解决这些问题，本章提出一种改进的方法——模糊加性偏好关系局部调整共识算法，其主要特征描述如下。

（1）与 Xu 和 Cai[13]只考虑群体共识度的方法（式（2.13））不同，本章所提方法同时考虑群体共识度和个体共识度，目的是处理群体虽已达成满意的共识水平，但个体共识度与群体共识度仍存在显著差异的情况。为此，本章在群体共识阈值 λ_1 的基础上，单独设置个体共识阈值 α_1，使得 $d(P_k, P) \leqslant \alpha_1$。

（2）在每次迭代中，本章所提方法只针对每个决策者与对应的群体偏好差异最大的模糊加性偏好值进行修正，旨在保留决策者的原始判断，称为局部调整策略。但在 Xu 和 Cai[13]的共识方法中，当群体没有达到可接受的共识水平时，调整过程（将原来的模糊加性偏好关系返回给决策者进行重新评估的过程）往往产生与原始判断截然不同的模糊加性偏好关系，仅从数学关系上来达成共识。在实际问题中，共识是专家之间不断更新自己的局部偏好，而不是按照相同的规则来更新自己的所有偏好。

（3）不同于 Xu 和 Cai[13]对所有决策者总是产生相同权重的方法，本章所提方法能够得到由式（2.27）确定的最优权重向量。

算法 2.1 详细介绍了模糊加性偏好关系局部调整共识算法。

算法 2.1　模糊加性偏好关系局部调整共识算法

输入：每个决策者 e_k 的模糊加性偏好关系 $P_k = (p_{ij,k})_{n \times n}(k \in M)$，最大迭代次数 t^*，个体和群体的共识阈值 α_1、λ_1。

输出：修正后的模糊加性偏好关系 $\overline{P}_k (k \in M)$，迭代次数 t，个体到群体的共识指数 $\text{ICI}(\overline{P}_k) (k \in M)$ 和群体共识指数 GCI。

（1）令 $t = 0$，$P_k^{(0)} = P_k (k \in M)$。

（2）利用二次规划模型（2.20），根据式（2.27）为个体模糊加性偏好关系 $P_k^{(t)} = (p_{ij,k}^{(t)})_{n \times n}$ $(k \in M)$ 确定最优权重向量 $w^{(t)} = (w_1^{(t)}, w_2^{(t)}, \cdots, w_m^{(t)})^T$。

（3）利用 WAA 算子（式（2.4））将个体模糊加性偏好关系 $P_k^{(t)} = (p_{ij,k}^{(t)})_{n \times n}$ $(k \in M)$ 集结为群体模糊加性偏好关系 $P^{(t)} = (p_{ij}^{(t)})_{n \times n}$。

（4）利用式（2.12）和式（2.13）分别计算个体到群体的共识指数 $\text{ICI}(P_k^{(t)}) = d(P_k^{(t)}, P^{(t)}) (k \in M)$ 和群体共识指数 $\text{GCI}(t) = \varDelta_1(t)$。若 $\varDelta_1(t) \leqslant \lambda_1$ 且 $\text{ICI}(P_k^{(t)}) \leqslant \alpha_1$（对于所有 $k \in M$），或 $t = t^*$，则进行步骤（6），否则，找到满足

$\mathrm{ICI}(P_k^{(t)}) > \lambda_1$ 的模糊加性偏好关系 $P_k^{(t)}$，进入步骤（5）。

（5）为个体到群体的共识指数 $\mathrm{ICI}(P_k^{(t)}) > \lambda_1$ 的决策者 e_k 识别出最大元素 $d_{i_\tau,j_\tau,k}^{(t)}$ 的位置，其中，$d_{i_\tau,j_\tau,k}^{(t)} = \max_{i,j} \left| p_{ij,k}^{(t)} - p_{ij}^{(t)} \right|$，并调整决策者 e_k 的模糊加性偏好关系。令 $P_k^{(t+1)} = (p_{ij,k}^{(t+1)})_{n \times n}$，其中，

$$p_{ij,k}^{(t+1)} = \begin{cases} p_{ij}^{(t)}, & i = i_\tau, j = j_\tau \\ p_{ij,k}^{(t)}, & \text{其他} \end{cases} \tag{2.29}$$

令 $t = t + 1$，转步骤（2）。

（6）令 $\overline{P}_k = P_k^{(t)}$。输出修正后的模糊加性偏好关系 $\overline{P}_k (k \in M)$、个体到群体的共识指数 $\mathrm{ICI}(\overline{P}_k) (k \in M)$、群体共识指数 GCI，以及迭代次数 t。

【备注 2.2】　一般来说，对于算法中的两个阈值 α_1 和 λ_1，设置 $\alpha_1 > \lambda_1$ 是合理的，否则，若 $\alpha_1 \leqslant \lambda_1$，且 $\mathrm{ICI}(P_k) \leqslant \alpha_1 \leqslant \lambda_1$，则可以得到 $\mathrm{GCI} = \Delta_1 = \sum_{k=1}^{m} w_k \mathrm{ICI}(P_k) \leqslant \sum_{k=1}^{m} w_k \alpha_1 = \alpha_1 \leqslant \lambda_1$。通过设 $\alpha_1 > \lambda_1$，即允许个体到群体的共识指数 $\mathrm{ICI}(P_k)$ 略大于群体共识指数 GCI，可为每个专家提供与群体判断存在适当偏差的自由表达空间。此外，为避免过多的迭代次数，算法中的两个阈值 α_1 和 λ_1 必须谨慎选择。文献调查显示，这些参数往往是由群体中的专家或超级专家主观决定的[35]。虽然没有确定阈值的明确规则，但通常可以通过试错过程指定阈值。如果决策问题是紧急的，必须迅速解决，则可以采用限制性较小的值，否则，可以引入限制性较大的值。因此，利用这两个阈值能够更加灵活地控制群决策过程。一旦指定了这些阈值，步骤（4）便给出了专家需要调整其模糊加性偏好关系的条件（即 $\mathrm{ICI}(P_k^{(t)})$ 超过指定的阈值），步骤（5）提供了具体的调整方案。修正专家意见 $P_k^{(t)}$ 后，再次利用二次规划模型（2.20）为修正后的信息重新确定新的最优权重向量。通过迭代更新专家意见和权重，逐步提高共识水平。

【备注 2.3】　Wu 和 Xu[23]利用式（2.12）度量群体共识水平，并假设当所有决策者的偏好关系都与群体偏好足够接近时（偏差小于给定的阈值），群体达成共识。如备注 2.2 所述，该处理等同于设置 $\alpha_1 \leqslant \lambda_1$，可以视为本章所提方法的特殊情况。Xu 和 Cai[13]则采用式（2.13）度量群体共识水平，并认为只要所有决策者的共识指数的加权总和小于给定的群体共识阈值 λ_1，则该共识水平是可接受的，却没有考虑式（2.12）定义的个体到群体的共识指数。对于大多数决策者的判断与群体偏好相当接近，但少数决策者的判断与群体偏好存在显著差异的情形，他们的方法可能仍会认为该群体共识水平是可接受的。通过同时考虑式（2.12）和

式（2.13），本章所提方法扩展了 Wu 和 Xu[23]及 Xu 和 Cai[13]所做的相关研究，采用 WAA 算子将个体到群体的共识指数 $\text{ICI}(P_k)$ 集结为群体共识指数 GCI，其中，个体模糊加性偏好的权重由模型（2.19）决定。另外，有序加权平均（ordered weighted averaging，OWA）算子[36]也是将 $\text{ICI}(P_k)$ 集结为 GCI 的有效方法。使用 OWA 算子之前，需要对集结值进行排序，并将式（2.4）更新为利用 OWA 算子将个体偏好关系集结为群体偏好关系的表达式。为此，未来可将 Palomares 等[37]提出的参数化态度-OWA 算子应用于本章所提方法。此外，t-范数（如最大 t-范数、最小 t-范数、乘积 t-范数、卢卡西维茨（Łukasiewicz）t-范数）也可集结参数。使用最小 t-范数和最大 t-范数执行集结过程的一个关键挑战是解决信息丢失问题。

【备注 2.4】 　为达成群体共识，本章所提方法自动更新专家的偏好值，且更新的偏好值为与群体距离最大的一对偏好，称为局部调整策略，这有助于减轻专家需要不断调整其判断的负担，而且能够最大可能地保护专家的原始判断。另外，如果专家愿意重新提供他们的偏好，本章所提方法也可有效协助专家识别出他们的哪些偏好值需要改变，从而迅速达到最高的共识水平。

2.3　基于距离的乘性偏好关系下的群体共识方法

2.3.1　Xu 和 Cai[13]的乘性偏好关系的群体共识研究概述

令 $v = (v_1, v_2, \cdots, v_m)^{\mathrm{T}}$ 为乘性偏好关系 $A_k = (a_{ij,k})_{n \times n}(k \in M)$ 的隐含权重向量，其中，$v_k \geqslant 0$，$k \in M$，且 $\sum_{k=1}^{m} v_k = 1$。为获取群体的综合意见，Xu 和 Cai[13]采用加权几何平均（weighted geometric averaging，WGA）算子：

$$a_{ij} = \prod_{k=1}^{m} (a_{ij,k})^{v_k}, \quad i, j \in N \qquad (2.30)$$

将个体的乘性偏好关系 $A_k = (a_{ij,k})_{n \times n}(k \in M)$ 集结为群体的偏好关系 $A = (a_{ij})_{n \times n}$。易证，$A$ 满足式（2.2），因此 A 也是乘性偏好关系。

若个体乘性偏好关系 A_k 与群体乘性偏好关系 A 完全一致，则 $A_k = A$，即 $a_{ij,k} = a_{ij}$，$\forall i, j \in N$。由式（2.30）可得

$$a_{ij,k} = \prod_{l=1}^{m} (a_{ij,l})^{v_l}, \quad \forall i, j \in N \qquad (2.31)$$

若对于所有 $k \in M$，式（2.31）都成立，则群体达成完全一致意见。这种情况下，通过对式（2.31）两边取对数，Xu 和 Cai[13]将其转化为如下形式：

$$\lg a_{ij,k} = \lg \prod_{l=1}^{m} (a_{ij,l})^{v_l} = \sum_{l=1}^{m} v_l \lg a_{ij,l}, \quad \forall i, j \in N \qquad (2.32)$$

然而一般来说，式（2.32）并不总是成立的。定义绝对偏差变量为

$$f_{ij,k} = \left| \lg a_{ij,k} - \sum_{l=1}^{m} v_l \lg a_{ij,l} \right|, \quad \forall i, j \in N, \quad k \in M \tag{2.33}$$

这些绝对偏差应该尽可能小。与模型（2.8）相似，Xu 和 Cai[13]构造如下二次规划模型：

$$\min J_2 = \sum_{k=1}^{m} \sum_{i=1}^{n} \sum_{j=1}^{n} f_{ij,k}^2 = \sum_{k=1}^{m} \sum_{i=1}^{n} \sum_{j=1}^{n} \left(\lg a_{ij,k} - \sum_{l=1}^{m} v_l \lg a_{ij,l} \right)^2$$

$$\text{s.t.} \sum_{l=1}^{m} v_l = 1 \tag{2.34}$$

$$v_l \geqslant 0, \quad l \in M$$

求解该模型得决策者的权重向量为[13]

$$v = \frac{Q^{-1}e(1 - e^{\mathrm{T}}Q^{-1}\theta)}{e^{\mathrm{T}}Q^{-1}e} + Q^{-1}\theta \tag{2.35}$$

其中，

$$\theta = \left(\sum_{i=1}^{n} \sum_{j=1}^{n} \sum_{k=1}^{m} \lg a_{ij,k} \lg a_{ij,1}, \sum_{i=1}^{n} \sum_{j=1}^{n} \sum_{k=1}^{m} \lg a_{ij,k} \lg a_{ij,2}, \cdots, \sum_{i=1}^{n} \sum_{j=1}^{n} \sum_{k=1}^{m} \lg a_{ij,k} \lg a_{ij,m} \right)^{\mathrm{T}} \tag{2.36}$$

$$e = (1, 1, \cdots, 1)^{\mathrm{T}}$$

$$Q = \begin{pmatrix} \sum_{i=1}^{n} \sum_{j=1}^{n} m(\lg a_{ij,1})^2 & \sum_{i=1}^{n} \sum_{j=1}^{n} m \lg a_{ij,1} \lg a_{ij,2} & \cdots & \sum_{i=1}^{n} \sum_{j=1}^{n} m \lg a_{ij,1} \lg a_{ij,m} \\ \sum_{i=1}^{n} \sum_{j=1}^{n} m \lg a_{ij,1} \ln a_{ij,2} & \sum_{i=1}^{n} \sum_{j=1}^{n} m(\lg a_{ij,2})^2 & \cdots & \sum_{i=1}^{n} \sum_{j=1}^{n} m \lg a_{ij,2} \lg a_{ij,m} \\ \vdots & \vdots & & \vdots \\ \sum_{i=1}^{n} \sum_{j=1}^{n} m \lg a_{ij,1} \lg a_{ij,m} & \sum_{i=1}^{n} \sum_{j=1}^{n} m \lg a_{ij,2} \lg a_{ij,m} & \cdots & \sum_{i=1}^{n} \sum_{j=1}^{n} m(\lg a_{ij,m})^2 \end{pmatrix}_{m \times m} \tag{2.37}$$

通过将最优权重向量代入式（2.31），Xu 和 Cai[13]得到了群体乘性偏好关系 A。在此基础上，Xu 和 Cai[13]计算出个体乘性偏好关系 A_k 与群体乘性偏好关系 A 之间的绝对偏差之和：

$$\begin{aligned} \text{ICI}(A_k) = d(A_k, A) &= \frac{2}{n(n-1)} \sum_{i=1}^{n-1} \sum_{j=i+1}^{n} f_{ij,k} \\ &= \frac{2}{n(n-1)} \sum_{i=1}^{n-1} \sum_{j=i+1}^{n} \left| \lg a_{ij,k} - \sum_{l=1}^{m} v_l \lg a_{ij,l} \right| \end{aligned} \tag{2.38}$$

其中，ICI 为个体到群体的共识指数。

据此，偏差 $d(A_k, A)$ 的加权总和定义如下：

$$GCI = \Delta_2 = \sum_{k=1}^{m} v_k d(A_k, A) \qquad (2.39)$$

其中，GCI 为群体共识指数。

由式（2.38）和式（2.39）可知，若 $d(A_k, A) = 0$，则个体乘性偏好关系 A_k 与群体乘性偏好关系 A 完全一致。若 $\Delta_2 = 0$，则群体达成完全共识。对于乘性偏好关系下的群体共识检验，Xu 和 Cai[13]再次假设，对于一个给定的阈值 λ_2，若 $\Delta_2 \leqslant \lambda_2$，则群体已达到一个可接受的共识水平。若 $\Delta_2 > \lambda_2$，则采用与 Xu 和 Cai[13]中算法 1 和算法 2 相同的思路改善群体的共识水平。类似定理 2.1 中模糊加性偏好关系下的情形，下面给出乘性偏好关系下的相应结论。

【定理 2.5】 对于乘性偏好关系 $A_k = (a_{ij,k})_{n \times n} (k \in M)$，若对于任意 i, j, k，存在至少一个不等式 $\lg a_{ij,k} \neq \sum_{l=1}^{m} v_l \lg a_{ij,l}$，则模型（2.34）的最优解为

$$v = (1/m, 1/m, \cdots, 1/m)^{\mathrm{T}} \qquad (2.40)$$

该证明与定理 2.1 的证明类似，因此省略。

2.3.2　乘性偏好关系的共识模型

根据 Herrera-Viedma 等[15]提出的命题 2.1，乘性偏好关系可以通过式（2.41）转换为模糊加性偏好关系：

$$p_{ij} = \frac{1}{2}(1 + \log_9 a_{ij}) \qquad (2.41)$$

类似模型（2.19），一对个体乘性偏好关系(A_k, A_l)间的加权距离平方可以定义为

$$d^2(v_k A_k, v_l A_l) = \left(\sqrt{\left(v_k \cdot \frac{1}{2}(1 + \log_9 A_k) - v_l \cdot \frac{1}{2}(1 + \log_9 A_l) \right)^2} \right)^2 \qquad (2.42)$$

$$= \frac{1}{4} \sum_{i=1}^{n} \sum_{j=1}^{n} \left(v_k (1 + \log_9 a_{ij,k}) - v_l (1 + \log_9 a_{ij,l}) \right)^2$$

根据该定义，构建如下优化模型，使得所有乘性偏好关系之间的加权距离平方和最小：

$$\min J_2 = \frac{1}{4} \sum_{k=1}^{m} \sum_{l=1, l \neq k}^{m} \sum_{i=1}^{n} \sum_{j=1}^{n} \left(v_k (1 + \log_9 a_{ij,k}) - v_l (1 + \log_9 a_{ij,l}) \right)^2$$

$$\text{s.t.} \sum_{l=1}^{m} v_l = 1 \qquad (2.43)$$

$$v_l \geqslant 0, \quad l \in M$$

与模糊加性偏好关系下的情形类似，模型（2.43）可表示为矩阵形式。

【定理 2.6】 模型（2.43）与如下矩阵形式等价：

$$\min J_2 = v^{\mathrm{T}} B v$$
$$\text{s.t. } e^{\mathrm{T}} v = 1 \qquad\qquad (2.44)$$
$$v \geqslant 0$$

其中，$v = (v_1, v_2, \cdots, v_m)^{\mathrm{T}}$，$e = (1, 1, \cdots, 1)^{\mathrm{T}}$，$B = (b_{kl})_{m \times m}$。矩阵 B 中的元素为

$$b_{kk} = \frac{(m-1)}{2} \sum_{i=1}^{n} \sum_{j=1}^{n} (1 + \log_9 a_{ij,k})^2 , \quad k \in M \qquad (2.45)$$

$$b_{kl} = -\frac{1}{2} \sum_{i=1}^{n} \sum_{j=1}^{n} (1 + \log_9 a_{ij,k})(1 + \log_9 a_{ij,l}) , \quad k, l \in M , \quad k \neq l \qquad (2.46)$$

类似定理 2.3，可以得到乘性偏好关系下的对应结论。

【定理 2.7】 对于模型（2.44），若对于任意 i，j，k，l，存在至少一个不等式 $a_{ij,k} \neq a_{ij,l}$，则由式（2.45）和式（2.46）确定的矩阵 B 是正定的，因此 B 是非奇异可逆的。

证明：显然，$J_2 = v^{\mathrm{T}} B v \geqslant 0$ 成立。现在证明，若至少存在一个不等式 $a_{ij,k} \neq a_{ij,l}$，则 $J_2 \neq 0$。

假设存在一个权重向量 v，对于所有 i，j，k，l 使得 $J_2 = 0$，则

$$v_k(1 + \log_9 a_{ij,k}) = v_l(1 + \log_9 a_{ij,l}) , \quad v_k(1 + \log_9 a_{ji,k}) = v_l(1 + \log_9 a_{ji,l}) \qquad (2.47)$$

因此，由式（2.2）可得

$$\frac{v_k}{v_l} = \frac{1 + \log_9 a_{ij,l}}{1 + \log_9 a_{ij,k}} = \frac{1 + \log_9 a_{ji,l}}{1 + \log_9 a_{ji,k}} = \frac{1 - \log_9 a_{ij,l}}{1 - \log_9 a_{ij,k}} \qquad (2.48)$$

从而 $a_{ij,k} = a_{ij,l}$，对于所有 i，j，k，l。

这与至少存在一个不等式 $a_{ij,k} \neq a_{ij,l}$ 的假设相矛盾。由此，$J_2 > 0$，意味着 B 是正定的，因此 B 是非奇异可逆的，即 B^{-1} 存在。

$\square$

【备注 2.5】 定理 2.7 表明只要所有决策者的乘性偏好关系 A_k 不完全相同，B 就是正定的。若所有判断矩阵相同，则 $|B| = 0$，且模型（2.44）的权重向量为 $(1/m, 1/m, \cdots, 1/m)^{\mathrm{T}}$。这种情况下，群体已经达成完全共识，无须进一步调整。下面只考虑存在至少一个不等式 $a_{ij,k} \neq a_{ij,l}$ 的一般情形。

同样，利用拉格朗日乘数法求解模型（2.44）：

$$v^* = \frac{B^{-1} e}{e^{\mathrm{T}} B^{-1} e} \qquad (2.49)$$

$$\lambda^* = -\frac{1}{e^{\mathrm{T}} B^{-1} e} \qquad (2.50)$$

容易验证，将定理 2.3 和定理 2.4 中的 G 替换为 B，定理 2.3 和定理 2.4 对于模型（2.44）同样成立。因此，B 是正定矩阵，B^{-1} 是非负矩阵。由此可得，$v^* \geq 0$。

2.3.3 乘性偏好关系局部调整共识算法

基于上述模型，类似算法 2.1，算法 2.2 详细设计了乘性偏好关系局部调整共识算法。

算法 2.2　乘性偏好关系局部调整共识算法

输入：每个决策者 e_k 的乘性偏好关系 $A_k = (a_{ij,k})_{n\times n}(k\in M)$，最大迭代次数 t^*，个体和群体的共识阈值 α_2 和 λ_2。一般地，$\alpha_2 > \lambda_2$。

输出：修正后的乘性偏好关系 $\overline{A}_k\,(k\in M)$，迭代次数 t，个体到群体的共识指数 $\mathrm{ICI}(\overline{A}_k)\,(k\in M)$ 和群体共识指数 GCI。

（1）令 $t=0$，$A_k^{(0)} = A_k(k\in M)$。

（2）利用二次规划模型（2.44），根据式（2.49）为个体乘性偏好关系 $A_k^{(t)} = (a_{ij,k}^{(t)})_{n\times n}(k\in M)$ 确定最优权重向量 $v^{(t)} = (v_1^{(t)}, v_2^{(t)}, \cdots, v_m^{(t)})^{\mathrm{T}}$。

（3）利用 WGA 算子（式（2.31））将个体乘性偏好关系 $A_k^{(t)} = (a_{ij,k}^{(t)})_{n\times n}(k\in M)$ 集结为群体乘性偏好关系 $A^{(t)} = (a_{ij}^{(t)})_{n\times n}$。

（4）根据式（2.51）和式（2.39）分别计算个体到群体的共识指数 $\mathrm{ICI}(A_k^{(t)}) = d(A_k^{(t)}, A^{(t)})\,(k\in M)$ 和群体共识指数 $\mathrm{GCI}(t) = \Delta_2(t)$：

$$\mathrm{ICI}(A_k) = d(A_k, A) = \frac{2}{n(n-1)}\sum_{i=1}^{n-1}\sum_{j=i+1}^{n}\left|\frac{1}{2}(1+\log_9 a_{ij,k}) - \sum_{l=1}^{n} v_l \cdot \frac{1}{2}(1+\log_9 a_{ij,l})\right| \quad (2.51)$$

$$\mathrm{GCI} = \Delta_2 = \sum_{k=1}^{m} v_k d(A_k, A)$$

若 $\Delta_2(t) \leq \lambda_2$，且 $\mathrm{ICI}(A_k^{(t)}) \leq \alpha_2$（对于所有 $k\in M$），或 $t=t^*$，则进行步骤（6），否则，找到满足 $\mathrm{ICI}(A_k^{(t)}) > \lambda_2$ 的乘性偏好关系 $A_k^{(t)}$，进入步骤（5）。

（5）为个体到群体的共识指数 $\mathrm{ICI}(A_k^{(t)}) > \lambda_2$ 的决策者 e_k 找出最大元素 $d_{i_\tau j_\tau, k}^{(t)}$ 的位置，其中，$d_{i_\tau j_\tau, k}^{(t)} = \max\limits_{i,j}\left|\log_9 a_{ij,k}^{(t)} - \log_9 a_{ij}^{(t)}\right|$，并根据式（2.52）调整相应的偏好值：

$$a_{ij,k}^{(t+1)} = \begin{cases} a_{ij}^{(t)}, & i = i_\tau, j = j_\tau \\ a_{ij,k}^{(t)}, & \text{其他} \end{cases} \quad (2.52)$$

令 $t = t+1$，转步骤（2）。

（6）令 $\overline{A}_k = A_k^{(t)}$。输出修正后的乘性偏好关系 $\overline{A}_k\,(k \in M)$，个体到群体的共识指数 $\mathrm{ICI}(\overline{A}_k)\,(k \in M)$、群体共识指数 GCI，以及迭代次数 t。

2.4　算　例　分　析

【**算例 2.1**】　考虑一个有关购物中心选址的群决策问题[13, 23]。5 个专家 $e_k(k = 1, 2, \cdots, 5)$ 被委托对 6 个可选地点 $x_i(i = 1, 2, \cdots, 6)$ 进行评估[38]。对可选地点进行两两比较后，专家 $e_k(k = 1, 2, \cdots, 5)$ 给出了如下模糊加性偏好关系 $P_k = P_k^{(0)} = (p_{ij,k})_{6 \times 6}\,(k = 1, 2, \cdots, 5)$：

$$P_1 = P_1^{(0)} = \begin{bmatrix} 0.5 & 0.4 & 0.2 & 0.6 & 0.7 & 0.6 \\ 0.6 & 0.5 & 0.4 & 0.6 & 0.9 & 0.7 \\ 0.8 & 0.6 & 0.5 & 0.6 & 0.8 & 1.0 \\ 0.4 & 0.4 & 0.4 & 0.5 & 0.7 & 0.6 \\ 0.3 & 0.1 & 0.2 & 0.3 & 0.5 & 0.3 \\ 0.4 & 0.3 & 0.0 & 0.4 & 0.7 & 0.5 \end{bmatrix}$$

$$P_2 = P_2^{(0)} = \begin{bmatrix} 0.5 & 0.3 & 0.3 & 0.5 & 0.8 & 0.7 \\ 0.7 & 0.5 & 0.4 & 0.7 & 1.0 & 0.8 \\ 0.7 & 0.6 & 0.5 & 0.5 & 0.9 & 0.9 \\ 0.5 & 0.3 & 0.5 & 0.5 & 0.6 & 0.7 \\ 0.2 & 0.0 & 0.1 & 0.4 & 0.5 & 0.4 \\ 0.3 & 0.2 & 0.1 & 0.3 & 0.6 & 0.5 \end{bmatrix}$$

$$P_3 = P_3^{(0)} = \begin{bmatrix} 0.5 & 0.5 & 0.6 & 0.6 & 0.7 & 0.9 \\ 0.5 & 0.5 & 0.3 & 0.8 & 0.7 & 0.8 \\ 0.4 & 0.7 & 0.5 & 0.7 & 0.7 & 0.8 \\ 0.4 & 0.2 & 0.3 & 0.5 & 0.8 & 0.6 \\ 0.3 & 0.3 & 0.3 & 0.2 & 0.5 & 0.2 \\ 0.1 & 0.2 & 0.2 & 0.4 & 0.8 & 0.5 \end{bmatrix}$$

$$P_4 = P_4^{(0)} = \begin{bmatrix} 0.5 & 0.2 & 0.1 & 0.5 & 0.8 & 0.9 \\ 0.8 & 0.5 & 0.2 & 0.9 & 0.6 & 1.0 \\ 0.9 & 0.8 & 0.5 & 0.8 & 0.6 & 0.6 \\ 0.5 & 0.1 & 0.2 & 0.5 & 1.0 & 0.8 \\ 0.2 & 0.4 & 0.4 & 0.0 & 0.5 & 0.4 \\ 0.1 & 0.0 & 0.4 & 0.2 & 0.6 & 0.5 \end{bmatrix}$$

$$P_5 = P_5^{(0)} = \begin{bmatrix} 0.5 & 0.3 & 0.3 & 0.7 & 0.8 & 0.5 \\ 0.7 & 0.5 & 0.2 & 0.7 & 0.8 & 0.6 \\ 0.7 & 0.8 & 0.5 & 0.7 & 0.7 & 0.8 \\ 0.3 & 0.3 & 0.3 & 0.5 & 0.9 & 0.7 \\ 0.2 & 0.2 & 0.3 & 0.1 & 0.5 & 0.4 \\ 0.5 & 0.4 & 0.2 & 0.3 & 0.6 & 0.5 \end{bmatrix}$$

利用算法 2.1 求解该群决策问题。假设最大迭代次数 $t^* = 10$，个体共识阈值 $\alpha_1 = 0.065$。为便于与 Wu 和 Xu[23] 及 Xu 和 Cai[13] 的结果进行比较，令群体共识阈值 $\lambda_1 = 0.05$。

（1）令 $t = 0$ 和 $P_k^{(0)} = P_k (k = 1, 2, \cdots, 5)$，初始化算法。

（2）应用二次规划模型（2.20），根据式（2.27）为个体模糊加性偏好关系 $P_k^{(0)} = (p_{ij,k}^{(0)})_{6 \times 6} (k = 1, 2, \cdots, 5)$ 确定最优权重向量 $w^{(0)} = (w_1^{(0)}, w_2^{(0)}, \cdots, w_5^{(0)})^{\mathrm{T}}$：

$$w^{(0)} = (0.2041, 0.2005, 0.2025, 0.1886, 0.2042)^{\mathrm{T}}$$

（3）利用式（2.4）得到群体模糊加性偏好关系：

$$P^{(0)} = \begin{bmatrix} 0.5 & 0.3421 & 0.3026 & 0.5815 & 0.7593 & 0.7170 \\ 0.6579 & 0.5 & 0.3012 & 0.7376 & 0.8025 & 0.7765 \\ 0.6974 & 0.6988 & 0.5 & 0.6583 & 0.7417 & 0.8232 \\ 0.4185 & 0.2624 & 0.3417 & 0.5 & 0.7976 & 0.6782 \\ 0.2407 & 0.1975 & 0.2583 & 0.2024 & 0.5 & 0.3391 \\ 0.2830 & 0.2235 & 0.1768 & 0.3218 & 0.6609 & 0.5 \end{bmatrix}$$

（4）根据式（2.12）和式（2.13）计算 $\mathrm{ICI}(P_k^{(0)})$ 和 $\mathrm{GCI}(0)$：

$$\mathrm{ICI}(P_1^{(0)}) = 0.0849, \quad \mathrm{ICI}(P_2^{(0)}) = 0.0810, \quad \mathrm{ICI}(P_3^{(0)}) = 0.0821$$

$$\mathrm{ICI}(P_4^{(0)}) = 0.1487, \quad \mathrm{ICI}(P_5^{(0)}) = 0.0687$$

$$\mathrm{GCI}(0) = 0.0923$$

（5）由于 $\mathrm{GCI}(0) = 0.0923 > 0.05$ 且 $\mathrm{ICI}(P_k^{(0)}) > 0.065 (k = 1, 2, \cdots, 5)$，我们需要找到最大元素 $d_{i_\tau, j_\tau, k}^{(0)}$ 的位置，其中，$d_{i_\tau, j_\tau, k}^{(0)} = \max_{i,j} |p_{ij,k}^{(0)} - p_{ij}^{(0)}|$。对于 $P_1^{(0)}$，$d_{36,1}^{(0)} = d_{63,1}^{(0)} = \max_{i,j} |p_{ij,1}^{(0)} - p_{ij}^{(0)}| = 0.1768$，利用群体模糊加性偏好关系 $P^{(0)}$ 中的对应元素替换这两个偏好值，即

$$p_{36,1}^{(0)} = p_{36}^{(0)} = 0.8232, \quad p_{63,1}^{(0)} = p_{63}^{(0)} = 0.1768$$

类似地，其他四个专家的模糊加性偏好关系采取同样的程序进行调整：

$$p_{45,2}^{(0)} = p_{45}^{(0)} = 0.7976, \quad p_{54,2}^{(0)} = p_{54}^{(0)} = 0.2024$$

$$p_{13,3}^{(0)} = p_{13}^{(0)} = 0.3026 \ , \quad p_{31,3}^{(0)} = p_{31}^{(0)} = 0.6974$$

$$p_{26,4}^{(0)} = p_{26}^{(0)} = 0.7765 \ , \quad p_{62,4}^{(0)} = p_{62}^{(0)} = 0.2235$$

$$p_{16,5}^{(0)} = p_{16}^{(0)} = 0.7170 \ , \quad p_{61,5}^{(0)} = p_{61}^{(0)} = 0.2830$$

令 $t = 1$，转步骤（2）。

该程序在 6 次迭代后终止，详细的迭代过程如表 2.1 所示。

表 2.1　算例 2.1 的迭代过程

t	$w^{(t)}$	$p^{(t)}$	ICI($P_k^{(t)}$)，GCI(t)	$p_{ij,k}^{(t)}$
0	0.2041 0.2005 0.2025 0.1886 0.2042	$\begin{bmatrix} 0.5 & 0.3421 & 0.3026 & 0.5815 & 0.7593 & 0.7170 \\ 0.6579 & 0.5 & 0.3012 & 0.7376 & 0.8025 & 0.7765 \\ 0.6974 & 0.6988 & 0.5 & 0.6583 & 0.7417 & 0.8232 \\ 0.4185 & 0.2624 & 0.3417 & 0.5 & 0.7976 & 0.6782 \\ 0.2407 & 0.1975 & 0.2583 & 0.2024 & 0.5 & 0.3391 \\ 0.2830 & 0.2235 & 0.1768 & 0.3218 & 0.6609 & 0.5 \end{bmatrix}$	ICI($P_1^{(0)}$) = 0.0849， ICI($P_2^{(0)}$) = 0.0810， ICI($P_3^{(0)}$) = 0.0821， ICI($P_4^{(0)}$) = 0.1487， ICI($P_5^{(0)}$) = 0.0687， GCI(0) = 0.0923	$p_{36,1}^{(0)} \to 0.8232$， $p_{63,1}^{(0)} \to 0.1768$， $p_{45,2}^{(0)} \to 0.7976$， $p_{54,2}^{(0)} \to 0.2024$， $p_{13,3}^{(0)} \to 0.3026$， $p_{31,3}^{(0)} \to 0.6974$， $p_{26,4}^{(0)} \to 0.7765$， $p_{62,4}^{(0)} \to 0.2235$， $p_{16,5}^{(0)} \to 0.7170$， $p_{61,5}^{(0)} \to 0.2830$
1	0.2057 0.1978 0.2020 0.1917 0.2028	$\begin{bmatrix} 0.5 & 0.3418 & 0.2416 & 0.5813 & 0.7592 & 0.7616 \\ 0.6582 & 0.5 & 0.3009 & 0.7380 & 0.8016 & 0.7344 \\ 0.7584 & 0.6991 & 0.5 & 0.6590 & 0.7410 & 0.7862 \\ 0.4187 & 0.2620 & 0.3410 & 0.5 & 0.8376 & 0.6784 \\ 0.2408 & 0.1984 & 0.2590 & 0.1624 & 0.5 & 0.3390 \\ 0.2384 & 0.2656 & 0.2138 & 0.3216 & 0.6610 & 0.5 \end{bmatrix}$	ICI($P_1^{(1)}$) = 0.0746， ICI($P_2^{(1)}$) = 0.0826， ICI($P_3^{(1)}$) = 0.0678， ICI($P_4^{(1)}$) = 0.1243， ICI($P_5^{(1)}$) = 0.0547， GCI(1) = 0.0803	$p_{16,1}^{(1)} \to 0.7616$， $p_{61,1}^{(1)} \to 0.2384$， $p_{25,2}^{(1)} \to 0.8016$， $p_{52,2}^{(1)} \to 0.1984$， $p_{12,3}^{(1)} \to 0.3418$， $p_{21,3}^{(1)} \to 0.6582$， $p_{25,4}^{(1)} \to 0.8016$， $p_{52,4}^{(1)} \to 0.1984$， $p_{26,5}^{(1)} \to 0.7344$， $p_{62,5}^{(1)} \to 0.2656$
2	0.2044 0.2010 0.2018 0.1910 0.2018	$\begin{bmatrix} 0.5 & 0.3098 & 0.2419 & 0.5810 & 0.7594 & 0.7946 \\ 0.6902 & 0.5 & 0.3013 & 0.7379 & 0.8009 & 0.7618 \\ 0.7581 & 0.6987 & 0.5 & 0.6585 & 0.7415 & 0.7866 \\ 0.4190 & 0.2621 & 0.3415 & 0.5 & 0.8375 & 0.6785 \\ 0.2406 & 0.1991 & 0.2585 & 0.1625 & 0.5 & 0.3392 \\ 0.2054 & 0.2382 & 0.2134 & 0.3215 & 0.6608 & 0.5 \end{bmatrix}$	ICI($P_1^{(2)}$) = 0.0700， ICI($P_2^{(2)}$) = 0.0675， ICI($P_3^{(2)}$) = 0.0554， ICI($P_4^{(2)}$) = 0.1048， ICI($P_5^{(2)}$) = 0.0476， GCI(2) = 0.0687	$p_{24,1}^{(2)} \to 0.7379$， $p_{42,1}^{(2)} \to 0.2621$， $p_{35,2}^{(2)} \to 0.7415$， $p_{53,2}^{(2)} \to 0.2585$， $p_{56,3}^{(2)} \to 0.3392$， $p_{65,3}^{(2)} \to 0.6608$， $p_{36,4}^{(2)} \to 0.7866$， $p_{63,4}^{(2)} \to 0.2134$

t	$w^{(t)}$	$p^{(t)}$	ICI($P_k^{(t)}$)，GCI(t)	$p_{ij,k}^{(t)}$
3	0.2031 0.2029 0.2028 0.1902 0.2011	$\begin{bmatrix} 0.5 & 0.3098 & 0.2422 & 0.5808 & 0.7594 & 0.7945 \\ 0.6902 & 0.5 & 0.3015 & 0.7660 & 0.8007 & 0.7620 \\ 0.7578 & 0.6985 & 0.5 & 0.6581 & 0.7097 & 0.8224 \\ 0.4192 & 0.2340 & 0.3419 & 0.5 & 0.8374 & 0.6784 \\ 0.2406 & 0.1993 & 0.2903 & 0.1626 & 0.5 & 0.3674 \\ 0.2055 & 0.2380 & 0.1776 & 0.3216 & 0.6326 & 0.5 \end{bmatrix}$	ICI($P_1^{(3)}$) = 0.0643， ICI($P_2^{(3)}$) = 0.0566， ICI($P_3^{(3)}$) = 0.0446， ICI($P_4^{(3)}$) = 0.0889， ICI($P_5^{(3)}$) = 0.0461， GCI(3) = 0.0598	$p_{45,1}^{(3)} \to 0.8374$， $p_{54,1}^{(3)} \to 0.1626$， $p_{34,2}^{(3)} \to 0.6581$， $p_{43,2}^{(3)} \to 0.3419$， $p_{45,4}^{(3)} \to 0.8374$， $p_{54,4}^{(3)} \to 0.1626$
4	0.2016 0.2025 0.2025 0.1926 0.2008	$\begin{bmatrix} 0.5 & 0.3094 & 0.2418 & 0.5806 & 0.7596 & 0.7948 \\ 0.6906 & 0.5 & 0.3011 & 0.7664 & 0.8005 & 0.7621 \\ 0.7582 & 0.6989 & 0.5 & 0.6906 & 0.7093 & 0.8223 \\ 0.4194 & 0.2336 & 0.3094 & 0.5 & 0.8343 & 0.6789 \\ 0.2404 & 0.1995 & 0.2907 & 0.1657 & 0.5 & 0.3675 \\ 0.2052 & 0.2379 & 0.1777 & 0.3211 & 0.6325 & 0.5 \end{bmatrix}$	ICI($P_1^{(4)}$) = 0.0577， ICI($P_2^{(4)}$) = 0.0480， ICI($P_3^{(4)}$) = 0.0422， ICI($P_4^{(4)}$) = 0.0759， ICI($P_5^{(4)}$) = 0.0441， GCI(4) = 0.0534	$p_{25,1}^{(4)} \to 0.8005$， $p_{52,1}^{(4)} \to 0.1995$， $p_{13,4}^{(4)} \to 0.2418$， $p_{31,4}^{(4)} \to 0.7582$
5	0.2023 0.2018 0.2019 0.1938 0.2002	$\begin{bmatrix} 0.5 & 0.3093 & 0.2690 & 0.5805 & 0.7596 & 0.7950 \\ 0.6907 & 0.5 & 0.3010 & 0.7666 & 0.7805 & 0.7621 \\ 0.7310 & 0.6990 & 0.5 & 0.6907 & 0.7092 & 0.8223 \\ 0.4195 & 0.2334 & 0.3093 & 0.5 & 0.8343 & 0.6790 \\ 0.2404 & 0.2195 & 0.2908 & 0.1657 & 0.5 & 0.3675 \\ 0.2050 & 0.2379 & 0.1777 & 0.3210 & 0.6325 & 0.5 \end{bmatrix}$	ICI($P_1^{(5)}$) = 0.0543， ICI($P_2^{(5)}$) = 0.0476， ICI($P_3^{(5)}$) = 0.0390， ICI($P_4^{(5)}$) = 0.0695， ICI($P_5^{(5)}$) = 0.0435， GCI(5) = 0.0507	$p_{23,1}^{(5)} \to 0.3010$， $p_{32,1}^{(5)} \to 0.6990$， $p_{24,4}^{(5)} \to 0.7666$， $p_{42,4}^{(5)} \to 0.2334$
6	0.2016 0.2015 0.2015 0.1954 0.2	$\begin{bmatrix} 0.5 & 0.3091 & 0.2690 & 0.5803 & 0.7597 & 0.7952 \\ 0.6909 & 0.5 & 0.2808 & 0.7408 & 0.7806 & 0.7621 \\ 0.7310 & 0.7192 & 0.5 & 0.6909 & 0.7090 & 0.8222 \\ 0.4197 & 0.2592 & 0.3091 & 0.5 & 0.8344 & 0.6792 \\ 0.2403 & 0.2194 & 0.2910 & 0.1656 & 0.5 & 0.3676 \\ 0.2048 & 0.2379 & 0.1778 & 0.3208 & 0.6324 & 0.5 \end{bmatrix}$	ICI($P_1^{(6)}$) = 0.0474， ICI($P_2^{(6)}$) = 0.0472， ICI($P_3^{(6)}$) = 0.0420， ICI($P_4^{(6)}$) = 0.0609， ICI($P_5^{(6)}$) = 0.0404， GCI(6) = 0.0475	—

　　修正后的最终个体模糊加性偏好关系 $\overline{P}_k$ ($k = 1, 2, \cdots, 5$)和群体模糊加性偏好关系 $\overline{P}$ 分别如下：

$$\overline{P}_1 = \begin{bmatrix} 0.5 & 0.4 & 0.2 & 0.6 & 0.7 & 0.7616 \\ 0.6 & 0.5 & 0.3010 & 0.7379 & 0.8005 & 0.7 \\ 0.8 & 0.6990 & 0.5 & 0.6 & 0.8 & 0.8232 \\ 0.4 & 0.2621 & 0.4 & 0.5 & 0.8374 & 0.6 \\ 0.3 & 0.1995 & 0.2 & 0.1626 & 0.5 & 0.3 \\ 0.2384 & 0.3 & 0.1768 & 0.4 & 0.7 & 0.5 \end{bmatrix}$$

$$\bar{P}_2 = \begin{bmatrix} 0.5 & 0.3 & 0.3 & 0.5 & 0.8 & 0.7 \\ 0.7 & 0.5 & 0.4 & 0.7 & 0.8016 & 0.8 \\ 0.7 & 0.6 & 0.5 & 0.6581 & 0.7415 & 0.9 \\ 0.5 & 0.3 & 0.3419 & 0.5 & 0.7976 & 0.7 \\ 0.2 & 0.1984 & 0.2585 & 0.2024 & 0.5 & 0.4 \\ 0.3 & 0.2 & 0.1 & 0.3 & 0.6 & 0.5 \end{bmatrix}$$

$$\bar{P}_3 = \begin{bmatrix} 0.5 & 0.3418 & 0.3026 & 0.6 & 0.7 & 0.9 \\ 0.6582 & 0.5 & 0.3 & 0.8 & 0.7 & 0.8 \\ 0.6974 & 0.7 & 0.5 & 0.7 & 0.7 & 0.8 \\ 0.4 & 0.2 & 0.3 & 0.5 & 0.8 & 0.6 \\ 0.3 & 0.3 & 0.3 & 0.2 & 0.5 & 0.3392 \\ 0.1 & 0.2 & 0.2 & 0.4 & 0.6608 & 0.5 \end{bmatrix}$$

$$\bar{P}_4 = \begin{bmatrix} 0.5 & 0.2 & 0.2418 & 0.5 & 0.8 & 0.9 \\ 0.8 & 0.5 & 0.2 & 0.7666 & 0.8016 & 0.7765 \\ 0.7582 & 0.8 & 0.5 & 0.8 & 0.6 & 0.7866 \\ 0.5 & 0.2334 & 0.2 & 0.5 & 0.8374 & 0.8 \\ 0.2 & 0.1984 & 0.4 & 0.1626 & 0.5 & 0.4 \\ 0.1 & 0.2235 & 0.2134 & 0.2 & 0.6 & 0.5 \end{bmatrix}$$

$$\bar{P}_5 = \begin{bmatrix} 0.5 & 0.3 & 0.3 & 0.7 & 0.8 & 0.7170 \\ 0.7 & 0.5 & 0.2 & 0.7 & 0.8 & 0.7344 \\ 0.7 & 0.8 & 0.5 & 0.7 & 0.7 & 0.8 \\ 0.3 & 0.3 & 0.3 & 0.5 & 0.9 & 0.7 \\ 0.2 & 0.2 & 0.3 & 0.1 & 0.5 & 0.4 \\ 0.2830 & 0.2656 & 0.2 & 0.3 & 0.6 & 0.5 \end{bmatrix}$$

$$\bar{P} = \begin{bmatrix} 0.5 & 0.3091 & 0.2690 & 0.5803 & 0.7597 & 0.7952 \\ 0.6909 & 0.5 & 0.2808 & 0.7408 & 0.7806 & 0.7621 \\ 0.7310 & 0.7192 & 0.5 & 0.6909 & 0.7090 & 0.8222 \\ 0.4197 & 0.2592 & 0.3091 & 0.5 & 0.8344 & 0.6792 \\ 0.2403 & 0.2194 & 0.2910 & 0.1656 & 0.5 & 0.3676 \\ 0.2048 & 0.2379 & 0.1778 & 0.3208 & 0.6324 & 0.5 \end{bmatrix}$$

修正后的模糊加性偏好关系的 $\mathrm{ICI}(\bar{P}_k)$ $(k = 1, 2, \cdots, 5)$和 $\mathrm{GCI}(t)$分别为

$$\mathrm{ICI}(P_1^{(6)}) = 0.0474 \;,\quad \mathrm{ICI}(P_2^{(6)}) = 0.0472 \;,\quad \mathrm{ICI}(P_3^{(6)}) = 0.0420$$

$$\mathrm{ICI}(P_4^{(6)}) = 0.0609 \;,\quad \mathrm{ICI}(P_5^{(6)}) = 0.0404$$

$$\mathrm{GCI}(6) = 0.0475 \;,\quad t = 6$$

表 2.1 显示，$t = 2$ 时，$\mathrm{ICI}(P_5^{(2)}) = 0.0476 < 0.05$，表示专家 e_5 的修正后的模糊加性偏好关系已与群体模糊加性偏好关系达到可接受的共识水平。因此，P_5 将不会进一步更新，从而能够大致保留该专家的原始判断。类似地，$t = 3$ 时，$\mathrm{ICI}(P_3^{(3)}) = 0.0446 < 0.05$，$P_3$ 的更新在此步骤停止。$t = 6$ 时，群体共识指数 $\mathrm{GCI}(6) = 0.0475 < 0.05$，并且所有个体到群体的共识指数均低于阈值 0.065，因此迭代过程终止。更新后的模糊加性偏好关系 $\overline{P}_1$、$\overline{P}_2$、$\overline{P}_3$、$\overline{P}_4$ 和 $\overline{P}_5$ 已达到可接受的共识水平，我们可以采用合适的选择方法对该群决策问题提出建议。例如，采用归一化的排序集结方法[26]：

$$\omega_i = \frac{2}{n^2} \sum_{j=1}^{n} \overline{p}_{ij}$$

从群体模糊加性偏好关系中推导出可选地点的优先级权重向量：
$$\omega = (0.1785, 0.2086, 0.2318, 0.1668, 0.0991, 0.1152)^{\mathrm{T}}$$

如前所述，Wu 和 Xu[23] 的方法等价于令 $\alpha_1 = \lambda_1 = 0.05$，可得到一个略有不同的优先级权重向量 $\omega = (0.1772, 0.2111, 0.2289, 0.1672, 0.0956, 0.1200)^{\mathrm{T}}$。在这两种情况下，$x_3$ 都是决策群体的最佳选择。

与 Wu 和 Xu[23] 及 Xu 和 Cai[13] 的方法相比，本章的研究在以下方面有所不同。首先，本章对个体到群体的共识指数和群体共识指数分别设置阈值 α_1 和 λ_1。这种处理允许每个专家给出的判断与群体判断略有不同，从而更合理地模拟现实中的共识达成过程。其次，本章在共识达成过程中的每次迭代只对各个专家的模糊加性偏好关系中与群体模糊加性偏好关系相应元素偏离最大的一对判断值进行调整（如果有的话），其基本原理是保留每个专家的原始判断。Wu 和 Xu[23] 及 Xu 和 Cai[13] 利用式（2.17），通过设置参数 η 来修改所有专家的全部偏好值，最终修改后的模糊加性偏好关系往往与专家提供的原始判断存在显著差异。最后，本章提出的二次规划模型可自动确定专家权重。Xu 和 Cai[13] 的算例表明，每个专家得到的权重总是 $1/m$（m 为群决策问题中专家数量）；Wu 和 Xu[23] 中专家权重是任意设置的，没有充分考虑每个专家的判断信息。

【算例 2.2】　该算例首先由 Yeh 等[39] 提出，并由 Wu 和 Xu[40] 进一步讨论。假设某企业来自设计、制造和营销部门的三位经理参与了一个群决策，制定他们的新产品开发战略。新产品的五个决策标准分别是成本（c_1）、可制造性（c_2）、质量（c_3）、技术改进（c_4）和市场份额（c_5）。三位经理给出了他们的乘性偏好关系 $A_k(k = 1, 2, 3)$：

$$A_1 = \begin{bmatrix} 1 & 5 & 7 & 3 & 1/3 \\ 1/5 & 1 & 3 & 1/3 & 1/5 \\ 1/7 & 1/3 & 1 & 1/7 & 1/9 \\ 1/3 & 3 & 7 & 1 & 1/3 \\ 3 & 5 & 9 & 3 & 1 \end{bmatrix}$$

$$A_2 = \begin{bmatrix} 1 & 1/3 & 7 & 1/2 & 3 \\ 3 & 1 & 3 & 1 & 5 \\ 1 & 1/3 & 1 & 1/3 & 3 \\ 2 & 1 & 3 & 1 & 5 \\ 1/3 & 1/5 & 1/3 & 1/5 & 1 \end{bmatrix}$$

$$A_3 = \begin{bmatrix} 1 & 7 & 5 & 4 & 3 \\ 1/7 & 1 & 1/3 & 1/4 & 1/5 \\ 1/5 & 3 & 1 & 1/3 & 1/4 \\ 1/4 & 4 & 3 & 1 & 1 \\ 1/3 & 5 & 4 & 1 & 1 \end{bmatrix}$$

使用算法 2.2 解决该群决策问题。假设最大迭代次数 $t^* = 10$，个体共识阈值 $\alpha_2 = 0.055$，群体共识阈值 $\lambda_2 = 0.05$。迭代 6 次后终止，详细的迭代过程如表 2.2 所示。

表 2.2　算例 2.2 的迭代过程

t	$v^{(t)}$			ICI($A_k^{(t)}$)			GCI(t)
0	0.3292	0.3259	0.3449	0.1841	0.2622	0.1556	0.1997
1	0.3270	0.3305	0.3425	0.1355	0.2052	0.1083	0.1492
2	0.3270	0.3317	0.3413	0.1176	0.1567	0.0875	0.1203
3	0.3267	0.3351	0.3382	0.0929	0.1170	0.0799	0.0966
4	0.3274	0.3368	0.3358	0.0821	0.0910	0.0691	0.0807
5	0.3292	0.3342	0.3365	0.0698	0.0697	0.0573	0.0656
6	0.3272	0.3388	0.3340	0.0535	0.0485	0.0484	0.0500

修正后的最终个体乘性偏好关系 $\overline{A}_k$ ($k = 1, 2, 3$) 和群体乘性偏好关系 $\overline{A}$ 分别如下：

$$\overline{A}_1 = \begin{bmatrix} 1 & 2.5995 & 7 & 1.3916 & 1.4554 \\ 0.3847 & 1 & 3 & 1/3 & 1/5 \\ 1/7 & 1/3 & 1 & 1/7 & 0.4360 \\ 0.7186 & 3 & 7 & 1 & 2.2169 \\ 0.6871 & 5 & 2.2935 & 0.4511 & 1 \end{bmatrix}$$

$$\overline{A}_2 = \begin{bmatrix} 1 & 1.5606 & 7 & 1.3916 & 3 \\ 0.6408 & 1 & 3 & 0.4381 & 0.5710 \\ 1/7 & 1/3 & 1 & 1/3 & 0.4360 \\ 0.7186 & 2.2825 & 3 & 1 & 2.2169 \\ 1/3 & 1.7513 & 2.2935 & 0.4511 & 1 \end{bmatrix}$$

$$\overline{A}_3 = \begin{bmatrix} 1 & 2.2921 & 5 & 1.8268 & 3 \\ 0.4363 & 1 & 2.3250 & 0.4381 & 1/5 \\ 1/5 & 0.4301 & 1 & 1/3 & 1/4 \\ 0.5474 & 2.2825 & 3 & 1 & 1.8155 \\ 1/3 & 5 & 4 & 0.5508 & 1 \end{bmatrix}$$

$$\overline{A} = \begin{bmatrix} 1 & 2.0968 & 6.2560 & 1.5240 & 2.3677 \\ 0.4769 & 1 & 2.7552 & 0.4006 & 0.2854 \\ 0.1598 & 0.3629 & 1 & 0.2526 & 0.3621 \\ 0.6562 & 2.4961 & 3.9585 & 1 & 2.0738 \\ 0.4223 & 3.5043 & 2.7617 & 0.4822 & 1 \end{bmatrix}$$

为与 Yeh 等[39]及 Wu 和 Xu[40]得到的结果进行比较，我们在选择阶段继续用特征向量方法，从 $\overline{A}$ 中推导出如下权重向量：

$$\xi = (0.3525, 0.1162, 0.0568, 0.2745, 0.1999)^{\mathrm{T}}$$

因此，这五个决策标准的排序为 $c_1 \succ c_4 \succ c_5 \succ c_2 \succ c_3$。在文献[39]和[40]中，五个决策标准的最终权重向量分别为 $\xi = (0.3722, 0.0822, 0.0691, 0.2177, 0.2587)^{\mathrm{T}}$ 和 $\xi = (0.3743, 0.1822, 0.0833, 0.1867, 0.2270)^{\mathrm{T}}$。最终排序仅在 c_4 和 c_5 间的优劣比较上略有不同。然而，对原始乘性偏好关系 $A_k(k = 1, 2, 3)$ 的进一步检查表明，通过设置 $v = (1/3, 1/3, 1/3)^{\mathrm{T}}$ 并应用式（2.31），Wu 和 Xu[40]将得到 $a_{45}^{(0)} = 1.1856$，表明 c_4 优于 c_5（即 $c_4 \succ c_5$）。这也可以通过检验 Wu 和 Xu[40]的群体乘性偏好关系的原始权重向量 $\xi^{(c)} = (0.3264, 0.1232, 0.0841, 0.2574, 0.2088)^{\mathrm{T}}$ 来验证。根据决策者的原始判断，可得初始排序为 $c_1 \succ c_4 \succ c_5 \succ c_2 \succ c_3$，该结果与本章所提方法得到的排序相同。基于修正后的群体乘性偏好关系，排序结果出现的这一微小差异是由共识达成过程中不同的调整机制造成的。Yeh 等[39]及 Wu 和 Xu[40]的方法在更新过程中对偏好值进行了更激进的修正，导致决策者的原始判断产生了更大的失真。本章所提方法则采用更渐进的方式，在每个决策者的个体乘性偏好关系中最多调整一对偏好值，从而保持决策者的原始判断。因此，本章所提方法得到的排序结果往往比 Yeh 等[39]及 Wu 和 Xu[40]得到的结果更接近原始判断所隐含的结果。

2.5　本章小结

本章分别针对模糊加性偏好关系和乘性偏好关系提出了基于距离的群体共识方法。基于该框架，可以自动确定决策者权重。本章定义了个体模糊加性偏好关系 P_k（或个体乘性偏好关系 A_k）和群体模糊加性偏好关系 P（或群体乘性偏好关系 A）之间的个体到群体的共识指数 ICI，以及群体共识指数 GCI，GCI 是 ICI 的加权平均值。ICI 评估个体判断与群体判断间的差异，并用于确定个体是否应该在共识构建阶段调整自己的判断。GCI 衡量群体的总体共识水平，并用于判断群体是否应该继续进入下一轮共识改善阶段。本章针对模糊加性偏好关系和乘性偏好关系分别提出了两种共识方法。与已有的共识方法相比，本章所提方法具有以下特点。

（1）基于距离的群体共识方法可以自动确定决策者权重。在共识达成阶段，当决策者调整其偏好值时，决策者权重会发生变化。这样可以充分利用决策者的偏好信息。

（2）在共识达成过程中，若个体到群体的共识指数高于设定的阈值，在每次迭代中，采用局部调整策略，即只修改他的与对应群体判断偏差最大的一对判断。

（3）通过引入 ICI 和 GCI，本章所提方法既可以监测群体的整体共识水平，也可以度量每个决策者的判断偏离群体的程度。此外，在共识达成过程中，设 ICI 比 GCI 稍大，从而允许每个决策者的判断与群体意见略有不同。

第3章 模糊加性偏好关系的个体间共识及迭代方法

3.1 基 本 概 念

模糊加性偏好关系的一致性检验对决策问题至关重要，它能检测一个决策者的偏好信息是否合理。本章基于加性一致性测度提出一种一致性改进过程。

【定义 3.1】[15, 20] 若模糊加性偏好关系 $P = (p_{ij})_{n \times n}$ 满足加性一致性，则

$$p_{ij} + p_{jk} + p_{ki} = 1.5 , \quad \forall i, j, k \in N \tag{3.1}$$

【定义 3.2】[17, 23] 对于模糊加性偏好关系 $P_k = (p_{ij,k})_{n \times n}(k \in M)$，可建立对应的满足一致性的偏好关系 $R_k = (r_{ij,k})_{n \times n}$，其中，

$$r_{ij,k} = \frac{1}{n} \sum_{c=1}^{n} (p_{ic,k} + p_{cj,k}) - 0.5 \tag{3.2}$$

【备注 3.1】 正如 Herrera-Viedma 等[15]指出的，在某些特定情形下，矩阵 R 中的元素可能不在区间[0, 1]内，而在区间[−a, 1 + a]内，其中，a>0。在此情形下，为确保所构建的偏好关系具备自反性和一致性，可使用转换函数 $f(x) = (x + a)/(1 + 2a)$对矩阵进行调整。也就是说，对于模糊加性偏好关系 $P_k = (p_{ij,k})_{n \times n}$，总能建立其对应的满足加性一致性的偏好关系 $R_k = (r_{ij,k})_{n \times n}$。

3.2 加性一致性的衡量及调整算法

3.2.1 加性一致性的衡量

【定义 3.3】[41] 令 $P_k = (p_{ij,k})_{n \times n}(k \in M)$为决策者 e_k 提供的模糊加性偏好关系，记 $R_k = (r_{ij,k})_{n \times n}$为由式（3.2）推导出的具备一致性的对应偏好关系。P_k 和 R_k 间的偏差程度定义如下：

$$d(P_k, R_k) = \sqrt{\frac{2}{n(n-1)} \sum_{i=1}^{n-1} \sum_{j=i+1}^{n} (p_{ij,k} - r_{ij,k})^2} \tag{3.3}$$

根据定义 3.3，我们对一致性指数（consistency index，CI）和具有可接受一致性的偏好关系 P_k 进行如下定义。

【定义 3.4】 令 $P_k = (p_{ij,k})_{n \times n}(k \in M)$为决策者 e_k 提供的模糊加性偏好关系。若

对于给定阈值 $\overline{\text{CI}}=\alpha$，决策者 e_k 基于 P_k 和 R_k 间偏差程度的个体一致性指数满足：

$$\text{CI}(P_k)=d(P_k,R_k)\leqslant\overline{\text{CI}} \tag{3.4}$$

则称 P_k 是具有可接受一致性的模糊加性偏好关系。

为检验模糊加性偏好关系是否满足可接受的加性一致性，Xu 等[41]对语言偏好关系的个体一致性阈值[42]进行了拓展。不同阶数 n 下的个体一致性阈值 $\overline{\text{CI}}$ 如表 3.1 所示。

表 3.1　不同阶数 n 下的 $\overline{\text{CI}}$

n	$\overline{\text{CI}}$	n	$\overline{\text{CI}}$
3	0.0882	7	0.1588
4	0.1212	8	0.1645
5	0.1359	9	0.1688
6	0.1530		

3.2.2　模糊加性偏好关系局部调整算法

一致性改进过程是群体共识达成前不可缺少的重要环节。当模糊加性偏好关系 P_k 不具有可接受的一致性时，决策者 e_k 需改善 P_k 直到满足可接受的一致性条件。为此，本章提出算法 3.1 来改进模糊加性偏好关系的一致性。

算法 3.1　模糊加性偏好关系一致性局部调整算法

输入：原始的模糊加性偏好关系 $P_k=(p_{ij,k})_{n\times n}(k\in M)$ 和个体一致性阈值 $\overline{\text{CI}}=\alpha$。

输出：调整后的模糊加性偏好关系 $\overline{P}_k$ 和个体一致性指数 $\text{CI}(\overline{P}_k)$。

（1）令 $t=0$，$P_k^{(0)}=(p_{ij,k}^{(0)})_{n\times n}=(p_{ij,k})_{n\times n}$。利用式（3.2）计算 $R_k^{(0)}$。

（2）计算个体一致性指数 $\text{CI}(P_k^{(t)})$，其中，

$$\text{CI}(P_k^{(t)})=d(P_k^{(t)},R_k^{(t)})$$

（3）若 $\text{CI}(P_k^{(t)})\leqslant\overline{\text{CI}}\,(k\in M)$，则进入步骤（5）。

（4）对元素 $d_{i_\tau,j_\tau,k}^{(t)}$ 进行定位，其中，$d_{i_\tau,j_\tau,k}^{(t)}=\max_{i,j}\left|p_{ij,k}^{(t)}-r_{ij,k}^{(t)}\right|$。将 $P_k^{(t)}$ 返还给 e_k，并建议他构建一个新的模糊加性偏好关系 $P_k^{(t+1)}=(p_{ij,k}^{(t+1)})$，其中，

$$p_{ij,k}^{(t+1)}=\begin{cases} r_{ij,k}^{(t+1)}, & i=i_\tau, j=j_\tau \\ p_{ij,k}^{(t)}, & \text{其他} \end{cases}$$

令 $t = t + 1$，转步骤（2）。

（5）令 $\overline{P}_k = P_k^{(t)}$。输出调整后的满足可接受一致性的模糊加性偏好关系 $\overline{P}_k$ 和个体一致性指数 $\mathrm{CI}(\overline{P}_k)$。

【备注 3.2】　　与 Xu 等[41]中的定理 5 相似，可证算法 3.1 具有收敛性。通过算法 3.1，调整后的模糊加性偏好关系逐渐接近其对应的满足一致性条件的偏好关系。不同于文献[17]和[23]中的改进方法，算法 3.1 的每次迭代仅对一对比较信息进行调整，即局部调整，这样可避免过多的信息扭曲并尽可能保留决策者的原始判断。类似 Dong 等[42]的研究，我们得出定理 3.1。

【定理 3.1】　　令 $\{P_1, P_2, \cdots, P_m\}$ 为 m 个决策者提供的满足可接受一致性的模糊加性偏好关系集合，即 $\mathrm{CI}(P_k) \leqslant \overline{\mathrm{CI}}\,(k \in M)$，则由式（2.4）推导出的群体模糊加性偏好关系 P 满足：

$$\mathrm{CI}(P) \leqslant \overline{\mathrm{CI}} \tag{3.5}$$

证明：由式（3.2）～式（3.4）可知

$$\mathrm{CI}(P_k) = \sqrt{\frac{2}{n(n-1)} \sum_{i=1}^{n-1} \sum_{j=i+1}^{n} \left(p_{ij,k} - \left(\frac{1}{n} \sum_{c=1}^{n} (p_{ic,k} + p_{cj,k}) - 0.5 \right) \right)^2} \tag{3.6}$$

令

$$x_{ij,k} = \left(p_{ij,k} - \left(\frac{1}{n} \sum_{c=1}^{n} (p_{ic,k} + p_{cj,k}) - 0.5 \right) \right)^2 \tag{3.7}$$

因为 $\mathrm{CI}(P_k) \leqslant \overline{\mathrm{CI}}\,(k \in M)$，所以

$$\sum_{i=1}^{n-1} \sum_{j=i+1}^{n} x_{ij,k} \leqslant \frac{n(n-1)}{2} \overline{\mathrm{CI}}^2 \tag{3.8}$$

由式（2.4）和

$$\mathrm{CI}(P) = \sqrt{\frac{2}{n(n-1)} \sum_{i=1}^{n-1} \sum_{j=i+1}^{n} \left(p_{ij} - \left(\frac{1}{n} \sum_{c=1}^{n} (p_{ic} + p_{cj}) - 0.5 \right) \right)^2} \tag{3.9}$$

可以得到

$$\mathrm{CI}(P) = \sqrt{\frac{2}{n(n-1)} \sum_{i=1}^{n-1} \sum_{j=i+1}^{n} \left(\sum_{k=1}^{m} \left(\lambda_k \left(p_{ij,k} - \left(\frac{1}{n} \sum_{c=1}^{n} (p_{ic,k} + p_{cj,k}) - 0.5 \right) \right) \right) \right)^2} \tag{3.10}$$

由式（3.7）和式（3.10）得

$$
\begin{aligned}
\mathrm{CI}(P) &= \sqrt{\frac{2}{n(n-1)}\sum_{i=1}^{n-1}\sum_{j=i+1}^{n}\left(\sum_{k=1}^{m}\left(\lambda_k\sqrt{x_{ij,k}}\right)\right)^2} \\
&= \sqrt{\frac{2}{n(n-1)}\sum_{i=1}^{n-1}\sum_{j=i+1}^{n}\left(\sum_{k=1}^{m}\left(\lambda_k^2 x_{ij,k}\right)+2\sum_{k<l}\left(\lambda_k\lambda_l\sqrt{x_{ij,k}x_{ij,l}}\right)\right)} \\
&\leqslant \sqrt{\frac{2}{n(n-1)}\sum_{i=1}^{n-1}\sum_{j=i+1}^{n}\left(\sum_{k=1}^{m}\left(\lambda_k^2 x_{ij,k}\right)+\sum_{k<l}\left(\lambda_k\lambda_l(x_{ij,k}+x_{ij,l})\right)\right)} \\
&= \sqrt{\frac{2}{n(n-1)}\left(\sum_{k=1}^{m}\left(\lambda_k^2\sum_{i=1}^{n-1}\sum_{j=i+1}^{n}x_{ij,k}\right)+\sum_{k<l}\left(\lambda_k\lambda_l\left(\sum_{i=1}^{n-1}\sum_{j=i+1}^{n}x_{ij,k}+\sum_{i=1}^{n-1}\sum_{j=i+1}^{n}x_{ij,k}\right)\right)\right)}
\end{aligned}
$$

$$(3.11)$$

由式（3.8）和式（3.11）可知

$$
\mathrm{CI}(P)\leqslant \overline{\mathrm{CI}}\sqrt{\sum_{k=1}^{m}\lambda_k^2+2\sum_{k<l}\left(\lambda_k\lambda_l\right)}=\overline{\mathrm{CI}}\sqrt{\left(\sum_{k=1}^{m}\lambda_k\right)^2}=\overline{\mathrm{CI}} \tag{3.12}
$$

□

3.3　基于个体间相似度的共识方法

3.3.1　现有方法的缺陷

在群决策问题中，共识达成过程用于协助决策者实现一个固定的共识度。若群体共识度较低，共识达成过程则会建议一些决策者更新他们的偏好值。

Xu[43]、Wu 和 Xu[23]根据两矩阵间的偏离度量提出了一种共识迭代方法。为达成预先设定的共识阈值，每次迭代均以群体模糊加性偏好关系作为个体偏好调整的参考，即利用式（2.17）和式（2.4），Wu 和 Xu[23]建立了更新后的模糊加性偏好关系，并对模糊加性偏好关系间的偏差程度进行重新衡量，直至达成预先设定的共识阈值。

下面对基于式（2.17）和式（2.4）的共识达成方法做进一步分析。

【定理 3.2】　在共识达成过程中，若利用式（2.17）对所有个体的模糊加性偏好关系 $P_k=(p_{ij,k})_{n\times n}(k\in M)$ 进行调整，则根据式（2.4），下一次迭代的群体模糊加性偏好关系 $P^{(t)}=(p_{ij}^{(t)})_{n\times n}$ 为

$$
P^{(t+1)}=(p_{ij}^{(t+1)})_{n\times n}=(p_{ij}^{(t)})_{n\times n}=P^{(t)} \tag{3.13}
$$

证明：根据式（2.17）和式（2.4），第 $t+1$ 次迭代的群体模糊加性偏好关系 $P^{(t+1)} = (p_{ij}^{(t+1)})_{n\times n}$ 计算过程如下：

$$
\begin{aligned}
p_{ij}^{(t+1)} &= \sum_{k=1}^{m} w_k p_{ij,k}^{(t+1)} \\
&= \sum_{k=1}^{m} w_k [\eta p_{ij,k}^{(t)} + (1-\eta) p_{ij}^{(t)}] \\
&= \eta \sum_{k=1}^{m} w_k p_{ij,k}^{(t)} + (1-\eta) \sum_{k=1}^{m} w_k p_{ij,k}^{(t)} \\
&= \sum_{k=1}^{m} w_k p_{ij,k}^{(t)} = p_{ij}^{(t)}
\end{aligned}
\tag{3.14}
$$

$\square$

【备注 3.3】　同理可得 $P^{(t)} = P^{(0)} = P$。该结果表明，若使用式（2.17）对所有个体的模糊加性偏好关系 $P_k = (p_{ij,k})_{n\times n}$ 进行调整，则第 t 次迭代集结出的群体模糊加性偏好关系 $P^{(t)}$ 总是与初始的群体模糊加性偏好关系 P 相同，即在整个共识达成过程中，群体模糊加性偏好关系固定不变。需要注意的是，做出最终决策之前通常需要进行两个过程[35,44,45]：共识达成过程和选择过程。其中，选择过程取决于最终的群体模糊加性偏好关系，若每次共识迭代过程的群体模糊加性偏好信息都完全一致，则该共识达成过程是多余的。尽管 Wu 和 Xu[23]的共识方法并非每次迭代都对所有决策者的偏好关系进行调整，而是仅调整未满足共识条件的个体偏好关系。但计算 Wu 和 Xu[23]中算例 2 时可发现，共识达成后的最终群体模糊加性偏好关系 $\bar{P}$ 与初始的群体模糊加性偏好关系几乎完全一致。

此外，参数 η 会影响共识迭代次数，其取值应依据某种规则而非随意设置。

为此，本章将介绍一种更为有效的共识达成方法，用于改善决策者对备选方案的评价并提升群体的共识水平。

3.3.2　个体间相似度的共识模型

一般地，决策群体达成一定的共识水平能有效解决群决策问题。在群决策过程中，群体共识水平可通过某种共识达成机制进行提升，从而获得所有或多数决策者都满意或接受的决策结果。通常情况下，群决策追求的正是共识决策这种理想结果。为衡量两个决策者间的偏好共识度，本节引入个体间相似指数，以计算两个模糊加性偏好关系间的相似程度。现有的共识方法在调整某决策者的偏好时通常以群体的综合偏好为参考，本章给出的共识方法则根据与该决策者偏好偏差最明显的另一决策者的偏好进行改善。下面给出一个基于个体间偏好偏差的共识方法。

【定义 3.5】　令 $\{P_1, P_2, \cdots, P_m\}$ 为 m 个决策者给出的满足可接受一致性的模糊加性偏好关系集合，P_k 和 P_l 分别为决策者 e_k 和 e_l 的模糊加性偏好关系，则 e_k 和 e_l 的个体间相似指数定义如下：

$$\text{ISI}_{kl} = 1 - d(P_k, P_l) = 1 - \sqrt{\frac{2}{n(n-1)} \sum_{i=1}^{n-1} \sum_{j=i+1}^{n} (p_{ij,k} - p_{ij,l})^2} \tag{3.15}$$

其中，ISI_{kl} 为群体中 e_k 和 e_l 在偏好信息上的紧密关系或相似度，可视为群体共识的局部体现。由式（3.15）可知，ISI 满足：

（1）$0 \leqslant \text{ISI}_{kl} \leqslant 1$。特别地，$\text{ISI}_{kk} = 1$。

（2）$\text{ISI}_{kl} = \text{ISI}_{lk}$。

一般地，对于给定的个体间相似指数阈值 $\varepsilon \in [0, 1]$，若 $\text{ISI}_{kl} \geqslant \varepsilon$，则称 e_k 和 e_l 已达成可接受的共识水平。

对于群体尚未达成共识的情形，通过识别群体中偏好偏差最明显的一对决策者，对他们的模糊加性偏好关系加以改善，从而降低个体间的偏好信息不匹配程度，是促进群体共识达成的一种合理方式。显然，$\min_{kl}(\text{ISI}_{kl})$ 表示群体中存在一对共识度最低的决策者 e_k 和 e_l。为提高他们的偏好相似性，可根据其中一个决策者的偏好调整另一个决策者的偏好。为构建新的模糊加性偏好关系 $P_k^{(t+1)}$ 和 $P_l^{(t+1)}$，本章给出如下调整方式：

$$P_k^{(t+1)} = \beta_k^{(t)} P_k^{(t)} + (1 - \beta_k^{(t)}) P_l^{(t)} \tag{3.16}$$

$$P_l^{(t+1)} = \beta_l^{(t)} P_l^{(t)} + (1 - \beta_l^{(t)}) P_k^{(t)} \tag{3.17}$$

其中，$\beta_k^{(t)}$ 为 e_k 调整后的模糊加性偏好关系 $P_k^{(t+1)}$ 对上一次迭代模糊加性偏好关系 $P_k^{(t)}$ 的保留程度。现有的调整方法通常对 $\beta_k^{(t)}$ 随意赋值，且取值为常数[23]。式（3.16）和式（3.17）表明，更新后的模糊加性偏好关系由决策者的原有偏好关系和与其最不一致的个体偏好信息构成，即两者的 WAA 值。然而如何决定 $\beta_k^{(t)}$ 这一参数的取值仍是一个开放性问题。一个决策者与其他所有决策者的偏好相似度较低，表明该决策者与多数决策者的偏好都不相同，因此在意见调整过程中需要更多的指引。在共识度分析的基础上，本章给出如下计算公式：

$$\beta_k^{(t)} = \frac{\sum\limits_{s=1,s\neq k,l}^{m} \text{ISI}_{ks}}{2\left(\sum\limits_{s=1,s\neq k,l}^{m} \text{ISI}_{ks} + \sum\limits_{s=1,s\neq k,l}^{m} \text{ISI}_{ls} \right)} + 0.5 \tag{3.18}$$

$$\beta_l^{(t)} = \frac{\sum\limits_{s=1,s\neq k,l}^{m} \text{ISI}_{ls}}{2\left(\sum\limits_{s=1,s\neq k,l}^{m} \text{ISI}_{ks} + \sum\limits_{s=1,s\neq k,l}^{m} \text{ISI}_{ls} \right)} + 0.5 \tag{3.19}$$

由式（3.18）和式（3.19）可以得到如下重要性质。

（1）$\beta_k^{(t)}$，$\beta_l^{(t)} \in (0.5,1)$，$k,l \in M$。这意味着在调整后的偏好关系中，个体原始偏好的保留程度更大。其中，0.5 充当偏好调整的一个临界值，可确保决策者的原始偏好不会遭到过大的信息扭曲。

（2）参数 $\beta_k^{(t)}$（或 $\beta_l^{(t)}$）取决于 $\sum\limits_{s=1,s\neq k,l}^{m} \text{ISI}_{ks}$（或 $\sum\limits_{s=1,s\neq k,l}^{m} \text{ISI}_{ls}$）。$\sum\limits_{s=1,s\neq k,l}^{m} \text{ISI}_{ks}$ 表示 e_k 与其他未被选中的决策者间的偏好相似度。$\sum\limits_{s=1,s\neq k,l}^{m} \text{ISI}_{ks}$ 越大，代表 e_k 越可靠，应对其赋予一个更高的权重。

此外，若 $\sum\limits_{s=1,s\neq k,l}^{m} \text{ISI}_{ks} = \sum\limits_{s=1,s\neq k,l}^{m} \text{ISI}_{ls}$，可得 $\beta_k^{(t)} = \beta_l^{(t)}$，意味着 e_k 和 e_l 与其他决策者的偏好相似度是相等的，因此他们的可靠度也是相同的。

3.3.3 共识算法

基于以上对个体模糊加性偏好关系的调整方法，群体共识水平可逐渐提升。根据以上分析，本章给出基于个体间相似度的共识达成算法，详细步骤如算法 3.2 所示。

算法 3.2　基于个体间相似度的共识达成算法

输入：满足可接受一致性的模糊加性偏好关系 $P_k = (p_{ij,k})_{n\times n}(k\in M)$，个体间相似指数阈值 ε 和最大迭代次数 T。

输出：调整后的最终模糊加性偏好关系 P_k^* $(k\in M)$，个体间相似指数矩阵 $S^* = (\text{ISI}_{kl}^*)_{m\times m}$ 和迭代次数 t^*，其中，$0\leqslant t^*\leqslant T$。

（1）令 $t = 0$，$P_k^{(0)} = (p_{ij,k}^{(0)})_{n\times n} = (p_{ij,k})_{n\times n}$，$S^{(0)} = S$。

（2）计算个体间相似指数 $\text{ISI}_{kl}^{(t)}$ $(k\in M)$，其中，

$$\text{ISI}_{kl}^{(t)} = 1 - d(P_k^{(t)}, P_l^{(t)})$$

并构建个体间相似指数矩阵 S，其中，

$$S = \left(\text{ISI}_{kl}^{(t)}\right)_{m\times m} = \begin{bmatrix} \text{ISI}_{11}^{(t)} & \text{ISI}_{12}^{(t)} & \cdots & \text{ISI}_{1m}^{(t)} \\ \text{ISI}_{21}^{(t)} & \text{ISI}_{22}^{(t)} & \cdots & \text{ISI}_{2m}^{(t)} \\ \vdots & \vdots & & \vdots \\ \text{ISI}_{m1}^{(t)} & \text{ISI}_{m2}^{(t)} & \cdots & \text{ISI}_{mm}^{(t)} \end{bmatrix}$$

（3）若 S 中所有元素均满足 $\text{ISI}_{kl}^{(t)} \geqslant \varepsilon$，则进入步骤（5）。

（4）从矩阵 S 中选出偏好偏差最大（即 $\min\{\mathrm{ISI}_{kl}^{(t)}\}$）的一对决策者 e_k 和 e_l，并对他们给出的偏好关系进行如下调整：

$$P_k^{(t+1)} = \beta_k^{(t)} P_k^{(t)} + (1 - \beta_k^{(t)}) P_l^{(t)}$$

$$P_l^{(t+1)} = \beta_l^{(t)} P_l^{(t)} + (1 - \beta_l^{(t)}) P_k^{(t)}$$

其中，参数 $\beta_k^{(t)}$ 和 $\beta_l^{(t)}$ 的取值由式（3.18）和式（3.19）确定。根据调整后的偏好关系，我们构建出新的个体间相似指数矩阵 $S^{(t+1)}$。

令 $t = t + 1$，转步骤（3）。

（5）令 $P_k^* = P_k^{(t)}$，$S^* = S^{(t)}$，并输出 P_k^* 和 S^*。

算法 3.2 是收敛的，并且由定理 3.3 可知算法 3.2 能确保调整后的模糊加性偏好关系仍满足可接受的一致性。

【**定理 3.3**】　令 $P_1, P_2, \cdots, P_m$ 分别为 m 个决策者给出的具有可接受一致性的模糊加性偏好关系，则根据算法 3.2 产生的模糊加性偏好关系 P_1^*，P_2^*，$\cdots$，P_m^* 仍具有可接受的一致性。

证明：利用归纳法可证该定理。假设算法 3.2 在 T 次迭代后结束，且 $T \geqslant 0$。

（1）当 $t = 0$ 时，可以得到 $P_k^{(0)} = P_k (k \in M)$，故所有偏好关系均满足可接受的一致性。

（2）假设 $t \geqslant 0$ 且模糊加性偏好关系 $P_1^{(t)}$，$P_2^{(t)}$，$\cdots$，$P_m^{(t)}$ 均具有可接受的一致性，则经过第 t 次迭代后，可以得到 $P_1^{(t+1)}$，$P_2^{(t+1)}$，$\cdots$，$P_m^{(t+1)}$。

根据反馈建议，若决策者不需要调整他给出的模糊加性偏好关系，则

$$P_k^{(t+1)} = P_k^{(t)}$$

在这种情形下，$P_k^{(t+1)}$ 保留了可接受的一致性。对于需要调整偏好关系的决策者，可以得到

$$P_k^{(t+1)} = \beta_k^{(t)} P_k^{(t)} + (1 - \beta_k^{(t)}) P_l^{(t)}$$

其中，$P_l^{(t)}$ 是第 t 次迭代过程中与 $P_k^{(t)}$ 偏差最大的一个模糊加性偏好关系。在此情形下，调整后的偏好关系 $P_k^{(t+1)}$ 就是这两个已满足可接受一致性的模糊加性偏好关系的 WAA 值。由定理 3.1 可知，

$$\mathrm{CI}(P_k^{(t+1)}) \leqslant \overline{\mathrm{CI}} \tag{3.20}$$

因此，对于以上两种情形，我们都可以得到：若 $P_k^{(t)}$ 满足可接受的一致性，则 $P_k^{(t+1)}$ 必定也满足可接受的一致性。

综上，对于任意 $t \in [0, T]$，$P_1^{(t)}$，$P_2^{(t)}$，$\cdots$，$P_m^{(t)}$ 都具有可接受的一致性。

$\square$

根据定理 3.3，若所有决策者给出的初始偏好关系都满足可接受的一致性，则共识达成过程中产生的所有模糊加性偏好关系仍具有可接受的一致性。为确保最终决策结果的合理性，算法 3.2 调整后的模糊加性偏好关系必须具备可接受的一致性。

【**定理 3.4**】 在本章所提共识方法的第 t 次迭代过程中，$0 \leqslant t \leqslant t^*-1$，若 $\text{ISI}_{kl}^{(t)} \leqslant \varepsilon$，$\forall k, l \in M$，则可以得到

$$\min_{k, l \in M}\{\text{ISI}_{kl}^{(t+1)}\} \geqslant \min_{k, l \in M}\{\text{ISI}_{kl}^{(t)}\} \tag{3.21}$$

证明：假设 e_u 和 $e_v(u, v \in M)$ 为第 t 次迭代过程中个体间相似指数最低的一对决策者，我们在反馈过程中对两个决策者的偏好信息进行了相应调整，则调整后的个体间相似指数为

$$
\begin{aligned}
\text{ISI}_{uv}^{(t+1)} &= 1 - \sqrt{\frac{2}{n(n-1)} \sum_{j=i+1}^{n} \sum_{i=1}^{n} \left(p_{ij,u}^{(t+1)} - p_{ij,v}^{(t+1)} \right)^2} \\
&= 1 - \sqrt{\frac{2}{n(n-1)} \sum_{j=i+1}^{n} \sum_{i=1}^{n} \left(\beta_u^{(t)} p_{ij,u}^{(t)} + (1-\beta_u^{(t)}) p_{ij,v}^{(t)} - \beta_v^{(t)} p_{ij,v}^{(t)} - (1-\beta_v^{(t)}) p_{ij,u}^{(t)} \right)^2} \\
&= 1 - \sqrt{\frac{2}{n(n-1)} \sum_{j=i+1}^{n} \sum_{i=1}^{n} \left((\beta_u^{(t)} + \beta_v^{(t)}) p_{ij,u}^{(t)} - (\beta_u^{(t)} + \beta_v^{(t)}) p_{ij,v}^{(t)} - (p_{ij,u}^{(t)} - p_{ij,v}^{(t)}) \right)^2} \\
&= 1 - \sqrt{\frac{2}{n(n-1)} \sum_{j=i+1}^{n} \sum_{i=1}^{n} \left((\beta_u^{(t)} + \beta_v^{(t)} - 1)(p_{ij,u}^{(t)} - p_{ij,v}^{(t)}) \right)^2} \\
&= 1 - \frac{1}{2} \sqrt{\frac{2}{n(n-1)} \sum_{j=i+1}^{n} \sum_{i=1}^{n} \left(p_{ij,u}^{(t)} - p_{ij,v}^{(t)} \right)^2} \\
&> 1 - \sqrt{\frac{2}{n(n-1)} \sum_{j=i+1}^{n} \sum_{i=1}^{n} \left(p_{ij,u}^{(t)} - p_{ij,v}^{(t)} \right)^2} = \text{ISI}_{uv}^{(t)}
\end{aligned}
\tag{3.22}
$$

对于 $\forall k \in M$，$k \neq v$，我们可以得到

$$
\begin{aligned}
\text{ISI}_{uk}^{(t+1)} &= 1 - \sqrt{\frac{2}{n(n-1)} \sum_{j=i+1}^{n} \sum_{i=1}^{n} \left(p_{ij,u}^{(t+1)} - p_{ij,k}^{(t+1)} \right)^2} \\
&= 1 - \sqrt{\frac{2}{n(n-1)} \sum_{j=i+1}^{n} \sum_{i=1}^{n} \left(\beta_u^{(t)} p_{ij,u}^{(t)} + (1-\beta_u^{(t)}) p_{ij,v}^{(t)} - p_{ij,k}^{(t)} \right)^2} \\
&= 1 - \sqrt{\frac{2}{n(n-1)} \sum_{j=i+1}^{n} \sum_{i=1}^{n} \left(\beta_u^{(t)} p_{ij,u}^{(t)} + (1-\beta_u^{(t)}) p_{ij,v}^{(t)} - \beta_u^{(t)} p_{ij,k}^{(t)} - (1-\beta_u^{(t)}) p_{ij,k}^{(t)} \right)^2}
\end{aligned}
$$

$$= 1 - \sqrt{\frac{2}{n(n-1)} \sum_{j=i+1}^{n} \sum_{i=1}^{n} \left(\beta_u^{(t)}(p_{ij,u}^{(t)} - p_{ij,k}^{(t)}) + (1-\beta_u^{(t)})(p_{ij,v}^{(t)} - p_{ij,k}^{(t)})\right)^2}$$

$$\geqslant 1 - \sqrt{\frac{2}{n(n-1)} \sum_{j=i+1}^{n} \sum_{i=1}^{n} \left((\beta_u^{(t)})^2 + (1-\beta_u^{(t)})^2\right)\left((p_{ij,u}^{(t)} - p_{ij,k}^{(t)})^2 + (p_{ij,v}^{(t)} - p_{ij,k}^{(t)})^2\right)}$$

$$(3.23)$$

其中，式（3.23）由以下不等式推导出：

$$\left(\sum_{i=1}^{n} a_i b_i\right)^2 \leqslant \sum_{i=1}^{n} a_i^2 \sum_{i=1}^{n} b_i^2 \qquad (3.24)$$

因为 $\beta_u^{(t)} \in (0.5, 1)$，所以

$$\mathrm{ISI}_{uk}^{(t+1)} > 1 - \sqrt{\frac{2}{n(n-1)} \sum_{j=i+1}^{n} \sum_{i=1}^{n} \left((p_{ij,u}^{(t)} - p_{ij,k}^{(t)})^2 + (p_{ij,v}^{(t)} - p_{ij,k}^{(t)})^2\right)}$$

$$\geqslant 1 - \sqrt{\frac{2}{n(n-1)} \sum_{j=i+1}^{n} \sum_{i=1}^{n} \left(p_{ij,u}^{(t)} - p_{ij,k}^{(t)}\right)^2} - \sqrt{\frac{2}{n(n-1)} \sum_{j=i+1}^{n} \sum_{i=1}^{n} \left(p_{ij,v}^{(t)} - p_{ij,k}^{(t)}\right)^2}$$

$$= \mathrm{ISI}_{uk}^{(t)} + \mathrm{ISI}_{vk}^{(t)} - 1$$

$$\geqslant \{\mathrm{ISI}_{uk}^{(t)}, \mathrm{ISI}_{vk}^{(t)}\} > \mathrm{ISI}_{uv}^{(t)} \qquad (3.25)$$

类似式（3.25），对于 $\forall k \in M$，$k \neq u$，同理可得

$$\mathrm{ISI}_{vk}^{(t+1)} > \mathrm{ISI}_{vu}^{(t)} \qquad (3.26)$$

综上可得，

$$\min_{k,l \in M}\{\mathrm{ISI}_{kl}^{(t+1)}\} = \min\left\{\min_{k,l \in M, k \neq u,v}\{\mathrm{ISI}_{kl}^{(t+1)}\}, \min_{k \in M, k \neq v}\{\mathrm{ISI}_{uk}^{(t+1)}\}, \min_{k,l \in M, k \neq u}\{\mathrm{ISI}_{vk}^{(t+1)}\}, \mathrm{ISI}_{uv}^{(t+1)}\right\}$$

$$> \min\left\{\min_{k,l \in M, k \neq u,v}\{\mathrm{ISI}_{kl}^{(t)}\}, \mathrm{ISI}_{uv}^{(t)}\right\}$$

$$= \mathrm{ISI}_{uv}^{(t)}$$

$$= \min_{k,l \in M}\{\mathrm{ISI}_{kl}^{(t)}\} \qquad (3.27)$$

$\square$

由定理 3.4 可知，本章所提共识方法确实能够提升个体模糊加性偏好关系间的共识度，从而最终达成群体共识，这验证了本章所提方法的有效性。

3.3.4　个体权重确定

当决策群体达成共识时，由式（2.17）可以得到一个融合所有个体评价的群

体模糊加性偏好关系。式（2.17）中的一个关键问题在于如何决定每个决策者的权重。目前关于共识达成过程中决策者的权重分配方法主要分为以下三类。

（1）预先设定权重[43, 46-48]。特别地，直接令所有决策者的权重完全相同[49-51]。此情形下，权重分配没有明确规则。

（2）利用模糊语言量词[52-56]计算有序加权平均算子或诱导有序加权平均算子中的权重。

（3）通过某种技术动态分配权重，如优化模型[13, 57-60]、迭代算法[61-63]。

下面我们将给出一个基于个体偏好转移概率的决策者权重分配方法。通常情况下，决策群体中总会出现相似的偏好。式（3.15）定义的个体间相似指数 $\mathrm{ISI}_{kl}(k, l\in M)$ 反映了决策者 e_k 和 e_l 在方案评价上的接近程度。决策者间的偏好相似度一定程度上意味着一个决策者的偏好转变为另一个决策者的偏好的可能性，同时反映了两个决策者间的共识度。群决策中决策者的偏好转变过程可视为一个有限状态马尔可夫链。基于个体间相似指数，决策者间的偏好转移概率定义如下：

$$\xi_{kl} = \frac{\mathrm{ISI}_{kl}}{\sum_{l=1}^{m}\mathrm{ISI}_{kl}}, \quad l\in M \tag{3.28}$$

通过计算任意两个决策者间的偏好转移概率，我们可以得到一个偏好转移的马尔可夫矩阵 $\Psi=(\psi_{kl})_{m\times m}$。其中，$\sum_{l=1}^{m}\psi_{kl}=1$，且 $\psi_{kl}>0$，意味着 Ψ 为一个转移概率矩阵，且矩阵每行均为概率向量。矩阵 Ψ 的唯一平稳分布也是该马尔可夫链的极限分布，可视为群体中决策者的权重分布[64]。矩阵 Ψ 的稳态概率向量 $u=(u_1, u_2, \cdots, u_m)$ 满足

$$u\Psi = u \tag{3.29}$$

其中，向量 u 亦称转移概率矩阵 Ψ 的不动点向量。对式（3.29）两边转置，则

$$\Psi^{\mathrm{T}}u^{\mathrm{T}} = 1u^{\mathrm{T}} \tag{3.30}$$

式（3.30）表明稳态概率向量 u 对应转置矩阵 Ψ^{T} 的特征值 $\lambda=1$。令 $w_k=u_k$，则可得到标准化的决策者权重向量 $w=(w_1, w_2, \cdots, w_m)^{\mathrm{T}}$。

【备注3.4】　本章提出的决策者权重分配方法取决于决策者间的偏好相似度。个体间的相似性往往包含丰富的信息，但现有的共识方法忽视了这一点，且总是以群体偏好关系为参考调整个体的偏好信息。本章给出的方法能避免权重分配过程中协调者的主观偏见，同时无须衡量每个决策者与群体集结偏好信息的偏差水平。

最后，根据式（2.17），对个体偏好关系进行 WAA 处理，计算出具有代表性的群体偏好关系。在此基础上，我们可以得到备选方案排序，并选出最优方案。

本章提出的模糊加性偏好关系下的群体共识流程如图 3.1 所示。

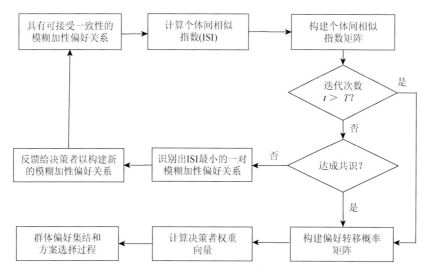

图 3.1　模糊加性偏好关系下的群体共识流程

3.4　算例与比较分析

3.4.1　算例分析

本节以 Wu 和 Xu[23]、Xu 等[57] 及 Xu 和 Cai[13] 讨论的购物中心选址的决策分析问题为例。对于六个备选方案 $x_i(i = 1, 2, \cdots, 6)$，五个决策者分别给出如下模糊加性偏好关系 $P_k = P_k^{(0)} = (p_{ij,k})_{6\times6} (k = 1, 2, \cdots, 5)$：

$$P_1 = P_1^{(0)} = \begin{bmatrix} 0.5 & 0.4 & 0.2 & 0.6 & 0.7 & 0.6 \\ 0.6 & 0.5 & 0.4 & 0.6 & 0.9 & 0.7 \\ 0.8 & 0.6 & 0.5 & 0.6 & 0.8 & 1.0 \\ 0.4 & 0.4 & 0.4 & 0.5 & 0.7 & 0.6 \\ 0.3 & 0.1 & 0.2 & 0.3 & 0.5 & 0.3 \\ 0.4 & 0.3 & 0.0 & 0.4 & 0.7 & 0.5 \end{bmatrix}$$

$$P_2 = P_2^{(0)} = \begin{bmatrix} 0.5 & 0.3 & 0.3 & 0.5 & 0.8 & 0.7 \\ 0.7 & 0.5 & 0.4 & 0.7 & 1.0 & 0.8 \\ 0.7 & 0.6 & 0.5 & 0.5 & 0.9 & 0.9 \\ 0.5 & 0.3 & 0.5 & 0.5 & 0.6 & 0.7 \\ 0.2 & 0.0 & 0.1 & 0.4 & 0.5 & 0.4 \\ 0.3 & 0.2 & 0.1 & 0.3 & 0.6 & 0.5 \end{bmatrix}$$

$$P_3 = P_3^{(0)} = \begin{bmatrix} 0.5 & 0.5 & 0.6 & 0.6 & 0.7 & 0.9 \\ 0.5 & 0.5 & 0.3 & 0.8 & 0.7 & 0.8 \\ 0.4 & 0.7 & 0.5 & 0.7 & 0.7 & 0.8 \\ 0.4 & 0.2 & 0.3 & 0.5 & 0.8 & 0.6 \\ 0.3 & 0.3 & 0.3 & 0.2 & 0.5 & 0.2 \\ 0.1 & 0.2 & 0.2 & 0.4 & 0.8 & 0.5 \end{bmatrix}$$

$$P_4 = P_4^{(0)} = \begin{bmatrix} 0.5 & 0.2 & 0.1 & 0.5 & 0.8 & 0.9 \\ 0.8 & 0.5 & 0.2 & 0.9 & 0.6 & 1.0 \\ 0.9 & 0.8 & 0.5 & 0.8 & 0.6 & 0.6 \\ 0.5 & 0.1 & 0.2 & 0.5 & 1.0 & 0.8 \\ 0.2 & 0.4 & 0.4 & 0.0 & 0.5 & 0.4 \\ 0.1 & 0.0 & 0.4 & 0.2 & 0.6 & 0.5 \end{bmatrix}$$

$$P_5 = P_5^{(0)} = \begin{bmatrix} 0.5 & 0.3 & 0.3 & 0.7 & 0.8 & 0.5 \\ 0.7 & 0.5 & 0.2 & 0.7 & 0.8 & 0.6 \\ 0.7 & 0.8 & 0.5 & 0.7 & 0.7 & 0.8 \\ 0.3 & 0.3 & 0.3 & 0.5 & 0.9 & 0.7 \\ 0.2 & 0.2 & 0.3 & 0.1 & 0.5 & 0.4 \\ 0.5 & 0.4 & 0.2 & 0.3 & 0.6 & 0.5 \end{bmatrix}$$

首先, 利用算法 3.1 获取满足一致性条件的偏好关系 $\overline{P}_k$ ($k = 1, 2, \cdots, 5$)。由表 3.1 可知, 个体一致性阈值 $\overline{\mathrm{CI}} = \alpha = 0.1530$。

由式 (3.2) 和式 (3.3) 可得初始的个体一致性指数 $\mathrm{CI}(P_k^{(0)})$ ($k = 1, 2, \cdots, 5$) 为

$$\mathrm{CI}(P_1^{(0)}) = 0.0789, \quad \mathrm{CI}(P_2^{(0)}) = 0.0730, \quad \mathrm{CI}(P_3^{(0)}) = 0.1192$$
$$\mathrm{CI}(P_4^{(0)}) = 0.2033, \quad \mathrm{CI}(P_5^{(0)}) = 0.1193$$

显然, e_4 给出的偏好关系不满足一致性条件, P_4 的一致性改进过程如表 3.2 所示。最终可得调整后的模糊加性偏好关系 $\overline{P}_4$ 为

$$\overline{P}_4 = P_4^{(3)} = \begin{bmatrix} 0.5 & 0.2 & 0.1 & 0.5 & 0.8 & 0.9 \\ 0.8 & 0.5 & 0.2 & 0.9 & 0.6 & 1.0 \\ 0.9 & 0.8 & 0.5 & 0.8 & 0.8833 & 0.9 \\ 0.5 & 0.1 & 0.2 & 0.5 & 0.7 & 0.8 \\ 0.2 & 0.4 & 0.1167 & 0.3 & 0.5 & 0.4 \\ 0.1 & 0.0 & 0.1 & 0.2 & 0.6 & 0.5 \end{bmatrix}$$

其调整后的个体一致性指数 $\mathrm{CI}(\overline{P}_4)$ 为

$$\mathrm{CI}(\overline{P}_4) = 0.1372$$

第 3 章　模糊加性偏好关系的个体间共识及迭代方法

表 3.2　P_4 的一致性改进过程

t	$P_4^{(t)}$	$R_4^{(t)}$	$\mathrm{CI}(P_4^{(t)})$
0	$P_4^{(0)} = \begin{bmatrix} 0.5 & 0.2 & 0.1 & 0.5 & 0.8 & 0.9 \\ 0.8 & 0.5 & 0.2 & 0.9 & 0.6 & 1.0 \\ 0.9 & 0.8 & 0.5 & 0.8 & 0.6 & 0.6 \\ 0.5 & 0.1 & 0.2 & 0.5 & 1.0 & 0.8 \\ 0.2 & 0.4 & 0.4 & 0.0 & 0.5 & 0.4 \\ 0.1 & 0.0 & 0.4 & 0.2 & 0.6 & 0.5 \end{bmatrix}$	$R_4^{(0)} = \begin{bmatrix} 0.5000 & 0.3333 & 0.3000 & 0.4833 & 0.6833 & 0.7000 \\ 0.6667 & 0.5000 & 0.4667 & 0.6500 & 0.8500 & 0.8667 \\ 0.7000 & 0.5333 & 0.5000 & 0.6833 & 0.8833 & 0.9000 \\ 0.5167 & 0.3500 & 0.3167 & 0.5000 & 0.7000 & 0.7176 \\ 0.3167 & 0.1500 & 0.1167 & 0.3000 & 0.5000 & 0.5167 \\ 0.3000 & 0.1333 & 0.1000 & 0.2833 & 0.4833 & 0.5000 \end{bmatrix}$	0.2033
1	$P_4^{(1)} = \begin{bmatrix} 0.5 & 0.2 & 0.1 & 0.5 & 0.8 & 0.9 \\ 0.8 & 0.5 & 0.2 & 0.9 & 0.6 & 1.0 \\ 0.9 & 0.8 & 0.5 & 0.8 & 0.6 & 0.6 \\ 0.5 & 0.1 & 0.2 & 0.5 & 0.7 & 0.8 \\ 0.2 & 0.4 & 0.4 & 0.3 & 0.5 & 0.4 \\ 0.1 & 0.0 & 0.4 & 0.2 & 0.6 & 0.5 \end{bmatrix}$	$R_4^{(1)} = \begin{bmatrix} 0.5000 & 0.3333 & 0.3000 & 0.5333 & 0.6333 & 0.7000 \\ 0.6667 & 0.5000 & 0.4667 & 0.7000 & 0.8000 & 0.8667 \\ 0.7000 & 0.5333 & 0.5000 & 0.7333 & 0.8333 & 0.9000 \\ 0.4667 & 0.3000 & 0.2667 & 0.5000 & 0.6000 & 0.6667 \\ 0.3667 & 0.2000 & 0.1667 & 0.4000 & 0.5000 & 0.5667 \\ 0.3000 & 0.1333 & 0.1000 & 0.3333 & 0.4333 & 0.5000 \end{bmatrix}$	0.1826
2	$P_4^{(2)} = \begin{bmatrix} 0.5 & 0.2 & 0.1 & 0.5 & 0.8 & 0.9 \\ 0.8 & 0.5 & 0.2 & 0.9 & 0.6 & 1.0 \\ 0.9 & 0.8 & 0.5 & 0.8 & 0.6 & 0.9 \\ 0.5 & 0.1 & 0.2 & 0.5 & 0.7 & 0.8 \\ 0.2 & 0.4 & 0.4 & 0.3 & 0.5 & 0.4 \\ 0.1 & 0.0 & 0.4 & 0.2 & 0.6 & 0.5 \end{bmatrix}$	$R_4^{(2)} = \begin{bmatrix} 0.5000 & 0.3333 & 0.2500 & 0.5333 & 0.6333 & 0.7500 \\ 0.6667 & 0.5000 & 0.4167 & 0.7000 & 0.8000 & 0.9167 \\ 0.7500 & 0.5833 & 0.5000 & 0.7833 & 0.8833 & 1.0000 \\ 0.4667 & 0.3000 & 0.2167 & 0.5000 & 0.6000 & 0.7167 \\ 0.3667 & 0.2000 & 0.1167 & 0.4000 & 0.5000 & 0.6167 \\ 0.2500 & 0.0833 & 0.0000 & 0.2833 & 0.3833 & 0.5000 \end{bmatrix}$	0.1592
3	$P_4^{(3)} = \begin{bmatrix} 0.5 & 0.2 & 0.1 & 0.5 & 0.8 & 0.9 \\ 0.8 & 0.5 & 0.2 & 0.9 & 0.6 & 1.0 \\ 0.9 & 0.8 & 0.5 & 0.8 & 0.8833 & 0.9 \\ 0.5 & 0.1 & 0.2 & 0.5 & 0.7 & 0.8 \\ 0.2 & 0.4 & 0.1167 & 0.3 & 0.5 & 0.4 \\ 0.1 & 0.0 & 0.1 & 0.2 & 0.6 & 0.5 \end{bmatrix}$	$R_4^{(3)} = \begin{bmatrix} 0.5000 & 0.3477 & 0.2284 & 0.5304 & 0.6649 & 0.7284 \\ 0.6523 & 0.5000 & 0.3808 & 0.6827 & 0.8173 & 0.8808 \\ 0.7716 & 0.6193 & 0.5000 & 0.8021 & 0.9366 & 1.0000 \\ 0.4696 & 0.3173 & 0.1979 & 0.5000 & 0.6345 & 0.6980 \\ 0.3351 & 0.1827 & 0.0634 & 0.3655 & 0.5000 & 0.5635 \\ 0.2716 & 0.1192 & 0.0000 & 0.3020 & 0.4365 & 0.5000 \end{bmatrix}$	0.1372

表 3.2 显示，个体一致性改进阶段仅需调整 P_4 的三对元素。个体一致性指数 $\text{CI}(\overline{P}_4) = 0.1372 < 0.1530$，意味着 e_4 调整后的模糊加性偏好关系已满足可接受的一致性。调整后的偏好关系 $\overline{P}_4$ 仍记为 P_4。

其次，根据算法 3.2 进行群体共识决策。令个体间相似指数阈值 $\varepsilon = 0.86$，且最大迭代次数 $T = 10$。利用本章所提共识方法改善决策者给出的方案评价。

根据式（3.15），可得初始的个体间相似指数矩阵如下：

$$S^{(0)} = \left(\text{ISI}_{kl}^{(0)}\right)_{5\times 5} = \begin{bmatrix} 1 & 0.9034 & 0.8287 & 0.8039 & 0.8735 \\ 0.9034 & 1 & 0.8211 & 0.8211 & 0.8408 \\ 0.8287 & 0.8211 & 1 & 0.8044 & 0.8287 \\ 0.8039 & 0.8211 & 0.8044 & 1 & 0.8011 \\ 0.8735 & 0.8408 & 0.8287 & 0.8011 & 1 \end{bmatrix}$$

由矩阵 $S^{(0)}$ 可知，$\text{ISI}_{45}^{(0)} = \text{ISI}_{54}^{(0)} = \min\{\text{ISI}_{kl}^{(0)}\} = 0.8011$。因此根据算法 3.2，我们需对 e_4 和 e_5 进行偏好调整反馈，从而构建新的偏好关系。基于式（3.18）和式（3.19），可得参数 $\beta_4^{(0)} = 0.7443$，$\beta_5^{(0)} = 0.7557$。进一步，根据式（3.16）和式（3.17），可得调整后的模糊加性偏好关系如下：

$$P_4^{(1)} = \begin{bmatrix} 0.5000 & 0.2256 & 0.1511 & 0.5511 & 0.8000 & 0.7977 \\ 0.7744 & 0.5000 & 0.2000 & 0.8489 & 0.6511 & 0.8977 \\ 0.8489 & 0.8000 & 0.5000 & 0.7744 & 0.8364 & 0.8744 \\ 0.4489 & 0.1511 & 0.2256 & 0.5000 & 0.7511 & 0.7744 \\ 0.2000 & 0.3489 & 0.1636 & 0.2489 & 0.5000 & 0.4000 \\ 0.2023 & 0.1023 & 0.1256 & 0.2256 & 0.6000 & 0.5000 \end{bmatrix}$$

$$P_5^{(1)} = \begin{bmatrix} 0.5000 & 0.2756 & 0.2511 & 0.6511 & 0.8000 & 0.5977 \\ 0.7244 & 0.5000 & 0.2000 & 0.7489 & 0.7511 & 0.6977 \\ 0.7489 & 0.8000 & 0.5000 & 0.7244 & 0.7448 & 0.8244 \\ 0.3489 & 0.2511 & 0.2756 & 0.5000 & 0.8511 & 0.7244 \\ 0.2000 & 0.2489 & 0.2552 & 0.1489 & 0.5000 & 0.4000 \\ 0.4023 & 0.3023 & 0.1756 & 0.2756 & 0.6000 & 0.5000 \end{bmatrix}$$

对于其他没有调整的模糊加性偏好关系，令 $P_k^{(1)} = P_k^{(0)}$（$k = 1, 2, 3$），则更新后的个体间相似指数矩阵如下：

$$S^{(1)} = \left(\text{ISI}_{kl}^{(1)}\right)_{5\times 5} = \begin{bmatrix} 1 & 0.9034 & 0.8287 & 0.8413 & 0.8809 \\ 0.9034 & 1 & 0.8211 & 0.8491 & 0.8598 \\ 0.8287 & 0.8211 & 1 & 0.8314 & 0.8441 \\ 0.8413 & 0.8491 & 0.8314 & 1 & 0.9005 \\ 0.8809 & 0.8598 & 0.8441 & 0.9005 & 1 \end{bmatrix}$$

由于调整后的个体间相似度仍未满足共识条件，重复以上共识迭代过程。经过 3 次迭代后，群体共识达成，每次迭代的详细过程和结果见表 3.3。

表 3.3　个体间相似度的提升过程

t	$P_k^{(t)}$; $P_l^{(t)}$	$S^{(t)}$	$\min\{\mathrm{ISI}_{kl}\}$
0	$P_4^{(0)} = \begin{bmatrix} 0.5000 & 0.2000 & 0.1000 & 0.5000 & 0.8000 & 0.9000 \\ 0.8000 & 0.5000 & 0.2000 & 0.9000 & 0.6000 & 1.0000 \\ 0.9000 & 0.8000 & 0.5000 & 0.8000 & 0.8833 & 0.9000 \\ 0.5000 & 0.1000 & 0.2000 & 0.5000 & 0.7000 & 0.8000 \\ 0.2000 & 0.4000 & 0.1167 & 0.3000 & 0.5000 & 0.4000 \\ 0.1000 & 0.0000 & 0.1000 & 0.2000 & 0.6000 & 0.5000 \end{bmatrix}$ $P_5^{(0)} = \begin{bmatrix} 0.5000 & 0.3000 & 0.7000 & 0.8000 & 0.5000 \\ 0.7000 & 0.5000 & 0.2000 & 0.8000 & 0.6000 \\ 0.7000 & 0.8000 & 0.5000 & 0.7000 & 0.8000 \\ 0.3000 & 0.3000 & 0.5000 & 0.9000 & 0.7000 \\ 0.2000 & 0.2000 & 0.3000 & 0.5000 & 0.4000 \\ 0.5000 & 0.4000 & 0.2000 & 0.6000 & 0.5000 \end{bmatrix}$	$S^{(0)} = \left(\mathrm{ISI}_{kl}^{(0)}\right)_{5\times5}$ $= \begin{bmatrix} 1 & 0.9034 & 0.8287 & 0.8039 & 0.8735 \\ 0.9034 & 1 & 0.8211 & 0.8211 & 0.8408 \\ 0.8287 & 0.8211 & 1 & 0.8044 & 0.8287 \\ 0.8039 & 0.8211 & 0.8044 & 1 & 0.8011 \\ 0.8735 & 0.8408 & 0.8287 & 0.8011 & 1 \end{bmatrix}$	$\mathrm{ISI}_{45}^{(0)} = \mathrm{ISI}_{54}^{(0)}$ $= 0.8011$
1	$P_4^{(1)} = \begin{bmatrix} 0.5000 & 0.2256 & 0.1511 & 0.5511 & 0.8000 & 0.7977 \\ 0.7744 & 0.5000 & 0.2000 & 0.8489 & 0.6511 & 0.8977 \\ 0.8489 & 0.8000 & 0.5000 & 0.7744 & 0.8364 & 0.8744 \\ 0.4489 & 0.1511 & 0.2256 & 0.5000 & 0.7511 & 0.7744 \\ 0.2000 & 0.3489 & 0.1636 & 0.2489 & 0.5000 & 0.4000 \\ 0.2023 & 0.1023 & 0.1256 & 0.2256 & 0.6000 & 0.5000 \end{bmatrix}$ $P_5^{(1)} = \begin{bmatrix} 0.5000 & 0.2756 & 0.2511 & 0.6511 & 0.8000 & 0.5977 \\ 0.7244 & 0.5000 & 0.2000 & 0.7489 & 0.7511 & 0.6977 \\ 0.7489 & 0.8000 & 0.5000 & 0.7244 & 0.8511 & 0.8244 \\ 0.3489 & 0.2511 & 0.2756 & 0.5000 & 0.5000 & 0.7244 \\ 0.2000 & 0.2489 & 0.2552 & 0.1489 & 0.5000 & 0.4000 \\ 0.4023 & 0.3023 & 0.1756 & 0.2756 & 0.6000 & 0.5000 \end{bmatrix}$	$S^{(1)} = \left(\mathrm{ISI}_{kl}^{(1)}\right)_{5\times5}$ $= \begin{bmatrix} 1 & 0.9034 & 0.8287 & 0.8413 & 0.8809 \\ 0.9034 & 1 & 0.8211 & 0.8491 & 0.8598 \\ 0.8287 & 0.8211 & 1 & 0.8314 & 0.8441 \\ 0.8413 & 0.8491 & 0.8314 & 1 & 0.9005 \\ 0.8809 & 0.8598 & 0.8441 & 0.9005 & 1 \end{bmatrix}$	$\mathrm{ISI}_{23}^{(1)} = \mathrm{ISI}_{32}^{(1)}$ $= 0.8211$

续表

t	$P_k^{(t)}$; $P_l^{(t)}$	$S^{(t)}$	min$\{ISI_{kl}\}$
2	$P_2^{(2)} = \begin{bmatrix} 0.5000 & 0.3489 & 0.3734 & 0.5245 & 0.7755 & 0.7489 \\ 0.6511 & 0.5000 & 0.3755 & 0.7245 & 0.9266 & 0.8000 \\ 0.6266 & 0.6245 & 0.5000 & 0.5489 & 0.8511 & 0.8755 \\ 0.4755 & 0.2755 & 0.4511 & 0.5000 & 0.6489 & 0.6755 \\ 0.2245 & 0.0734 & 0.1489 & 0.3511 & 0.5000 & 0.3511 \\ 0.2511 & 0.2000 & 0.1245 & 0.3245 & 0.6489 & 0.5000 \end{bmatrix}$ $P_3^{(2)} = \begin{bmatrix} 0.5000 & 0.4489 & 0.5234 & 0.5745 & 0.7255 & 0.8489 \\ 0.5511 & 0.5000 & 0.3255 & 0.7745 & 0.7766 & 0.8000 \\ 0.4766 & 0.6745 & 0.5000 & 0.6489 & 0.7511 & 0.8255 \\ 0.4255 & 0.2255 & 0.3511 & 0.5000 & 0.7489 & 0.6255 \\ 0.2745 & 0.2234 & 0.2489 & 0.2511 & 0.5000 & 0.2511 \\ 0.1511 & 0.2000 & 0.1745 & 0.3745 & 0.7489 & 0.5000 \end{bmatrix}$	$S^{(2)} = \left(ISI_{kl}^{(2)}\right)_{5\times5}$ $= \begin{bmatrix} 1 & 0.9088 & 0.8653 & \underline{0.8413} & 0.8809 \\ 0.9088 & 1 & 0.9106 & 0.8649 & 0.8781 \\ 0.8653 & 0.9106 & 1 & 0.8554 & 0.8698 \\ \underline{0.8413} & 0.8649 & 0.8554 & 1 & 0.9005 \\ 0.8809 & 0.8781 & 0.8698 & 0.9005 & 1 \end{bmatrix}$	$ISI_{14}^{(2)} = ISI_{41}^{(2)}$ $= 0.8413$
3	$P_1^{(3)} = \begin{bmatrix} 0.5000 & 0.3567 & 0.1879 & 0.5879 & 0.7248 & 0.6491 \\ 0.6433 & 0.5000 & 0.3503 & 0.6618 & 0.8382 & 0.7491 \\ 0.8121 & 0.6497 & 0.5000 & 0.6433 & 0.8090 & 0.9688 \\ 0.4121 & 0.3382 & 0.3567 & 0.5000 & 0.7127 & 0.6433 \\ 0.2752 & 0.1618 & 0.1910 & 0.2873 & 0.5000 & 0.3248 \\ 0.3509 & 0.2509 & 0.0312 & 0.3567 & 0.6752 & 0.5000 \end{bmatrix}$ $P_4^{(3)} = \begin{bmatrix} 0.5000 & 0.2695 & 0.1634 & 0.5634 & 0.7748 & 0.7480 \\ 0.7305 & 0.5000 & 0.2503 & 0.7862 & 0.7138 & 0.8480 \\ 0.8366 & 0.7497 & 0.5000 & 0.7305 & 0.8273 & 0.9060 \\ 0.4366 & 0.2138 & 0.2695 & 0.5000 & 0.7383 & 0.7305 \\ 0.2252 & 0.2862 & 0.1727 & 0.2617 & 0.5000 & 0.3748 \\ 0.2520 & 0.1520 & 0.0940 & 0.2695 & 0.6252 & 0.5000 \end{bmatrix}$	$S^{(3)} = \left(ISI_{kl}^{(3)}\right)_{5\times5}$ $= \begin{bmatrix} 1 & 0.9034 & 0.8811 & 0.9206 & 0.9083 \\ 0.9034 & 1 & 0.9106 & 0.8951 & 0.8781 \\ 0.8811 & 0.9106 & 1 & 0.8756 & \underline{0.8698} \\ 0.9206 & 0.8951 & 0.8756 & 1 & 0.9211 \\ 0.9083 & 0.8781 & \underline{0.8698} & 0.9211 & 1 \end{bmatrix}$	$ISI_{35}^{(3)} = ISI_{53}^{(3)}$ $= 0.8698$

注：加下划线的数字代表矩阵中最小的值

最终的个体模糊加性偏好关系 $P_k^{(t)}$ $(k = 1, 2, \cdots, 5)$ 及个体间相似指数矩阵 $S^{(t)}$ 分别如下：

$$P_1^{(3)} = \begin{bmatrix} 0.5000 & 0.3567 & 0.1879 & 0.5879 & 0.7248 & 0.6491 \\ 0.6433 & 0.5000 & 0.3503 & 0.6618 & 0.8382 & 0.7491 \\ 0.8121 & 0.6497 & 0.5000 & 0.6433 & 0.8090 & 0.9688 \\ 0.4121 & 0.3382 & 0.3567 & 0.5000 & 0.7127 & 0.6433 \\ 0.2752 & 0.1618 & 0.1910 & 0.2873 & 0.5000 & 0.3248 \\ 0.3509 & 0.2509 & 0.0312 & 0.3567 & 0.6752 & 0.5000 \end{bmatrix}$$

$$P_2^{(3)} = \begin{bmatrix} 0.5000 & 0.3489 & 0.3734 & 0.5245 & 0.7755 & 0.7489 \\ 0.6511 & 0.5000 & 0.3755 & 0.7245 & 0.9266 & 0.8000 \\ 0.6266 & 0.6245 & 0.5000 & 0.5489 & 0.8511 & 0.8755 \\ 0.4755 & 0.2755 & 0.4511 & 0.5000 & 0.6489 & 0.6755 \\ 0.2245 & 0.0734 & 0.1489 & 0.3511 & 0.5000 & 0.3511 \\ 0.2511 & 0.2500 & 0.1245 & 0.3245 & 0.6489 & 0.5000 \end{bmatrix}$$

$$P_3^{(3)} = \begin{bmatrix} 0.5000 & 0.4489 & 0.5234 & 0.5745 & 0.7255 & 0.8489 \\ 0.5511 & 0.5000 & 0.3255 & 0.7745 & 0.7766 & 0.8000 \\ 0.4766 & 0.6745 & 0.5000 & 0.6489 & 0.7511 & 0.8255 \\ 0.4255 & 0.2255 & 0.3511 & 0.5000 & 0.7489 & 0.6255 \\ 0.2745 & 0.2234 & 0.2489 & 0.2511 & 0.5000 & 0.2511 \\ 0.1511 & 0.2000 & 0.1745 & 0.3745 & 0.7489 & 0.5000 \end{bmatrix}$$

$$P_4^{(3)} = \begin{bmatrix} 0.5000 & 0.2695 & 0.1634 & 0.5634 & 0.7748 & 0.7480 \\ 0.7305 & 0.5000 & 0.2503 & 0.7862 & 0.7138 & 0.8480 \\ 0.8366 & 0.7497 & 0.5000 & 0.7305 & 0.8273 & 0.9060 \\ 0.4366 & 0.2138 & 0.2695 & 0.5000 & 0.7383 & 0.7305 \\ 0.2252 & 0.2862 & 0.1727 & 0.2617 & 0.5000 & 0.3748 \\ 0.2520 & 0.1520 & 0.0940 & 0.2695 & 0.6252 & 0.5000 \end{bmatrix}$$

$$P_5^{(3)} = \begin{bmatrix} 0.5000 & 0.2756 & 0.2511 & 0.6511 & 0.8000 & 0.5977 \\ 0.7244 & 0.5000 & 0.2000 & 0.7489 & 0.7511 & 0.6977 \\ 0.7489 & 0.8000 & 0.5000 & 0.7244 & 0.7448 & 0.8244 \\ 0.3489 & 0.2511 & 0.2756 & 0.5000 & 0.8511 & 0.7244 \\ 0.2000 & 0.2489 & 0.2552 & 0.1489 & 0.5000 & 0.4000 \\ 0.4023 & 0.3023 & 0.1756 & 0.2756 & 0.6000 & 0.5000 \end{bmatrix}$$

$$S^{(3)} = \left(\mathrm{ISI}_{kl}^{(3)} \right)_{5 \times 5} = \begin{bmatrix} 1 & 0.9034 & 0.8811 & 0.9206 & 0.9083 \\ 0.9034 & 1 & 0.9106 & 0.8951 & 0.8781 \\ 0.8811 & 0.9106 & 1 & 0.8756 & 0.8698 \\ 0.9206 & 0.8951 & 0.8756 & 1 & 0.9211 \\ 0.9083 & 0.8781 & 0.8698 & 0.9211 & 1 \end{bmatrix}$$

由表 3.3 可知，经过 3 次共识迭代后，所有的个体间相似指数 $\mathrm{ISI}_{kl}^{(3)} > 0.86$ $(k,$ $l = 1, 2, \cdots, 5)$，决策者已经实现预先设定的共识度。

根据式（3.28），可得决策群体中个体偏好转移概率矩阵为

$$\Psi = \begin{bmatrix} 0.2159 & 0.1991 & 0.1902 & 0.1987 & 0.1961 \\ 0.2002 & 0.2171 & 0.1977 & 0.1943 & 0.1907 \\ 0.1942 & 0.2007 & 0.2204 & 0.1930 & 0.1917 \\ 0.1996 & 0.1941 & 0.1898 & 0.2168 & 0.1997 \\ 0.1984 & 0.1918 & 0.1901 & 0.2012 & 0.2185 \end{bmatrix}$$

利用式（3.29）和式（3.30），可得决策者的权重向量为

$$w = \left(0.2017, 0.2006, 0.1976, 0.2008, 0.1993 \right)^{\mathrm{T}}$$

由式（2.4）可得群体模糊加性偏好关系为

$$G = \begin{bmatrix} 0.5000 & 0.3397 & 0.2991 & 0.5802 & 0.7602 & 0.7182 \\ 0.6603 & 0.5000 & 0.3004 & 0.7390 & 0.8014 & 0.7790 \\ 0.7009 & 0.6996 & 0.5000 & 0.6592 & 0.7969 & 0.8804 \\ 0.4198 & 0.2610 & 0.3408 & 0.5000 & 0.7398 & 0.6799 \\ 0.2398 & 0.1986 & 0.2031 & 0.2602 & 0.5000 & 0.3405 \\ 0.2818 & 0.2210 & 0.1196 & 0.3201 & 0.6595 & 0.5000 \end{bmatrix}$$

利用行和归一化法[26, 57]，有

$$v_i = \frac{2}{n^2} \sum_{j=1}^{n} g_{ij} \tag{3.31}$$

从群体模糊加性偏好关系 G 中推导出六个备选方案的优先权重向量：

$$v = \left(0.1776, 0.2100, 0.2354, 0.1634, 0.0968, 0.1168 \right)^{\mathrm{T}}$$

该结果与 Wu 和 Xu[23]给出的优先权重向量 $v = (0.1772, 0.2111, 0.2289, 0.1672,$ $0.0956, 0.1200)^{\mathrm{T}}$ 略有不同，但两种共识方法得到的备选方案排序均为 $x_3 \succ x_2 \succ x_1 \succ$ $x_4 \succ x_6 \succ x_5$，且都认为 x_3 是决策群体的最优选择方案。

3.4.2　比较分析

为凸显本章所提方法相较于现有文献中共识方法的优势，本节给出以下比较分析讨论。

1. 与文献[23]的比较分析

（1）正如备注 3.3 指出的，文献[23]给出的共识方法对共识反馈和调整参数的设置都存在一定缺陷。不同于文献[23]，本章所提共识方法无须计算出每次迭代的群体偏好关系，也没有将其作为个体偏好调整的参考。相反，本章所提共识方法在共识反馈过程中充分利用了个体间相似度。该参数不仅包含大量重要的评价信息，而且能有效模拟群体中个体偏好的传递和调整过程。

（2）在文献[23]给出的共识方法中，各决策者的权重相同，且没有说明权重分配的具体规则。本章基于个体间相似指数，通过构建转移概率矩阵推导出合理的决策者权重。

（3）群决策通常需要决策者在有限时间内达成共识。文献[23]提出的算法需要进行高达 23 次的迭代过程，这意味着需要相当大的计算能力。为最大限度地保留决策者的原始偏好信息，本章所提算法只进行了 3 次迭代便达成共识。

2. 与文献[43]、[46]~[51]的比较分析

分配决策者权重是群体共识达成过程的一个重要环节。在实际的群决策问题中，决策者可能有着不同的专业背景。因此，在群体偏好集结过程中，需要对每个决策者的权重进行合理恰当的分配，从而得到一个非常具有代表性的群体偏好关系。

在文献[43]、[46]~[48]中，决策者的权重是预先随意设定的，并且在共识达成过程中存在主观偏见。尤其在文献[49]~[51]中，所有决策者的权重都是相同的。这些文献均没有考虑决策者权重的分配方法，这显然是不合理的。

本章提出的权重分配方法既不依赖于协调者的主观判断，也不以同群体集结偏好关系的距离为基础，而是从个体间相似度出发，通过构建转移概率矩阵，从而得到更为合理的权重分配结果。

3. 与文献[13]、[51]、[54]、[57]、[61]的比较分析

类似文献[23]中的方法，文献[13]、[57]提出的方法同样以群体模糊加性偏好关系为参考，将个体偏好关系往群体偏好关系的方向进行调整。这些方法总是需要计算出每次迭代过程的群体偏好关系，而这一过程会使得决策问题更加复杂且消耗更多时间。此外，文献[51]和[61]中的固定迭代方法也可能导致相应的共识达成过程冗余。

　　文献[54]和[13]采用优化规划方法来获取决策者权重。这种规划方法致力于缩小个体偏好与群体偏好间的偏差,因此从个体偏好中集结出群体偏好是共识达成过程中不可或缺的一步。特别地,虽然文献[13]采用了优化方法,但总是获得相同的权重结果。

　　在本章提出的基于个体间相似度的共识方法中,为确保群体共识水平的快速提升,我们将个体模糊加性偏好关系调向与其偏差程度最大的个体偏好关系。此外,本章所提共识迭代算法对群体偏好具有收敛性,并且能维持个体偏好关系的一致性。由算例分析可知,本章所提方法可产生更好的共识结果。

3.5　本章小结

　　共识度量和共识达成对群决策问题尤为重要。本章构建了模糊加性偏好关系下的基于个体间相似度的群体共识决策方法。在一致性改进阶段,本章定义了模糊加性偏好关系的一致性指数,从而检验个体偏好关系是否满足合理的一致性。在此基础上,本章提出了个体间相似指数来度量决策者间的共识度。在共识反馈阶段,本章利用个体间相似指数识别了需要改善的一对个体偏好关系,并为决策者的信息调整设计了一个具有收敛性的共识迭代方法。若群体共识达成,则将最终的个体间相似指数矩阵转化为一个偏好转移概率矩阵,从而得到决策者权重。最后,本章利用算例和比较分析阐释了所提方法的有效性和优势。

第4章 模糊加性偏好关系序一致性的共识方法

4.1 模糊加性偏好关系序一致性

本节简要介绍优先权重向量的导出方法和模糊加性偏好关系序一致性的概念，提供可以检验并修正模糊加性偏好关系序一致性的方法。

4.1.1 序一致的基本概念

令 $E = \{e_1, e_2, \cdots, e_m\}(m \geqslant 2)$ 代表一组决策者。在现有的研究中，根据模糊加性偏好关系推导方案优先排序的方法有很多，其中最常用的是归一化的排序集结方法[26]。设 $v = (v_1, v_2, \cdots, v_n)^T$ 为模糊加性偏好关系 $P = (p_{ij})_{n \times n}$ 的优先权重向量，则

$$v_i = \frac{2}{n^2} \sum_{j=1}^{n} p_{ij}, \quad i \in N \tag{4.1}$$

【备注 4.1】 由第 2 章可知，WAA 算子集结后的群体偏好关系为模糊加性偏好关系。虽然 OWA 算子等其他算子同样能集结个体偏好信息，但为了保证群体偏好关系仍为模糊加性偏好关系，我们需要仔细斟酌 OWA 算子等其他算子的相关权重。本章假设决策者的初始权重向量为 $w = (1/m, 1/m, \cdots, 1/m)^T$，即每个决策者最初扮演了同等重要的角色。

偏好信息是否满足一致性对群决策至关重要，序不一致的评价信息会导致错误的决策结果。序一致性是避免评价信息自相矛盾的基本要求，也称弱传递性。模糊加性偏好关系序一致性的概念最早由 Xu 等[29]提出，他们还设计出可识别并调整模糊加性偏好关系中矛盾信息的方法。

【定义 4.1】 若模糊加性偏好关系 $P = (p_{ij})_{n \times n}$ 是序一致的，则对于任意 $\forall i, j, k \in N, i \neq j \neq k$：

（1）若 $p_{ik} > 0.5$，$p_{kj} \geqslant 0.5$ 或 $p_{ik} \geqslant 0.5$，$p_{kj} > 0.5$，则 $p_{ij} > 0.5$；

（2）若 $p_{ik} = 0.5$，$p_{kj} = 0.5$，则 $p_{ij} = 0.5$。

【备注 4.2】 若模糊加性偏好关系序不一致，那么存在 $p_{ij}, p_{ik}, p_{kj}, i, j, k \in N, i \neq j \neq k$，满足下列任意条件之一：

（1）$p_{ik} > 0.5$，$p_{kj} \geqslant 0.5$，$p_{ij} < 0.5$；

（2）$p_{ik} \geqslant 0.5$，$p_{kj} > 0.5$，$p_{ij} < 0.5$；

（3）$p_{ik} = 0.5$，$p_{kj} = 0.5$，$p_{ij} \neq 0.5$。

基于图论，Xu 等[29]对模糊加性偏好关系的序一致性进行了研究。在备注 4.2 中的任意情形下，每个有向图都存在一个长度为 3 的有向循环（统称 3-环），即 $v_i \rightarrow v_k \rightarrow v_j \rightarrow v_i$，有定理 4.1。

【定理 4.1】[29] 令 $P = (p_{ij})_{n \times n}$ 为模糊加性偏好关系，若 p_{ik}，p_{kj}，p_{ij}，$i \neq j \neq k$ 满足下列任意条件之一：

（1）$p_{ik} > 0.5$，$p_{kj} \geqslant 0.5$ 或 $p_{ik} \geqslant 0.5$，$p_{kj} > 0.5$，但 $p_{ij} \leqslant 0.5$；

（2）$p_{ik} = 0.5$，$p_{kj} = 0.5$，但 $p_{ij} \neq 0.5$；

（3）$p_{ik} = 0.5$，$p_{kj} = 0.5$，$p_{ij} = 0.5$。

那么关于 P 的有向图 G 中必然存在 3-环，反之亦然。

定理 4.1 的条件（3）并不会产生序不一致情形，因此在使用 Xu 等[29]的方法时，需注意这种特殊情形。为此，Xu 等[65]提出调整后的邻接矩阵的概念来优化该方法。

【定义 4.2】[65] 令 $P = (p_{ij})_{n \times n}$ 为模糊加性偏好关系，则 P 的邻接矩阵 $B = (b_{ij})_{n \times n}$ 为

$$b_{ij} = \begin{cases} 1, & p_{ij} > 0.5 \\ f, & p_{ij} = 0.5, i \neq j \\ 0, & \text{其他} \end{cases} \tag{4.2}$$

其中，f 表示方案 x_i 和 x_j 无差异。详细解释参见文献[65]。

【定义 4.3】[65] 令 $P = (p_{ij})_{n \times n}$，$B = (b_{ij})_{n \times n}$，$\Phi = (\varphi_{ij})_{n \times n} = B^2 \circ B^{\mathrm{T}}$，则 P 的序一致性指数（ordinal consistency index，OCI）为

$$\mathrm{OCI}(P) = \frac{1}{3} \sum_{i=1}^{n} \sum_{j=1}^{n} \varphi_{ij} \tag{4.3}$$

其中，$\circ$ 代表阿达马（Hadamard）乘积。

4.1.2　序一致性检验及局部调整算法

基于上述概念和公式，为检验并调整模糊加性偏好关系的序一致性，Xu 等[65]提出算法 4.1。

算法 4.1　模糊加性偏好关系的序一致性检验及局部调整算法[65]

输入：模糊加性偏好关系 $P = (p_{ij})_{n \times n}$。

输出：t，$\Phi^{(t)}$，$B^{(t)}$，$\mathrm{OCI}(P^{(t)})$ 和 $P^{(t)}$。

（1）令 $t = 0$，$P^{(t)} = (p_{ij}^{(t)})_{n \times n} = (p_{ij})_{n \times n}$。

（2）构建邻接矩阵 $B^{(t)} = (b_{ij}^{(t)})_{n \times n}$，其中，

$$b_{ij}^{(t)} = \begin{cases} 1, & p_{ij}^{(t)} > 0.5 \\ f, & p_{ij}^{(t)} = 0.5, i \neq j \\ 0, & \text{其他} \end{cases} \quad (4.4)$$

（3）获得矩阵 $\Phi^{(t)}$，即

$$\Phi^{(t)} = (\varphi_{ij}^{(t)})_{n \times n} = (B^{(t)})^2 \circ (B^{(t)})^{\mathrm{T}} \quad (4.5)$$

其中，

$$\varphi_{ij}^{(t)} = \sum_{k=1}^{n} b_{ik}^{(t)} b_{kj}^{(t)} b_{ji}^{(t)}, \quad \forall i, j, k \in N \quad (4.6)$$

（4）利用式（4.3），计算 $\mathrm{OCI}(P^{(t)})$，即

$$\mathrm{OCI}(P^{(t)}) = \frac{1}{3} \sum_{i=1}^{n} \sum_{j=1}^{n} \varphi_{ij}^{(t)} \quad (4.7)$$

若 $\mathrm{OCI}(P^{(t)}) = 0$，进入步骤（7）。否则，进入步骤（5）。

（5）找到 $\Phi^{(t)}$ 中最大元素 $\varphi_{i_\sigma j_\sigma}^{(t)}$（即 $\varphi_{i_\sigma j_\sigma}^{(t)} = \max_{ij} \{\varphi_{ij}^{(t)}\}$），则 $p_{j_\sigma i_\sigma}^{(t)}$ 为 $P^{(t)}$ 中序最不一致的元素。若同时存在两对及以上的序最不一致元素，可替换其中任意一对元素。令 $P^{(t+1)} = (p_{ij}^{(t+1)})_{n \times n}$，其中，

$$(p_{ij}^{(t+1)}, p_{ji}^{(t+1)}) = \begin{cases} (1 - p_{i_\sigma j_\sigma}^{(t)}, p_{i_\sigma j_\sigma}^{(t)}), & p_{i_\sigma j_\sigma}^{(t)} \text{ 为序不一致元素 且 } p_{i_\sigma j_\sigma}^{(t)} \neq 0.5 \\ (0.4, 0.6), & p_{i_\sigma j_\sigma}^{(t)} \text{ 为序不一致元素 且 } p_{i_\sigma j_\sigma}^{(t)} = 0.5 \\ (p_{ij}^{(t)}, p_{ji}^{(t)}), & \text{其他} \end{cases} \quad (4.8)$$

由此可得到调整后的模糊加性偏好关系 $P^{(t+1)}$。

（6）令 $t = t + 1$，转步骤（2）。

（7）输出 t，$\Phi^{(t)}$，$B^{(t)}$，$\mathrm{OCI}(P^{(t)})$ 和 $P^{(t)}$，其中，$P^{(t)}$ 为调整后满足序一致性的模糊加性偏好关系。

（8）结束。

相关信息可参阅文献[29]和[65]。

【备注 4.3】　在进行步骤（5）时，通常会出现两对甚至多对序不一致的元素。针对这种情况，我们首先调整最接近 0.5 的元素。p_{ij} 越接近 0.5，则决策者对方案 x_i 和 x_j 间的偏好越不明显。在现有研究中，有很多方法可以用来测量元素间的距离。为了简便，本章使用汉明（Hamming）距离衡量元素与无差异值 0.5 间的距离，即 $d(p_{ij}, 0.5) = |p_{ij} - 0.5|$。此外，如果存在序不一致，每次仅局部调整一对偏好，以此保护专家的原始判断。

【备注 4.4】　　若一个模糊加性偏好关系满足序一致性，则能直接推导出方案的优先排序。

4.2　模糊加性偏好关系序一致性的共识算法

4.2.1　基于序一致性的共识度

若群决策中所有决策者的模糊加性偏好关系 $P_k = (p_{ij,k})_{n \times n}$ 是序一致的，则可直接获得 P_k 中备选方案 x_i 的排序 $O_{x_i}^{e_k}$（$O_{x_i}^{e_k}$ 为 1, 2, $\cdots$, n 的一个排列），同时根据式（4.1）可获得群体模糊加性偏好关系 P 中备选方案 x_i 的排序 $O_{x_i}^{G}$（$O_{x_i}^{G}$ 为 1, 2, $\cdots$, n 的一个排列）。

【定义 4.4】　　令 w_k 为第 k 个决策者的权重，$O_{x_i}^{e_k}$ 和 $O_{x_i}^{G}$ 分别为决策者 e_k 的模糊加性偏好关系 P_k 和群体模糊加性偏好关系 P 下的方案 x_i 排序。关于方案 x_i 的共识度（consensus degree，CD）定义如下：

$$CD_i = \sum_{k=1}^{m} \left[\left(1 - \frac{\left| O_{x_i}^{G} - O_{x_i}^{e_k} \right|}{n-1} \right) \cdot w_k \right], \quad i \in N \qquad (4.9)$$

【定义 4.5】　　若[i]代表排在第 i 个位置上的方案，则群体共识度（group consensus degree，GCD）为

$$GCD = \min\{CD_{[1]}, \cdots, CD_{[i]}, \cdots, CD_{[q]}\} \qquad (4.10)$$

【备注 4.5】　　式（4.10）中 q 为决策者想要的最优方案数量。若决策者只想要一个最优方案，为了达成共识，只需群体中排在首位的方案的共识度满足共识阈值。同理，若决策者想要选出 q 个备选方案，则要保证前 q 个方案的最小共识度满足共识阈值。

群决策的目标是对方案进行排序并从中选择最优方案，若一个模糊加性偏好关系是序一致的，则能直接获得决策者对方案的偏好排序。因此，基于模糊加性偏好关系的序一致性来推导方案的优劣排序是可靠的。下面将提出一个群决策共识模型，该模型仅更新决策者的权重，而不改变他们序一致的偏好信息，主要包括以下三个过程。

（1）序一致性过程。由算法 4.1 可获得满足序一致性的模糊加性偏好关系。

（2）排序过程。基于序一致的个体模糊加性偏好关系，可直接获得决策者对方案的优劣排序，并且根据式（2.4）和式（4.1）推导出群体的综合方案排序。

（3）共识达成过程。若方案共识度低于事先设定的共识阈值，则使用算法 4.2，根据决策者的贡献程度调整决策者的权重。

4.2.2　序一致性共识算法

算法 4.2　模糊加性偏好关系序一致性共识算法

输入：基于算法 4.1 得到的满足序一致性的个体模糊加性偏好关系 $P_k^{(t)} = (p_{ij,k}^{(t)})_{n\times n}\ (k\in M)$，群体模糊加性偏好关系 $P^{(r)} = (p_{ij}^{(r)})_{n\times n}$，决策者在第 r 次迭代时的权重向量 $w^{(r)} = (w_1^{(r)}, w_2^{(r)}, \cdots, w_m^{(r)})^{\mathrm{T}}$，并假设决策者的初始权重向量为 $w^{(0)} = (w_1^{(0)}, w_2^{(0)}, \cdots, w_m^{(0)})^{\mathrm{T}} = (1/m, 1/m, \cdots, 1/m)^{\mathrm{T}}$，参数 $\delta\in[0, 1]$。

输出：在 $r+1$ 次迭代后的决策者权重向量 $w^{(r+1)} = (w_1^{(r+1)}, w_2^{(r+1)}, \cdots, w_m^{(r+1)})^{\mathrm{T}}$，以及每次迭代过程中的群体共识度 GCD。

（1）利用算法 4.1 对所有模糊加性偏好关系进行判断修正，确保所有偏好关系都满足序一致性。

（2）获得决策者 e_k 在第 r 次迭代过程中对所有方案 x_i 的排序 $O_{x_i, r}^{e_k}$。

（3）利用 WAA 算子将所有个体的模糊加性偏好关系集结成一个群体模糊加性偏好关系 $P^{(r)} = (p_{ij}^{(r)})_{n\times n}$，根据式（4.1），从群体模糊加性偏好关系 $P^{(r)}$ 中得到所有方案 x_i 的排序 $O_{x_i, r}^{G}$。

（4）利用式（4.9）和式（4.10），分别计算方案 x_i 的共识度 $\mathrm{CD}_{i,r}$ 及群体共识度 GCD_r。

（5）根据式（4.11），计算没有决策者 e_s 时方案 x_i 的共识度 $\mathrm{CD}_{i,r}^{\bar{s}}$：

$$\mathrm{CD}_{i,r}^{\bar{s}} = \sum_{k\in M\setminus\{s\}}\left[\left(1-\frac{|O_{x_i,r}^{G\setminus\{e_s\}} - O_{x_i,r}^{e_k}|}{n-1}\right)\cdot u_{k,r}\right] \tag{4.11}$$

其中，$u_{k,r} = \dfrac{w_{k,r}}{\sum\limits_{i\in M\setminus\{s\}} w_{i,r}}$，$k\in M\setminus\{s\}$ 表示 $k\in M$ 且 $k\neq s$；$O_{x_i,r}^{G\setminus\{e_s\}}$ 为第 r 次迭代过程中不考虑决策者 e_s 时的群体方案排序。

（6）计算决策者 e_s 在第 r 次迭代时对方案 x_i 的贡献 $\mathrm{IC}_{i,r}^s$：

$$\mathrm{IC}_{i,r}^s = \mathrm{CD}_{i,r} - \mathrm{CD}_{i,r}^{\bar{s}}, \quad i\in N \tag{4.12}$$

（7）计算决策者 e_s 对群决策的贡献 GC_r^s：

$$\mathrm{GC}_r^s = \sum_{i=1}^{n} \mathrm{IC}_{i,r}^s \tag{4.13}$$

由式（4.13）可知，GC 值越大，则决策者 e_s 对群决策的贡献越大，因此赋予 e_s 更大的权重。

（8）若 $\mathrm{GCD}_r \geqslant \delta$，输出 $w^{(r+1)} = (w_1^{(r+1)}, w_2^{(r+1)}, \cdots, w_m^{(r+1)})^{\mathrm{T}}$，否则，进入步骤（9）。

（9）根据式（4.14）和式（4.15），调整决策者 e_k 的权重 $w_k^{(r+1)}$：

$$\upsilon_k^{(r+1)} = w_k^{(r)} \cdot \left(1 + \mathrm{GC}_r^k\right)^{\beta} \qquad (4.14)$$

$$w_k^{(r+1)} = \frac{\upsilon_k^{(r+1)}}{\sum_{k=1}^{m} \upsilon_k^{(r+1)}} \qquad (4.15)$$

其中，$w_k^{(r)}$ 为 e_k 在第 r 次迭代过程中的权重；β 为决策者的贡献对其权重的影响程度，β 越大，共识达成进程也就越快。由此转步骤（3）。

图 4.1 为模糊加性偏好关系序一致性的共识流程。

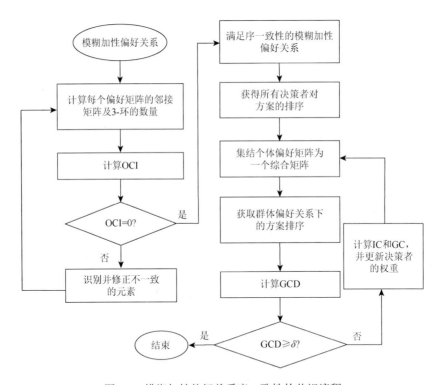

图 4.1　模糊加性偏好关系序一致性的共识流程

4.3　算例与比较分析

下面将通过算例和比较分析来证明模型的有效性。

我们使用文献[23]和[66]中的数据。假设有四个决策者 $e_k(k = 1, 2, 3, 4)$ 及四个备选方案 $x_i(i = 1, 2, 3, 4)$。决策者提供了如下四个模糊加性偏好关系：

$$P_1 = \begin{bmatrix} 0.5 & 0.2 & 0.6 & 0.4 \\ 0.8 & 0.5 & 0.9 & 0.7 \\ 0.4 & 0.1 & 0.5 & 0.3 \\ 0.6 & 0.3 & 0.7 & 0.5 \end{bmatrix}, \quad P_2 = \begin{bmatrix} 0.5 & 0.7 & 0.9 & 0.5 \\ 0.3 & 0.5 & 0.6 & 0.7 \\ 0.1 & 0.4 & 0.5 & 0.8 \\ 0.5 & 0.3 & 0.2 & 0.5 \end{bmatrix}$$

$$P_3 = \begin{bmatrix} 0.5 & 0.3 & 0.5 & 0.7 \\ 0.7 & 0.5 & 0.1 & 0.3 \\ 0.5 & 0.9 & 0.5 & 0.25 \\ 0.3 & 0.7 & 0.75 & 0.5 \end{bmatrix}, \quad P_4 = \begin{bmatrix} 0.5 & 0.25 & 0.15 & 0.65 \\ 0.75 & 0.5 & 0.6 & 0.8 \\ 0.85 & 0.4 & 0.5 & 0.5 \\ 0.35 & 0.2 & 0.5 & 0.5 \end{bmatrix}$$

4.3.1　序一致性过程

使用算法 4.1 对所有模糊加性偏好关系的序一致性进行判断和改善，令 $P_k^{(0)} = P_k = (p_{ij,k})_{4\times4}\ (k = 1, 2, 3, 4)$。

根据式（4.4），可得所有偏好矩阵 $P_k^{(0)} = (p_{ij,k}^{(0)})_{4\times4}\ (k = 1, 2, 3, 4)$ 的邻接矩阵 $B_k^{(0)} = (b_{ij,k}^{(0)})_{4\times4}\ (k = 1, 2, 3, 4)$ 为

$$B_1^{(0)} = \begin{bmatrix} 0 & 0 & 1 & 0 \\ 1 & 0 & 1 & 1 \\ 0 & 0 & 0 & 0 \\ 1 & 0 & 1 & 0 \end{bmatrix}, \quad B_2^{(0)} = \begin{bmatrix} 0 & 1 & 1 & f \\ 0 & 0 & 1 & 1 \\ 0 & 0 & 0 & 1 \\ f & 0 & 0 & 0 \end{bmatrix}$$

$$B_3^{(0)} = \begin{bmatrix} 0 & 0 & f & 1 \\ 1 & 0 & 0 & 0 \\ f & 1 & 0 & 0 \\ 0 & 1 & 1 & 0 \end{bmatrix}, \quad B_4^{(0)} = \begin{bmatrix} 0 & 0 & 0 & 1 \\ 1 & 0 & 1 & 1 \\ 1 & 0 & 0 & f \\ 0 & 0 & f & 0 \end{bmatrix}$$

根据式（4.5），可得

$$\Phi_1^{(0)} = \begin{bmatrix} 0 & 0 & 0 & 0 \\ 0 & 0 & 0 & 0 \\ 0 & 0 & 0 & 0 \\ 0 & 0 & 0 & 0 \end{bmatrix}, \quad \Phi_2^{(0)} = \begin{bmatrix} 0 & 0 & 0 & 2 \\ 1 & 0 & 0 & 0 \\ 1 & 0 & 0 & 0 \\ 0 & 1 & 1 & 0 \end{bmatrix}$$

$$\Phi_3^{(0)} = \begin{bmatrix} 0 & 2 & 1 & 0 \\ 0 & 0 & 1 & 1 \\ 1 & 0 & 0 & 1 \\ 2 & 0 & 0 & 0 \end{bmatrix}, \quad \Phi_4^{(0)} = \begin{bmatrix} 0 & 0 & 1 & 0 \\ 0 & 0 & 0 & 0 \\ 0 & 0 & 0 & 1 \\ 1 & 0 & 0 & 0 \end{bmatrix}$$

由式（4.7）可得各模糊加性偏好关系的序一致性指数为

$$\mathrm{OCI}(P_1^{(0)})=0 \ , \quad \mathrm{OCI}(P_2^{(0)})=2$$
$$\mathrm{OCI}(P_3^{(0)})=3 \ , \quad \mathrm{OCI}(P_4^{(0)})=1$$

由此可知，$P_1^{(0)}$ 已经满足序一致性，$P_2^{(0)}$ 中存在两个 3-环，$P_3^{(0)}$ 中存在 3 个 3-环，$P_4^{(0)}$ 中存在 1 个 3-环。

对 P_2 进行调整，由于 $\varphi_{14,2}^{(0)}=\max_{ij}\{\varphi_{ij,2}^{(0)}\}=2$，$p_{41,2}^{(0)}$ 是序一致性最差的元素。基于式（4.8），可得 $p_{41,2}^{(1)}=0.4$，$p_{14,2}^{(1)}=0.6$，则修正后的模糊加性偏好关系为

$$P_2^{(1)}=\begin{bmatrix} 0.5 & 0.7 & 0.9 & 0.6 \\ 0.3 & 0.5 & 0.6 & 0.7 \\ 0.1 & 0.4 & 0.5 & 0.8 \\ 0.4 & 0.3 & 0.2 & 0.5 \end{bmatrix}$$

$$B_2^{(1)}=\begin{bmatrix} 0 & 1 & 1 & 1 \\ 0 & 0 & 1 & 1 \\ 0 & 0 & 0 & 1 \\ 0 & 0 & 0 & 0 \end{bmatrix}$$

$$\Phi_2^{(1)}=\begin{bmatrix} 0 & 0 & 0 & 0 \\ 0 & 0 & 0 & 0 \\ 0 & 0 & 0 & 0 \\ 0 & 0 & 0 & 0 \end{bmatrix}$$

由式（4.7）可知，$\mathrm{OCI}(P_2^{(1)})=0$，因此 $P_2^{(1)}$ 满足序一致性。

对于 $P_3^{(0)}$，由于 $\varphi_{12,3}^{(0)}=\varphi_{41,3}^{(0)}=2$，$d(p_{21,3}^{(0)},0.5)=|0.7-0.5|=0.2$，$d(p_{14,3}^{(0)},0.5)=|0.7-0.5|=0.2$，可在两个元素中随机选择任何一个元素进行调整，本章选择 $p_{21,3}^{(0)}$ 进行替换。令 $p_{21,3}^{(1)}=0.3$，$p_{12,3}^{(1)}=0.7$，可得

$$P_3^{(1)}=\begin{bmatrix} 0.5 & 0.7 & 0.5 & 0.7 \\ 0.3 & 0.5 & 0.1 & 0.3 \\ 0.5 & 0.9 & 0.5 & 0.25 \\ 0.3 & 0.7 & 0.75 & 0.5 \end{bmatrix}$$

根据式（4.7），可得 $\mathrm{OCI}(P_3^{(1)})=1$，令 $p_{13,3}^{(2)}=0.6$，$p_{31,3}^{(2)}=0.4$，则

$$P_3^{(2)}=\begin{bmatrix} 0.5 & 0.7 & 0.6 & 0.7 \\ 0.3 & 0.5 & 0.1 & 0.3 \\ 0.4 & 0.9 & 0.5 & 0.25 \\ 0.3 & 0.7 & 0.75 & 0.5 \end{bmatrix}$$

且 $\mathrm{OCI}(P_3^{(2)}) = 0$ 。

同理，对于 $P_4^{(0)}$ ，令 $p_{43,4}^{(1)} = 0.4$ ， $p_{34,4}^{(1)} = 0.6$ ，可得

$$P_4^{(1)} = \begin{bmatrix} 0.5 & 0.25 & 0.15 & 0.65 \\ 0.75 & 0.5 & 0.6 & 0.8 \\ 0.85 & 0.4 & 0.5 & 0.6 \\ 0.35 & 0.2 & 0.4 & 0.5 \end{bmatrix}$$

且 $\mathrm{OCI}(P_4^{(1)}) = 0$ 。

至此，所有决策者的模糊加性偏好关系已经满足序一致性，4.3.2 节介绍共识达成过程。

4.3.2　共识达成过程

（1）根据序一致的模糊加性偏好关系 $P_1^{(0)}$ 、 $P_2^{(1)}$ 、 $P_3^{(2)}$ 和 $P_4^{(1)}$ ，每个决策者对备选方案的排序如表 4.1 所示。

表 4.1　每个决策者对备选方案的排序

决策者	排序	$O_{x_1}^G$	$O_{x_2}^G$	$O_{x_3}^G$	$O_{x_4}^G$
e_1	$x_2 \succ x_4 \succ x_1 \succ x_3$	3	1	4	2
e_2	$x_1 \succ x_2 \succ x_3 \succ x_4$	1	2	3	4
e_3	$x_1 \succ x_4 \succ x_3 \succ x_2$	1	4	3	2
e_4	$x_2 \succ x_3 \succ x_1 \succ x_4$	3	1	2	4

（2）当 $r = 0$ 时，权重向量为 $w^{(0)} = (w_1, w_2, w_3, w_4)^{\mathrm{T}} = (0.25, 0.25, 0.25, 0.25)^{\mathrm{T}}$ ，集结后的群体模糊加性偏好关系为

$$P^{(0)} = \begin{bmatrix} 0.5 & 0.4625 & 0.5625 & 0.5875 \\ 0.5375 & 0.5 & 0.5500 & 0.6250 \\ 0.4375 & 0.4500 & 0.5 & 0.4875 \\ 0.4125 & 0.3750 & 0.5125 & 0.5 \end{bmatrix}$$

利用式（4.1），可得 $v_1 = (0.5 + 0.4625 + 0.5625 + 0.5875)/8 = 0.2641$ ，且 $v_2 = 0.2766$ ， $v_3 = 0.2344$ ， $v_4 = 0.2250$ 。

因此，群体模糊加性偏好关系 $P^{(0)}$ 的方案排序为 $x_2 \succ x_1 \succ x_3 \succ x_4$ 。

（3）基于表 4.1 中的个体方案排序和群体方案排序，通过式（4.9）和式（4.10），我们能得到每个方案 $x_i(i = 1, 2, 3, 4)$ 的共识度 $\mathrm{CD}_i(i = 1, 2, 3, 4)$ 。当决策者只需要一个最优方案时（即 $q = 1$ ），由于群体模糊加性偏好关系中 x_2 排在首位，可得群

体共识度 GCD = CD$_2$ = 0.6667。同理，若决策者需要两个最优方案（即 $q = 2$），由于排在前两位的是方案 x_2 和 x_1，可得群体共识度 GCD = min{CD$_1$, CD$_2$} = 0.6667。表 4.2 展示了初始迭代过程中（$r = 0$），当 $q = 1$ 和 $q = 2$ 时各方案的共识度 CD$_i$($i = 1, 2, 3, 4$)和群体共识度。

表 4.2　各方案的共识度和群体共识度（$r = 0$）

最优方案数量	CD$_1$	CD$_2$	CD$_3$	CD$_4$
	0.6667	0.6667	0.8333	0.6667
$q = 1$	GCD = CD$_2$ = 0.6667			
$q = 2$	GCD = min{CD$_1$, CD$_2$} = 0.6667			

（4）设共识阈值 $\delta = 0.99$，参数 $\beta = 1$。为衡量每个决策者的贡献程度，我们先计算除去某一个决策者时的群体方案排序，其中，决策者的权重向量为 $w^{(0)} = (1/3, 1/3, 1/3)^{\mathrm{T}}$。表 4.3 给出了除去某一个决策者后的群体方案排序，根据式（4.11），表 4.4 给出相应的方案共识度。

表 4.3　除去某一个决策者后的群体方案排序（$r = 0$）

除去决策者 e_s	排序	$O_{x_1}^{G \backslash \{e_s\}}$	$O_{x_2}^{G \backslash \{e_s\}}$	$O_{x_3}^{G \backslash \{e_s\}}$	$O_{x_4}^{G \backslash \{e_s\}}$
e_1	$x_1 \succ x_3 \succ x_2 \succ x_4$	1	3	2	4
e_2	$x_2 \succ x_4 \succ x_1 \succ x_3$	3	1	4	2
e_3	$x_2 \succ x_1 \succ x_3 \succ x_4$	2	1	3	4
e_4	$x_1 \succ x_2 \succ x_4 \succ x_3$	1	2	4	3

表 4.4　除去某一个决策者后的方案共识度（$r = 0$）

方案共识度	x_1	x_2	x_3	x_4
CD$_i^{\bar{1}}$	0.7778	0.5556	0.7778	0.7778
CD$_i^{\bar{2}}$	0.7778	0.6667	0.6667	0.7778
CD$_i^{\bar{3}}$	0.6667	0.8889	0.7778	0.7778
CD$_i^{\bar{4}}$	0.7778	0.6667	0.7778	0.6667

（5）根据式（4.12）和式（4.13），计算决策者对群决策的贡献，结果如表 4.5 所示。

表 4.5　决策者对群决策的贡献（$r=0$）

决策者	GC	决策者	GC
e_1	−0.0556	e_3	−0.2778
e_2	−0.0556	e_4	−0.0556

（6）根据每个决策者对群决策的贡献，利用式（4.14）和式（4.15）调整决策者的权重，可得 $w^{(1)}=(0.2656,0.2656,0.2031,0.2656)^{\mathrm{T}}$。基于此，我们得到新的群体模糊加性偏好关系：

$$
P^{(1)}=\begin{bmatrix}
0.5 & 0.4476 & 0.5601 & 0.5804 \\
0.5523 & 0.5 & 0.5781 & 0.6452 \\
0.4398 & 0.4218 & 0.5 & 0.5023 \\
0.4195 & 0.3546 & 0.4976 & 0.5
\end{bmatrix}
$$

$P^{(1)}$ 下的方案排序为 $x_2 \succ x_1 \succ x_3 \succ x_4$。表 4.6～表 4.9 分别给出当 $r=1$ 时各方案的共识度和群体共识度、除去某一个决策者后的群体方案排序、除去某一个决策者后的方案共识度及决策者对群决策的贡献。

表 4.6　各方案的共识度和群体共识度（$r=1$）

最优方案数量	CD_1	CD_2	CD_3	CD_4
	0.6666	0.7083	0.8228	0.6874
$q=1$	\multicolumn{4}{c}{$GCD = CD_2 = 0.7083$}			
$q=2$	\multicolumn{4}{c}{$GCD = \min\{CD_1, CD_2\} = 0.6666$}			

表 4.7　除去某一个决策者后的群体方案排序（$r=1$）

除去决策者 e_s	排序
e_1	$x_1 \succ x_3 \succ x_2 \succ x_4$
e_2	$x_2 \succ x_4 \succ x_3 \succ x_1$
e_3	$x_2 \succ x_1 \succ x_3 \succ x_4$
e_4	$x_1 \succ x_2 \succ x_4 \succ x_3$

表 4.8　除去某一个决策者后的方案共识度（$r=1$）

方案共识度	x_1	x_2	x_3	x_4
CD_i^1	0.7589	0.5461	0.7872	0.8156
CD_i^2	0.4823	0.7234	0.7589	0.7589

续表

方案共识度	x_1	x_2	x_3	x_4
CD_i^3	0.6667	0.8889	0.7778	0.7778
CD_i^4	0.7589	0.6950	0.7872	0.6667

表 4.9 决策者对群决策的贡献（$r=1$）

决策者	GC	决策者	GC
e_1	−0.0227	e_3	−0.2260
e_2	0.1617	e_4	−0.0227

算法 4.2 经过 10 次迭代后，群体共识度达到共识阈值。表 4.10～表 4.12 分别给出了每次迭代过程中的决策者权重、各方案的共识度和群体共识度。

表 4.10 迭代过程中决策者的权重

迭代次数	e_1	e_2	e_3	e_4
$r=0$	0.25	0.25	0.25	0.25
$r=1$	0.2656	0.2656	0.2031	0.2656
$r=2$	0.2636	0.3133	0.1596	0.2636
$r=3$	0.1974	0.3885	0.1380	0.2761
$r=4$	0.1322	0.4980	0.1096	0.2602
$r=5$	0.1017	0.5928	0.1093	0.1962
$r=6$	0.0715	0.7108	0.0830	0.1347
$r=7$	0.0438	0.8225	0.0531	0.0807
$r=8$	0.0238	0.9035	0.0295	0.0432
$r=9$	0.0120	0.9515	0.0150	0.0215
$r=10$	0.0058	0.9767	0.0073	0.0103

表 4.11 迭代过程中的方案共识度

迭代次数	CD_1	CD_2	CD_3	CD_4
$r=0$	0.6667	0.6667	0.8333	0.6667
$r=1$	0.6666	0.7083	0.8228	0.6874
$r=2$	0.6667	0.7361	0.8244	0.7180
$r=3$	0.6667	0.7325	0.8422	0.7764
$r=4$	0.6667	0.7244	0.8692	0.8388

续表

迭代次数	CD_1	CD_2	CD_3	CD_4
$r = 5$	0.8014	0.8278	0.9007	0.8593
$r = 6$	0.8625	0.8759	0.9313	0.8970
$r = 7$	0.9171	0.9232	0.9586	0.9355
$r = 8$	0.9553	0.9580	0.9777	0.9645
$r = 9$	0.9777	0.9788	0.9888	0.9820
$r = 10$	0.9894	0.9899	0.9947	0.9914

表 4.12　迭代过程中的群体共识度

最优方案数量	$r = 0$	$r = 1$	$r = 2$	$r = 3$	$r = 4$	$r = 5$	$r = 6$
$q = 1$	0.6667	0.7083	0.7361	0.7325	0.7244	0.8278	0.8759
$q = 2$	0.6667	0.6666	0.6667	0.6667	0.6667	0.8014	0.8625

最优方案数量	$r = 7$	$r = 8$	$r = 9$	$r = 10$			
$q = 1$	0.9232	0.9580	0.9788	0.9899			
$q = 2$	0.9171	0.9553	0.9777	0.9894			

　　随着决策者权重的改变,群体共识度逐渐接近共识阈值。图 4.2 展示了当 $q = 1$ 和 $q = 2$ 时群体共识度随决策者权重调整的变化趋势。

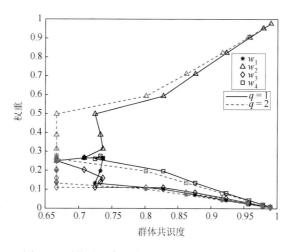

图 4.2　群体共识度随决策者权重调整的变化趋势

　　由图 4.2 可知,本章所提共识模型具有如下特征。

（1）群体共识度随着决策者权重的调整逐渐提高。特别地,调整过程中决策

者 e_2 的权重不断提高，其他三个决策者的权重都逐渐降低，在最后一次迭代过程中，决策者 e_2 的权重非常接近 1，此时 e_2 在群决策中起着决定性的作用。

（2）在共识达成过程中，群体的方案排序可能被改变。在第 4 次和第 5 次迭代过程中，群体对方案的偏好排序都为 $x_2 \succ x_1 \succ x_3 \succ x_4$，同决策者 e_2 的方案排序是完全一致的。因此，在群体共识度逐渐接近共识阈值的过程中，决策者 e_2 的权重会逐渐增加，其他决策者的权重则会相应减少。

4.3.3　比较分析

1. 与文献[23]的比较

文献[23]研究了算例中的共识问题。他们的方法包含两个过程：个体一致性控制过程和共识达成过程。在个体一致性控制过程中，他们根据模糊加性偏好关系的加性一致性判断偏好矩阵是否存在矛盾信息，并构建了一个模糊加性偏好关系的加性一致性修正算法。在算例中，他们设个体一致性阈值 = 0.1，并计算出各决策者的个体一致性指数分别为 $\mathrm{CI}(P_1) = 0$，$\mathrm{CI}(P_2) = 0.1417$，$\mathrm{CI}(P_3) = 0.1875$，$\mathrm{CI}(P_4) = 0.0917$。由于决策者 e_2 和 e_3 的个体一致性指数高于个体一致性阈值，通过他们的算法，P_2 和 P_3 被调整为加性一致的矩阵（其中 $\beta = 0.9$）：

$$P_2 = \begin{bmatrix} 0.5 & 0.67 & 0.83 & 0.59 \\ 0.33 & 0.5 & 0.59 & 0.68 \\ 0.17 & 0.41 & 0.5 & 0.72 \\ 0.41 & 0.32 & 0.28 & 0.5 \end{bmatrix}$$

$$P_3 = \begin{bmatrix} 0.5 & 0.44 & 0.48 & 0.58 \\ 0.56 & 0.5 & 0.22 & 0.32 \\ 0.52 & 0.78 & 0.5 & 0.36 \\ 0.42 & 0.68 & 0.64 & 0.5 \end{bmatrix}$$

显然，决策者 e_2 和 e_3 的原始偏好关系被改变了很多，并且只要参数 β 的取值发生改变，相应的结果和迭代次数都会发生变化。若使用算法 4.1 检验调整后的矩阵 P_3，可发现其中仍有 2 个 3-环，其中 1 个 3-环为 $x_1 \succ x_4 \succ x_2 \succ x_1$。此外，文献[23]认为 P_4 是加性一致的，但是正如前面所指出的，P_4 中存在 1 个 3-环。因此，文献[23]的加性一致性无法保证决策者的偏好关系符合逻辑，这会大大降低决策结果的可靠性。

2. 同其他类似方法的比较

Chiclana 等[66]最早对算例中的共识问题进行了研究。他们提出的模糊加性偏好关系共识模型同时考虑了决策者的一致性和共识度。在一致性过程中，Chiclana 等[66]认为 P_2 和 P_3 不满足加性一致性，而 P_4 满足加性一致性。因此，他们提出了一个加性一致性模型，该模型能够帮助决策者改善偏好关系的一致性。接着，他们构建了一个共识模型，该模型能为决策者的偏好信息调整提供相关建议。然而在本章的序一致性阶段，经检验，发现 P_4 是序不一致的，P_4 中存在相互矛盾的评估信息。因此，使用加性一致性并不能判断模糊加性偏好关系是否存在矛盾信息。此外，由于在一致性过程和共识达成过程中 Chiclana 等[66]对过多的偏好信息进行了调整，决策者的原始判断遭到了严重的信息扭曲。本章所提模型尽可能地保留了决策者的原始判断，使得最终的决策结果更加可靠。

Xu 和 Cai[13]从模糊加性偏好关系共识最大化的角度，构建了多个目标规划模型和二次规划模型。然而 Xu 和 Cai[13]的方法主要存在两个缺陷。首先，他们没有考虑模糊加性偏好关系的一致性，因此无法保证评估信息的合理性。在现实生活中，决策者所提供的模糊加性偏好关系通常并不满足序一致性，这样导致最终决策结果的可靠性大大降低。其次，在共识达成过程中，Xu 和 Cai[13]不仅调整了决策者的权重，而且改变了他们的偏好信息，这样容易造成决策者原始信息的扭曲。Xu 等[57]的方法同样存在上述问题。

4.4　本 章 小 结

本章基于模糊加性偏好关系序一致性提出了一个群决策共识模型，主要有以下特征。

（1）共识模型包含两个过程：个体一致性过程和共识达成过程。目前多数文献采用的是基本一致性（cardinal consistency），本章在一致性过程中采用了模糊加性偏好关系的序一致性。即使模糊加性偏好关系已经满足一定水平的基本一致性，但仍然无法保证不存在矛盾信息。因此，使用序一致性更能保证决策的合理性。

（2）在共识达成过程中，本章提出了备选方案群体共识度的概念。由于群决策的目标是选出最优方案，基于所有决策者对方案的共识度进行方案选择更为合理。

（3）更新权重向量不改变决策者序一致的偏好信息，因此本章所提方法能最大限度地保留决策者的原始信息。

如今群决策的参与者数量呈现出不断扩大的趋势，想要通过改变多数决策者的判断信息来达成共识是不切实际的。在之后的研究中，我们会考虑将本章所提共识方法拓展到大规模群决策问题中[50, 62, 67, 68]。

第5章 突发事件的群体应急决策冲突
消解模型及其应用

5.1 基 本 概 念

本节主要介绍多属性群决策的基本概念与相关定义。为简便起见，令 $T = \{1, 2, \cdots, t\}$。令 $X = \{x_1, x_2, \cdots, x_n\}(n \geqslant 2)$ 表示可供选择的有限方案集合，$F = \{f_1, f_2, \cdots, f_m\}(m \geqslant 2)$ 表示决策属性集合，$w = (w_1, w_2, \cdots, w_m)^T$ 表示决策属性的权重向量，其中，$\sum_{j=1}^{m} w_j = 1$，$w_j \in [0, 1]$，$j \in M$，w_j 表示属性 f_j 的权重。令 $E = \{e_1, e_2, \cdots, e_t\}(t \geqslant 2)$ 表示参与决策的专家集合，$\lambda = (\lambda_1, \lambda_2, \cdots, \lambda_t)^T$ 表示专家的权重向量，其中，$\sum_{k=1}^{t} \lambda_k = 1$，$\lambda_k \in [0, 1]$，$k \in T$。假设 $A_k = (a_{ij,k})_{n \times m}$ 是专家 $e_k \in E$ 的决策矩阵，其中，$a_{ij,k}$ 表示专家 e_k 对方案 x_i 关于属性 f_j 的偏好。

在实际的多属性决策问题中，决策属性的类型通常是不同的，具有不同的量纲，需要进行属性标准化处理。一般地，多属性决策问题中的属性可以分为效益属性和成本属性。假设 $R_k = (r_{ij,k})_{n \times m}$ 为标准化后的决策矩阵，其中，

若 f_j 为成本属性，则

$$r_{ij,k} = \frac{\max\limits_{i}(a_{ij,k}) - a_{ij,k}}{\max\limits_{i}(a_{ij,k}) - \min\limits_{i}(a_{ij,k})}, \quad i \in N, \quad j \in M, \quad k \in T \tag{5.1}$$

若 f_j 为效益属性，则

$$r_{ij,k} = \frac{a_{ij,k} - \min\limits_{i}(a_{ij,k})}{\max\limits_{i}(a_{ij,k}) - \min\limits_{i}(a_{ij,k})}, \quad i \in N, \quad j \in M, \quad k \in T \tag{5.2}$$

根据 WAA 算子，可以得到群决策矩阵 $R = (r_{ij})_{n \times m}$，其中，

$$r_{ij} = \sum_{k=1}^{t} \lambda_k r_{ij,k}, \quad i \in N, \quad j \in M, \quad k \in T \tag{5.3}$$

冲突测度用于评估个体意见与群体意见之间的差异。下面定义两种冲突测度方法。

【定义 5.1】 令 $R_k = (r_{ij,k})_{n \times m}(k \in T)$ 表示 t 个个体决策矩阵，$R = (r_{ij})_{n \times m}$ 表示根

据式（5.3）得到的群决策矩阵，那么个体决策矩阵 R_k 与群决策矩阵 R 之间的冲突水平可表示为

$$\theta_k = \frac{1}{n}\sum_{i=1}^{n}\sum_{j=1}^{m}w_j\left|r_{ij,k}-r_{ij}\right|, \quad i\in N, \quad j\in M, \quad k\in T \tag{5.4}$$

显然，θ_k 满足以下特征。

（1）$0\leqslant\theta_k\leqslant1$。

（2）当且仅当 $R_k=R$ 时，$\theta_k=0$，即 R_k 与 R 相同，表明 R_k 与 R 之间不存在冲突。

（3）当且仅当 R_k 与 R 完全不同时，$\theta_k=1$。

相应地，对所有冲突水平 $\theta_k(k\in T)$ 加权集结，得到的群体冲突水平为

$$\theta = \sum_{k=1}^{t}\lambda_k\theta_k \tag{5.5}$$

根据式（5.4）和式（5.5），若 $\theta_k=0$，则个体决策矩阵 R_k 与群决策矩阵 R 保持一致。若 $\theta=0$，则所有的决策者针对决策备选方案达成了一致。换言之，决策者之间不存在偏好冲突。不失一般性，本章假设 $\theta\leqslant\delta$，则群体之间的冲突水平达成了可接受的水平，其中，δ 为可接受的冲突水平阈值。值得说明的是，关于冲突水平阈值的设定是一个开放性问题，在实际决策情境中，问题的组织者或决策者可以依据实际决策需要进行预设。通常，若决策问题较为紧急，需快速做出响应，那么 δ 可以设置得较大；反之，δ 需要尽可能选取较小值，以最大限度降低群体之间的冲突水平。

【备注 5.1】　Xu[43]、Xu 和 Wu[69]运用式（5.6）度量个体偏好与群体偏好之间的偏差水平：

$$d(R_k,R) = \frac{1}{mn}\sum_{i=1}^{n}\sum_{j=1}^{m}\left|r_{ij,k}-r_{ij}\right|, \quad i\in N, \quad j\in M, \quad k\in T \tag{5.6}$$

显然，式（5.6）中的偏差度量没有考虑每个属性的权重，只将它们视为同等重要，即每个属性的权重等于 $1/m$。然而，在实际的决策情境中，不同属性的决策重要性并不完全相同。因此，根据 WAA 算子，本章给出个体偏好与群体偏好关于方案 x_i 的偏差 $\theta_{k,i}$ 的度量方法：

$$\theta_{k,i} = \sum_{j=1}^{m}w_j\left|r_{ij,k}-r_{ij}\right|, \quad i\in N, \quad j\in M, \quad k\in T \tag{5.7}$$

进一步，根据式（5.4）可以计算得到个体决策矩阵 R_k 与群决策矩阵 R 之间的冲突水平。

【定义 5.2】　令 $R_k=(r_{ij,k})_{n\times m}(k\in T)$ 表示 t 个个体决策矩阵，$R=(r_{ij})_{n\times m}$ 表示根据式（5.3）得到的群决策矩阵，则关于方案 x_i 的冲突度为

$$C_i = \sum_{k=1}^{t} \lambda_k \sum_{j=1}^{m} w_j \left(1 - \left| r_{ij,k} - r_{ij} \right| \right), \quad i \in N, \quad j \in M, \quad k \in T \qquad (5.8)$$

【备注 5.2】 Herrera-Viedma 等[35]提出了群决策问题中的三种共识，即方案之间的共识、针对特定方案的共识和个体偏好共识。不失一般性，本章所提模型将方案的共识表示为 $C_i(i \in N)$，个体偏好共识记为 $\theta_k(k \in T)$。

类似地，本章假设如果群体冲突水平满足 $\theta \leqslant \delta$，则群体之间达成了满意或可接受的共识。进一步，若获得属性权重向量，则由简单加权（simple additive weighting，SAW）算子可计算每个备选方案的最终群体偏好，计算方法如下：

$$z_i = \sum_{j=1}^{m} w_j r_{ij}, \quad i \in N, \quad j \in M \qquad (5.9)$$

【定义 5.3】 令 $R_k^{(0)} = (r_{ij,k}^{(0)})_{n \times m}(k \in T)$ 表示 t 个个体的初始决策矩阵，$\overline{R_k} = (\overline{r}_{ij,k})_{n \times m}$ $(k \in T)$ 表示 t 个个体的最终决策矩阵，则个体偏好关系的调整度定义如下：

$$AD_k = \frac{\displaystyle\sum_{i=1}^{n}\sum_{j=1}^{m} \left| r_{ij,k}^{(0)} - \overline{r}_{ij,k} \right|}{\displaystyle\sum_{i=1}^{n}\sum_{j=1}^{m} r_{ij,k}^{(0)}}, \quad i \in N, \quad j \in M, \quad k \in T \qquad (5.10)$$

AD_k 表示个体原始偏好与修改后的个体偏好之间的差异程度，AD_k 越大，表明个体的原始偏好信息的保留度越低。

【定义 5.4】 令 $R_k^{(0)} = (r_{ij,k}^{(0)})_{n \times m}(k \in T)$ 表示 t 个个体的初始决策矩阵，$\overline{R_k} = (\overline{r}_{ij,k})_{n \times m}$ $(k \in T)$ 表示 t 个个体的最终决策矩阵，则个体偏好关系的调整比率定义如下：

$$AR_k = \frac{\displaystyle\sum_{i=1}^{n}\sum_{j=1}^{m} \upsilon_{ij,k}}{mn}, \quad i \in N, \quad j \in M, \quad k \in T \qquad (5.11)$$

其中，$\upsilon_{ij,k} = \begin{cases} 0, & r_{ij,k}^{(0)} = \overline{r}_{ij,k} \\ 1, & r_{ij,k}^{(0)} \neq \overline{r}_{ij,k} \end{cases}$。

AR_k 表示修改后在原始偏好关系中被修改的元素的比例。AR_k 越大，表明个体偏好关系中的元素在冲突消解过程后被修改得越多，即个体原始偏好关系的信息扭曲程度越高。

5.2　群体贡献与权重更新算法

5.2.1　群体贡献的概念

共识达成或冲突消解是群决策过程中的关键环节。一般地，在群决策问题中冲突消解的方法主要包括两种：①调整专家权重以达成共识[70]；②引导专家调整个人偏好以促进群体间达成偏好一致。Ben-Arieh 和 Chen[63]提出了一种依据专家的共识贡献来衡量群体间共识度的新型共识测度，并根据专家的共识贡献更新他们的决策权重，从而降低群体冲突水平。但是，关于权重更新的方法的有效性仍待进一步检验。

在构建冲突消解的模型前，本节首先定义冲突消解模型的相关法则。进一步，根据 Ben-Arieh 和 Chen[63]的研究，构建新型权重更新模型并验证该模型的有效性。

【定义 5.5】　给定一个数组 $A = \{a_1, a_2, \cdots, a_n\}(n \geqslant 2)$，其中，$a_i \geqslant 0$，$i \in N$。令 $\mu = (\mu_1, \mu_2, \cdots, \mu_n)^{\mathrm{T}}$ 表示关于 a_i 的权重向量，其中，$i \in N$，$\sum_{i=1}^{n} \mu_i = 1$，$\mu_i \in [0,1]$，则关于 A 的期望如下：

$$\bar{a} = \sum_{i=1}^{n} \mu_i a_i \qquad (5.12)$$

同时，a_i 与 $\bar{a}$ 间的距离为 $|a_i - \bar{a}|$。因此，可得定义 5.6。

【定义 5.6】　令 S 表示 $a_i(i \in N)$ 与 $\bar{a}$ 的加权距离，则

$$S = \sum_{i=1}^{n} \mu_i |a_i - \bar{a}| \qquad (5.13)$$

【引理 5.1】　令 A、μ、$\bar{a}$ 和 S 如前，$a_p, a_q \in A$，$|a_p - \bar{a}| > |a_q - \bar{a}|$。令 $\mu' = \{\mu_1', \cdots, \mu_p', \cdots, \mu_q', \cdots, \mu_n'\}$ 表示 A 的新的权重向量，其中，$\mu_p' = \mu_p - \Delta\mu$，$\mu_q' = \mu_q + \Delta\mu$，$\mu_i' = \mu_i$，$i \neq p, q$，且 $\sum_{i=1}^{n} \mu_i' = 1$，$\mu_i' \in [0,1]$。令 $\bar{a}'$ 表示 A 的期望值，S' 表示 A 的加权距离，则 $S' < S$。

证明：由定义 5.5 和定义 5.6 可得

$$\bar{a}' = \sum_{i=1}^{n} \mu_i' a_i \qquad (5.14)$$

$$S' = \sum_{i=1}^{n} \mu_i' |a_i - \bar{a}'| \qquad (5.15)$$

且满足

$$\bar{a}' - \bar{a} = a_p(\mu_p' - \mu_p) + a_q(\mu_q' - \mu_q) = \Delta\mu(a_q - a_p) \qquad (5.16)$$

不失一般性，假设 A 按照升序排列，同时 A 中有 h 个数值小于 $\bar{a}$，有 $g(h \leqslant g \leqslant n-1)$ 个数值小于 $\bar{a}'$。根据 $|a_p - \bar{a}| > |a_q - \bar{a}|$，从以下四种情况证明引理 5.1。

（1）$a_p < a_q < \bar{a} < \bar{a}'$。在此情形下，式（5.13）和式（5.15）可以表示为

$$S = \sum_{i=1}^{p-1} \mu_i(\overline{a} - a_i) + \mu_p(\overline{a} - a_p) + \sum_{i=p+1}^{q-1} \mu_i(\overline{a} - a_i) + \mu_q(\overline{a} - a_q)$$

$$+ \sum_{i=q+1}^{h} \mu_i(\overline{a} - a_i) + \sum_{i=h+1}^{g} \mu_i(a_i - \overline{a}) + \sum_{i=g+1}^{n} \mu_i(a_i - \overline{a}) \qquad (5.17)$$

$$S' = \sum_{i=1}^{p-1} \mu_i'(\overline{a}' - a_i) + \mu_p'(\overline{a}' - a_p) + \sum_{i=p+1}^{q-1} \mu_i'(\overline{a}' - a_i) + \mu_q'(\overline{a}' - a_q)$$

$$+ \sum_{i=q+1}^{h} \mu_i'(\overline{a}' - a_i) + \sum_{i=h+1}^{g} \mu_i'(\overline{a}' - a_i) + \sum_{i=g+1}^{n} \mu_i'(a_i - \overline{a}') \qquad (5.18)$$

由 $\mu_i' = \mu_i$，$i \neq p, q$，$\mu_p' = \mu_p - \Delta\mu$，$\mu_q' = \mu_q + \Delta\mu$ 可得

$$S' - S = \sum_{i=1}^{p-1} \mu_i(\overline{a}' - \overline{a}) + (\mu_p - \Delta\mu)(\overline{a}' - a_p) - \mu_p(\overline{a} - a_p) + \sum_{i=p+1}^{q-1} \mu_i(\overline{a}' - \overline{a})$$

$$+ (\mu_q + \Delta\mu)(\overline{a}' - a_q) - \mu_q(\overline{a} - a_q) + \sum_{i=q+1}^{h} \mu_i(\overline{a}' - \overline{a})$$

$$+ \sum_{i=h+1}^{g} \mu_i(\overline{a}' - 2a_i + \overline{a}) - \sum_{i=g+1}^{n} \mu_i(\overline{a}' - \overline{a})$$

$$= \sum_{i=1}^{p-1} \mu_i(\overline{a}' - \overline{a}) + \mu_p(\overline{a}' - \overline{a}) - \Delta\mu(\overline{a}' - a_p) + \sum_{i=p+1}^{q-1} \mu_i(\overline{a}' - \overline{a})$$

$$+ \mu_q(\overline{a}' - \overline{a}) + \Delta\mu(\overline{a}' - a_q) + \sum_{i=q+1}^{h} \mu_i(\overline{a}' - \overline{a})$$

$$+ \sum_{i=h+1}^{g} \mu_i\big((\overline{a}' - \overline{a}) + 2(\overline{a} - a_i)\big) - \sum_{i=g+1}^{n} \mu_i(\overline{a}' - \overline{a})$$

$$= \sum_{i=1}^{p-1} \mu_i(\overline{a}' - \overline{a}) + (\mu_p + \mu_q)(\overline{a}' - \overline{a}) + \Delta\mu(a_p - a_q) + \sum_{i=p+1}^{q-1} \mu_i(\overline{a}' - \overline{a})$$

$$+ \sum_{i=q+1}^{g} \mu_i(\overline{a}' - \overline{a}) + 2\sum_{i=h+1}^{g} \mu_i(\overline{a} - a_i) - \sum_{i=g+1}^{n} \mu_i(\overline{a}' - \overline{a})$$

根据式（5.16）可得

$$S' - S = \sum_{i=1}^{p-1} \mu_i\Delta\mu(a_q - a_p) + (\mu_p + \mu_q)\Delta\mu(a_q - a_p) - \Delta\mu(a_q - a_p)$$

$$+ \sum_{i=p+1}^{q-1} \mu_i\Delta\mu(a_q - a_p) + \sum_{i=q+1}^{g} \mu_i\Delta\mu(a_q - a_p)$$

$$- \sum_{i=g+1}^{n} \mu_i\Delta\mu(a_q - a_p) + 2\sum_{i=h+1}^{g} \mu_i(\overline{a} - a_i)$$

$$= \Delta\mu(a_q - a_p)\left(\sum_{i=1}^{p-1}\mu_i + \mu_p + \mu_q - 1 + \sum_{i=p+1}^{q-1}\mu_i + \sum_{i=q+1}^{g}\mu_i - \sum_{i=g+1}^{n}\mu_i\right)$$

$$+ 2\sum_{i=h+1}^{g}\mu_i(\bar{a} - a_i)$$

$$= -2\Delta\mu(a_q - a_p)\sum_{i=g+1}^{n}\mu_i + 2\sum_{i=h+1}^{g}\mu_i(\bar{a} - a_i)$$

$$< 0$$

因此，$S' < S$。

（2）$a_p < \bar{a} < a_q < \bar{a}'$。在此情形下，式（5.13）和式（5.15）可以表示为

$$S = \sum_{i=1}^{p-1}\mu_i(\bar{a} - a_i) + \mu_p(\bar{a} - a_p) + \sum_{i=p+1}^{h}\mu_i(\bar{a} - a_i) + \sum_{i=h+1}^{q-1}\mu_i(a_i - \bar{a})$$

$$+ \mu_q(a_q - \bar{a}) + \sum_{i=q+1}^{g}\mu_i(a_i - \bar{a}) + \sum_{i=g+1}^{n}\mu_i(a_i - \bar{a}) \tag{5.19}$$

$$S' = \sum_{i=1}^{p-1}\mu_i'(\bar{a}' - a_i) + \mu_p'(\bar{a}' - a_p) + \sum_{i=p+1}^{h}\mu_i'(\bar{a}' - a_i) + \sum_{i=h+1}^{q-1}\mu_i'(\bar{a}' - a_i)$$

$$+ \mu_q'(\bar{a}' - a_q) + \sum_{i=q+1}^{g}\mu_i'(\bar{a}' - a_i) + \sum_{i=g+1}^{n}\mu_i'(a_i - \bar{a}') \tag{5.20}$$

由 $\mu_i' = \mu_i$，$i \neq p, q$，$\mu_p' = \mu_p - \Delta\mu$，$\mu_q' = \mu_q + \Delta\mu$ 可得

$$S' - S = \sum_{i=1}^{p-1}\mu_i(\bar{a}' - \bar{a}) + (\mu_p - \Delta\mu)(\bar{a}' - a_p) - \mu_p(\bar{a} - a_p) + \sum_{i=p+1}^{h}\mu_i(\bar{a}' - \bar{a})$$

$$+ \sum_{i=h+1}^{q-1}\mu_i(\bar{a}' - 2a_i + \bar{a}) + (\mu_q + \Delta\mu)(\bar{a}' - a_q) - \mu_q(a_q - \bar{a})$$

$$+ \sum_{i=q+1}^{g}\mu_i(\bar{a}' - 2a_i + \bar{a}) + \sum_{i=g+1}^{n}\mu_i(\bar{a} - \bar{a}')$$

$$= \left(\mu_p(\bar{a}' - \bar{a}) + \mu_q(\bar{a}' + \bar{a}) - 2\mu_q a_q + \Delta\mu(a_p - a_q)\right) + \sum_{i=1}^{p-1}\mu_i(\bar{a}' - \bar{a})$$

$$+ \sum_{i=p+1}^{h}\mu_i(\bar{a}' - \bar{a}) + \sum_{i=h+1}^{q-1}\mu_i(\bar{a}' - \bar{a}) + 2\sum_{i=h+1}^{q-1}\mu_i(\bar{a} - a_i)$$

$$+ \sum_{i=q+1}^{g}\mu_i(\bar{a}' - \bar{a}) + 2\sum_{i=q+1}^{g}\mu_i(\bar{a} - a_i) - \sum_{i=g+1}^{n}\mu_i(\bar{a}' - \bar{a})$$

$$= (\bar{a}' - \bar{a})\left(\sum_{i=1}^{p}\mu_i + \sum_{i=p+1}^{h}\mu_i + \sum_{i=h+1}^{q}\mu_i - 1 + \sum_{i=q+1}^{g}\mu_i - \sum_{i=g+1}^{n}\mu_i\right)$$

$$+ 2\sum_{i=h+1}^{g}\mu_i(\bar{a} - a_i)$$

因此，$S' < S$。

（3）$a_p < \overline{a} < \overline{a}' < a_q$。在此情形下，式（5.13）和式（5.15）可以表示为

$$S = \sum_{i=1}^{p-1} \mu_i(\overline{a} - a_i) + \mu_p(\overline{a} - a_p) + \sum_{i=p+1}^{h} \mu_i(\overline{a} - a_i) + \sum_{i=h+1}^{g} \mu_i(a_i - \overline{a}) \qquad (5.21)$$
$$+ \sum_{i=g+1}^{q-1} \mu_i(a_i - \overline{a}) + \mu_q(a_q - \overline{a}) + \sum_{i=q+1}^{n} \mu_i(a_i - \overline{a})$$

$$S' = \sum_{i=1}^{p-1} \mu_i'(\overline{a}' - a_i) + \mu_p'(\overline{a}' - a_p) + \sum_{i=p+1}^{h} \mu_i'(\overline{a}' - a_i) + \sum_{i=h+1}^{g} \mu_i'(\overline{a}' - a_i) \qquad (5.22)$$
$$+ \sum_{i=g+1}^{q-1} \mu_i'(a_i - \overline{a}') + \mu_q'(a_q - \overline{a}') + \sum_{i=q+1}^{n} \mu_i'(a_i - \overline{a}')$$

由 $\mu_i' = \mu_i$，$i \neq p, q$，$\mu_p' = \mu_p - \Delta\mu$，$\mu_q' = \mu_q + \Delta\mu$ 可得

$$S' - S = \sum_{i=1}^{p-1} \mu_i(\overline{a}' - \overline{a}) + (\mu_p - \Delta\mu)(\overline{a}' - a_p) - \mu_p(\overline{a} - a_p) + \sum_{i=p+1}^{h} \mu_i(\overline{a}' - \overline{a})$$

$$+ \sum_{i=h+1}^{g} \mu_i(\overline{a}' - 2a_i + \overline{a}) + \sum_{i=g+1}^{q-1} \mu_i(\overline{a} - \overline{a}') + (\mu_q + \Delta\mu)(a_q - \overline{a}')$$

$$- \mu_q(a_q - \overline{a}) + \sum_{i=q+1}^{n} \mu_i(\overline{a} - \overline{a}')$$

$$= \left((\mu_p - \mu_q)(\overline{a}' - \overline{a}) + \Delta\mu(a_q - 2\overline{a}' + a_p) \right) + 2\sum_{i=h+1}^{g} \mu_i(\overline{a} - a_i)$$

$$+ (\overline{a}' - \overline{a}) \left(\sum_{i=1}^{p-1} \mu_i + \sum_{i=p+1}^{h} \mu_i + \sum_{i=h+1}^{g} \mu_i - \sum_{i=g+1}^{q-1} \mu_i - \sum_{i=q+1}^{n} \mu_i \right)$$

$$= 2\left((\overline{a}' - \overline{a})\sum_{i=1}^{g} \mu_i + \Delta\mu(a_p - \overline{a}') + \sum_{i=h+1}^{g} \mu_i(\overline{a} - a_i) \right)$$

$$= 2\left(\Delta\mu\left(\sum_{i=1}^{g} \mu_i(a_q - a_p) + \left(\sum_{i=1}^{g} \mu_i + \sum_{i=g+1}^{n} \mu_i \right)(a_p - \overline{a}') \right) + \sum_{i=h+1}^{g} \mu_i(\overline{a} - a_i) \right)$$

$$= 2\left(\Delta\mu\left(\sum_{i=1}^{g} \mu_i(a_q - \overline{a}') + \sum_{i=g+1}^{n} \mu_i(a_p - \overline{a}') \right) + \sum_{i=h+1}^{g} \mu_i(\overline{a} - a_i) \right)$$

$$\leq 2\left(\Delta\mu\left(\sum_{i=1}^{g} \mu_i(a_q - \overline{a}) + \sum_{i=g+1}^{n} \mu_i(a_p - \overline{a}) \right) + \sum_{i=h+1}^{g} \mu_i(\overline{a} - a_i) \right)$$

$$= 2\left(\Delta\mu\left(\sum_{i=1}^{g} \mu_i (a_q - \overline{a}) + \left(1 - \sum_{i=1}^{g} \mu_i\right)(a_p - \overline{a})\right) + \sum_{i=h+1}^{g} \mu_i (\overline{a} - a_i)\right)$$

$$< 2\left(\Delta\mu\left(\sum_{i=1}^{g} \mu_i (\overline{a} - a_p) + \left(1 - \sum_{i=1}^{g} \mu_i\right)(a_p - \overline{a})\right) + \sum_{i=h+1}^{g} \mu_i (\overline{a} - a_i)\right)$$

因此，$S' < S$。

（4）$\overline{a} < a_q < a_p$，该情形与（1）类似，因此相关证明过程省略。

$\square$

【引理 5.2】　令 A、μ、$\overline{a}$ 和 S 如前，$a_p \neq \overline{a}$。令 $A' = \{a_1', a_2', \cdots, a_p', \cdots, a_n'\}$ 表示一组新数组，其中，$a_i' = a_i$，$i \neq p$，$a_p' = \overline{a}$，S' 表示 A' 的加权距离之和，则 $S' < S$。

证明： 由定义 5.5 和定义 5.6 可得

$$\overline{a}' = \sum_{i=1}^{n} \mu_i a_i' \tag{5.23}$$

$$S' = \sum_{i=1}^{n} \mu_i \mid a_i' - \overline{a}' \mid \tag{5.24}$$

因此，

$$\overline{a}' - \overline{a} = \mu_p(a_p' - a_p) = \mu_p(\overline{a} - a_p) \tag{5.25}$$

不失一般性，假设 A 按照升序排列，且 $a_p < \overline{a}$。根据式（5.25）可以得到 $\overline{a}' - \overline{a} > 0$。假设 A 中有其他 $h-1$ 个数值小于 $\overline{a}$，即 A 中的数值排序为 $a_1, \cdots, a_p, \cdots, a_h, \overline{a}, a_{h+1}, \cdots, a_n$。同时，$A'$ 中有 $q(h \leq q \leq n-1)$ 个数值满足 $a_i' < \overline{a}'$，即我们可以对 A' 中的元素排序为 $\underbrace{a_1, \cdots, \overline{a}_p, \cdots, a_h, \overline{a}}_{h}, \cdots, a_q, \overline{a}', \cdots, a_n$，$\overline{a}_p$ 表示用 $\overline{a}$ 替换 a_p'，且 $\overline{a}$ 移动到 a_h 之后。那么，式（5.13）和式（5.24）可以重新表示为

$$S = \sum_{i=1}^{p-1} \mu_i (\overline{a} - a_i) + \mu_p(\overline{a} - a_p) + \sum_{i=p+1}^{h} \mu_i (\overline{a} - a_i)$$
$$+ \sum_{i=h+1}^{q} \mu_i (a_i - \overline{a}) + \sum_{i=q+1}^{n} \mu_i (a_i - \overline{a}) \tag{5.26}$$

$$S' = \sum_{i=1}^{p-1} \mu_i (\overline{a}' - a_i) + \mu_p(\overline{a}' - \overline{a}) + \sum_{i=p+1}^{h} \mu_i (\overline{a}' - a_i)$$
$$+ \sum_{i=h+1}^{q} \mu_i (\overline{a}' - a_i) + \sum_{i=q+1}^{n} \mu_i (a_i - \overline{a}') \tag{5.27}$$

因此,

$$S' - S = \sum_{i=1}^{p-1} \mu_i(\overline{a}' - \overline{a}) + \mu_p(\overline{a}' - \overline{a} - (\overline{a} - a_p)) + \sum_{i=p+1}^{h} \mu_i(\overline{a}' - \overline{a})$$
$$+ \sum_{i=h+1}^{q} \mu_i(\overline{a}' - \overline{a} + 2\overline{a} - 2a_i) - \sum_{i=q+1}^{n} \mu_i(\overline{a}' - \overline{a}) \tag{5.28}$$

根据式(5.25),式(5.28)可表示为

$$S' - S = \sum_{i=1}^{p-1} \mu_i \mu_p(\overline{a} - a_p) + \mu_p\left(\mu_p(\overline{a} - a_p) - (\overline{a} - a_p)\right) + \sum_{i=p+1}^{h} \mu_i \mu_p(\overline{a} - a_p)$$
$$+ \sum_{i=h+1}^{q} \mu_i \mu_p(\overline{a} - a_p) + 2\sum_{i=h+1}^{q} \mu_i(\overline{a} - a_i) - \sum_{i=q+1}^{n} \mu_i \mu_p(\overline{a} - a_p)$$
$$= \mu_p(\overline{a} - a_p)\left(\sum_{i=1}^{p-1} \mu_i + \mu_p - 1 + \sum_{i=p+1}^{h} \mu_i + \sum_{i=h+1}^{q} \mu_i - \sum_{i=q+1}^{n} \mu_i\right) + 2\sum_{i=h+1}^{q} \mu_i(\overline{a} - a_i)$$

$$\tag{5.29}$$

因为 $a_p < \overline{a}$,$\sum_{i=1}^{n} \mu_i = 1$,且 $a_i > a_p (i \geqslant h+1)$,所以 $S' < S$。

□

【备注 5.3】 引理 5.1 表明,若对与期望值距离较小的元素增加一些权重,同时对与期望值距离很大的元素减少同样数量的权重,则加权距离会更小。引理 5.2 表明,若保持元素的权重不变,将元素更改为期望值,则加权距离会更小。因此,为了减少加权距离,应该调整与期望值距离最大的元素,Xu 和 Wu[69]使用该规则并进行了相应检验。基于上述分析,本章建议将引理 5.1 和引理 5.2 相结合的办法应用于群决策问题中的冲突消解,不仅改变与期望值距离最大的元素,而且减少与期望值距离最大的元素的权重,以确保在达成高水平共识的同时提高共识效率。

5.2.2 专家权重更新算法

根据引理 5.1,可以对与群体偏好偏差较大的个体设置较小的权重,以降低群体冲突水平。如何根据专家与群体意见(即式(5.12)中的期望值)的距离为专家设置新的权重是需要解决的关键问题。本章建议应当减少持有更极端意见的专家的权重。受 Ben-Arieh 和 Chen[63]关于语言群决策问题研究的启发,本章提出一种基于专家对群体意见的支持度来更新其权重的方法。专家权重更新算法见算法 5.1。

算法 5.1　专家权重更新算法

输入：第 l 次迭代的个体决策矩阵 $R_k^{(l)} = (r_{ij,k}^{(l)})_{n\times m}$ $(k \in T)$，群决策矩阵 $R^{(l)}$，属性权重 w，专家权重 $\lambda_k^{(l)}$ $(k \in T)$，参数 σ。

输出：第 $l+1$ 次迭代的专家权重 $\lambda_k^{(l+1)}$ $(k \in T)$。

（1）第 p 个专家 D_p 的贡献表示为

$$C_{i\bar{p}} = \sum_{k \in T/\{p\}} \beta_k^{(l)} \sum_{j=1}^{m} w_j \left(1 - \left| r_{ij,k}^{(l)} - r_{ij}^{(l)} \right| \right), \quad i \in N, \quad j \in M, \quad k \in T/\{p\} \quad (5.30)$$

其中，$C_{i\bar{p}}$ 为关于方案 i 不包含专家 e_p 的群体共识度；$\beta_k^{(l)} = \dfrac{\lambda_k^{(l)}}{\sum\limits_{i \in T/\{p\}} \lambda_i^{(l)}}$，$k \in T/\{p\}$。

$$D_{ip} = C_i - C_{i\bar{p}} \quad (5.31)$$

$$D_p = \sum_{i=1}^{n} D_{ip} \quad (5.32)$$

其中，D_{ip} 为专家 e_p 关于第 i 个方案的共识贡献；D_p 为专家 e_p 对群体的共识贡献。若 $D_p > 0$，则专家 e_p 对群体共识达成有着积极贡献，且 D_p 值越大，意味着专家 e_p 对群体的共识贡献越大。反之，若 $D_p < 0$，则专家 e_p 对群体共识达成有着消极贡献，因此应该适度减少其权重。

（2）专家权重更新。若群体冲突水平大于阈值 δ，则群体间未达成可接受的共识。因此，需要进行专家权重的调整，进而进入新一轮决策谈判。专家权重更新方法如下：

$$u_k^{(l+1)} = \lambda_k^{(l)} \cdot (1 + D_k)^\sigma, \quad \lambda_k^{(l+1)} = \frac{u_k^{(l+1)}}{\sum\limits_{i=1}^{n} u_i^{(l+1)}}, \quad k \in T \quad (5.33)$$

其中，$\lambda_k^{(l+1)}$ 为第 k 个专家在 $l+1$ 次共识迭代过程中的权重；σ 为专家共识贡献对其权重的影响程度，σ 值越大，则专家权重的调整度越高。

（3）输出 $\lambda_k^{(l+1)}$。

（4）结束。

【备注 5.4】　算法 5.1 中的阈值 δ 和参数 σ 必须科学设定以降低共识迭代的成本。一般地，阈值 δ 和参数 σ 往往由群体内专家或权威专家主观决定。由于没有特定规则来确定这些值，通常可以通过试错过程来指定具体值。当决策问题紧急且需要迅速解决时，可以引入限制性较小的值，否则，可以采用限制性较大的值。为了避免权威专家在决策过程中盲目给出数值，本章给出阈值 δ 和参数 σ 的取值范围。

（1）函数 $f(x) = (1 + x)^\sigma$ 在参数 σ 的不同取值条件下的图像如图 5.1 所示。

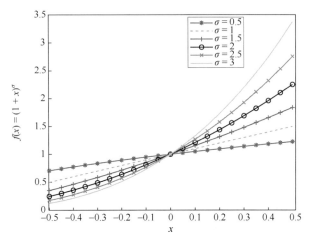

图 5.1　函数 $f(x) = (1+x)^\sigma$ 在参数 σ 不同取值条件下的图像

根据图 5.1 可以观察到，当 $\sigma \in [1, 2]$ 时，函数 $f(x) = (1+x)^\sigma$ 的变化既不太尖锐也不太平滑，可以保证权重更新模型的有效性和准确性。

（2）δ 值越大，则共识达成的迭代次数越多。当 $\delta < 0.1$ 时，群体冲突水平已足够小，因此认为群体达成了多数共识是合理的。基于此，本章取 δ 值为 0.1。运用算法 5.1，可以减少与群体意见距离最大的专家的权重。为了验证这一说法，给出以下引理及相关证明。

【引理 5.3】　令 $A(0 \leqslant a_i \leqslant 1,\ i \in N)$、$\mu$、$\bar{a}$ 和 S 如前，且

$$C = \sum_{i=1}^{n} \mu_i \left(1 - |a_i - \bar{a}|\right),\quad C_{\bar{j}} = \sum_{\substack{i=1 \\ i \neq j}}^{n} \mu_i' \left(1 - |a_i - \bar{a}|\right),\quad j = 1, 2$$

其中，

$$\mu_i' = \frac{\mu_i}{1 - \mu_j},\quad i \in N \tag{5.34}$$

$$D_j = C - C_{\bar{j}},\quad j = 1, 2 \tag{5.35}$$

$$\xi_j = \mu_j \cdot (1 + D_j)^\sigma,\quad j = 1, 2,\quad 0 < \sigma < 1 \tag{5.36}$$

$$\mu_j' = \frac{\xi_j}{\xi_1 + \xi_2 + \sum_{i=3}^{n} \mu_i},\quad j = 1, 2 \tag{5.37}$$

若 $\mu_1 = \mu_2$ 且 $|a_1 - \bar{a}| > |a_2 - \bar{a}|$，则 $\mu_2' > \mu_1'$。

证明：

$$D_1 - D_2 = C_{\bar{2}} - C_{\bar{1}} = \sum_{\substack{i=1 \\ i \neq 2}}^{n} \mu_i' (1 - |a_i - \bar{a}|) - \sum_{i=2}^{n} \mu_i (1 - |a_i - \bar{a}|)$$

$$= \sum_{\substack{i=1 \\ i \neq 2}}^{n} \frac{\mu_i}{1-\mu_2}(1-|a_i-\overline{a}|) - \sum_{i=2}^{n} \frac{\mu_i}{1-\mu_1}(1-|a_i-\overline{a}|)$$

$$= \frac{\mu_1}{1-\mu_2}(1-|a_1-\overline{a}|) + \sum_{i=3}^{n} \frac{\mu_i}{1-\mu_1}(1-|a_i-\overline{a}|)$$

$$- \frac{\mu_2}{1-\mu_1}(1-|a_2-\overline{a}|) - \sum_{i=3}^{n} \frac{\mu_i}{1-\mu_2}(1-|a_i-\overline{a}|)$$

因为 $\mu_1 = \mu_2$，$|a_1-\overline{a}| > |a_2-\overline{a}|$，所以

$$D_1 - D_2 = \frac{\mu_1}{1-\mu_1}(|a_2-\overline{a}| - |a_1-\overline{a}|) < 0$$

因此，$D_1 < D_2$。

根据式（5.37），得到更新后的权重 μ_1' 和 μ_2'：

$$\mu_1' = \frac{\xi_1}{\xi_1 + \xi_2 + \sum_{i=3}^{n} \mu_i}$$

$$\mu_2' = \frac{\xi_2}{\xi_1 + \xi_2 + \sum_{i=3}^{n} \mu_i}$$

其中，$\xi_1 = \mu_1(1+D_1)^{\sigma}$；$\xi_2 = \mu_2(1+D_2)^{\sigma}$。

因为 $\sigma > 0$，且 $f(x) = (1+x)^{\sigma}$，$x \in (-1, 1)$ 单调递增，所以，由 $D_1 < D_2$ 可得

$$\mu_2' > \mu_1'$$

□

同时，可以得到推论 5.1。

【推论 5.1】　令 $A(0 \leqslant a_i \leqslant 1$，$i \in N)$、$\mu$、$\overline{a}$、$S$、$C$、$C_{\overline{j}}$ 如前，$|a_k-\overline{a}|$ 是关于 $|a_i-\overline{a}|$ 的最大值 $(i \in N)$，则 $D_k < 0$，$\mu_k' < \mu_k$。

证明：由式（5.34）可得

$$C = \sum_{i=1}^{n} \mu_i(1-|a_i-\overline{a}|)，\quad C_{\overline{k}} = \sum_{\substack{i=1 \\ i \neq k}}^{n} \mu_i'(1-|a_i-\overline{a}|)$$

因此，

$$D_k = C - C_{\overline{k}} = \sum_{\substack{i=1 \\ i \neq k}}^{n} \mu_i(1-|a_i-\overline{a}|) + \mu_k(1-|a_k-\overline{a}|) - \sum_{\substack{i=1 \\ i \neq k}}^{n} \frac{\mu_i}{1-\mu_k}(1-|a_i-\overline{a}|)$$

$$= \mu_k(1-|a_k-\overline{a}|) - \frac{\mu_k}{1-\mu_k} \sum_{\substack{i=1 \\ i \neq k}}^{n} \mu_i(1-|a_i-\overline{a}|)$$

$$< \mu_k \left(1 - |a_k - \overline{a}|\right) - \frac{\mu_k}{1 - \mu_k} \sum_{\substack{i=1 \\ i \neq k}}^{n} \mu_i \left(1 - |a_k - \overline{a}|\right) = 0$$

即

$$D_k < 0$$

根据式（5.37）可得

$$\mu_k' = \frac{\xi_k}{\xi_k + \sum_{\substack{i=1 \\ i \neq k}}^{n} \mu_i} \quad (5.38)$$

其中，$\xi_k = \mu_k (1 + D_k)^{\sigma}$。

因此，

$$\mu_k' - \mu_k = \frac{\xi_k}{\xi_k + \sum_{\substack{i=1 \\ i \neq k}}^{n} \mu_i} - \mu_k = \frac{\xi_k - \mu_k \left(\xi_k + \sum_{\substack{i=1 \\ i \neq k}}^{n} \mu_i \right)}{\xi_k + \sum_{\substack{i=1 \\ i \neq k}}^{n} \mu_i} = \frac{\mu_k (1 + D_k)^{\sigma} - \mu_k \left(\xi_k + \sum_{\substack{i=1 \\ i \neq k}}^{n} \mu_i \right)}{\xi_k + \sum_{\substack{i=1 \\ i \neq k}}^{n} \mu_i}$$

$$= \frac{\mu_k \left((1 + D_k)^{\sigma} - \mu_k (1 + D_k)^{\sigma} - (1 - \mu_k) \right)}{\xi_k + \sum_{\substack{i=1 \\ i \neq k}}^{n} \mu_i} = \frac{\mu_k (1 - \mu_k) \left((1 + D_k)^{\sigma} - 1 \right)}{\xi_k + \sum_{\substack{i=1 \\ i \neq k}}^{n} \mu_i}$$

$$(5.39)$$

因为 $D_k \in (-1, 0)$ 且 $\sigma > 0$，所以，

$$\mu_k' - \mu_k = \frac{\mu_k (1 - \mu_k) \left((1 + D_k)^{\sigma} - 1 \right)}{\xi_k + \sum_{\substack{i=1 \\ i \neq k}}^{n} \mu_i} < 0 \quad (5.40)$$

因此，$\mu_k' < \mu_k$。

□

【备注 5.5】　在引理 5.3 中，$C_{\bar{j}}$ 表示不包括专家 e_j 的群体关于集合 A 的冲突水平；D_j 表示专家 e_j 的累积共识贡献。引理 5.3 表明，虽然两个元素的初始权重相同，但根据专家对群体偏好的支持度修改其权重后，偏差较大的元素的权重将小于偏差较小的元素的权重。特别地，如果元素与期望值的距离最大，则权重更新后会减少，共识贡献 D_k 为负值，如推论 5.1 所示。

【备注 5.6】　如上所证明，可以通过算法 5.1 减少与群体意见距离最大的专家的权重。本章假设决策过程中不存在权威专家，每个专家的权重仅由他对群体

共识的贡献决定。如果专家意见与群体意见偏差较大，那么将引导该专家修改其意见，以促进群体达成可接受共识。

5.3 局部调整偏好的应急决策冲突消解模型

基于实际应急决策的特点和外部环境，造成专家之间冲突的可能原因主要包括两个方面：①群体成员的异质性，群体是临时建立的，专家通常来自不同的领域，具备差异化的知识背景体系或决策经验，通常很难分辨谁的意见更合理；②外部压力，决策时间的紧迫性，决策信息不充分、不确定、不准确等外部因素导致专家面临巨大的外部决策压力[71]。因此，在实际的应急决策问题中，冲突现象普遍存在。有效协调决策者或利益相关主体的冲突，促进群体达成有效共识成为应急群决策问题中的关键环节。

在整个冲突消解过程中，首先需要确保专家能够充分表达他们的意见。在此基础上，对专家的意见进行集结以获得初始的群体偏好。通过测量个体偏好和群体偏好之间的距离，可以得到每个专家的冲突水平。若群体冲突水平不可接受，则个体偏好与群体偏好有很大的差异，专家需要修改他们最不一致的偏好。为了进一步提高冲突消解的质量及效率，本节提出一个将权重更新模型和偏好调整模型集成的新型冲突消解模型。局部调整偏好的应急决策冲突消解流程如图 5.2 所示，算法流程详见算法 5.2。

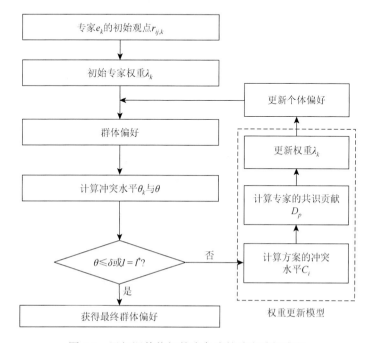

图 5.2 局部调整偏好的应急决策冲突消解流程

算法 5.2 局部调整偏好的应急决策冲突消解算法

输入：个体偏好关系 $A_k = (a_{ij,k})_{n\times m}(k\in T)$，初始专家权重 $\lambda_k(k\in T)$，最大迭代次数 l^*，属性权重 w，冲突水平阈值 δ，权重更新参数 σ。

输出：修改后的个体决策矩阵 $\overline{R}_k = R_k^{(l)}(k\in T)$，群决策矩阵 $\overline{R}$，迭代次数 l，个体冲突水平 $\theta_k(k\in T)$，群体冲突水平 θ。

（1）根据式（5.1）和式（5.2）将个体偏好关系 $A_k = (a_{ij,k})_{n\times m}(k\in T)$ 标准化为 $R_k = (r_{ij,k})_{n\times m}(k\in T)$。

（2）设 $l=0$，$R_k^{(0)} = (r_{ij,k}^{(0)})_{n\times m} = (r_{ij,k})_{n\times m} = R_k\ (k\in T)$。

（3）运用式（5.3）将标准化后的个体决策矩阵 $R_k^{(l)} = (r_{ij,k}^{(l)})_{n\times m}\ (k\in T)$ 集结为群决策矩阵 $R^{(l)} = (r_{ij}^{(l)})_{n\times m}\ (i\in N,\ j\in M)$。根据式（5.4）和式（5.5）计算出群体冲突水平 $\theta^{(l)}$。若 $\theta^{(l)}\leqslant\delta$ 或 $l=l^*$，则进行步骤（6）；否则，进行步骤（4）。

（4）运用算法 5.1 更新专家权重 $\lambda_k^{(l)}\ (k\in T)$。

（5）找到最大元素 $o_{i_\tau,j_\tau,k}^{(l)}$ 的位置 i_τ 和 $j_\tau(k\in T)$，其中，$o_{i_\tau,j_\tau,k}^{(l)} = \max_{i,j}\left(\left|r_{ij}^{(l)} - r_{ij,k}^{(l)}\right|\right)$ $(i\in N,\ j\in M,\ k\in T)$，并根据式（5.41）进行偏好更新：

$$r_{ij,k}^{(l+1)} = \begin{cases} r_{ij}^{(l)}, & i=i_\tau,\ j=j_\tau \\ r_{ij,k}^{(l)}, & \text{其他} \end{cases} \tag{5.41}$$

令 $l=l+1$，转步骤（3）。

（6）令 $\overline{R} = R^{(l)}$，$\overline{R}_k = R_k^{(l)}(k\in T)$。输出修改后的个体决策矩阵 $\overline{R}_k\ (k\in T)$，群决策矩阵 $\overline{R}$，个体冲突水平 $\theta_k^{(l)}\ (k\in T)$，群体冲突水平 $\theta^{(l)}$，以及迭代次数 l。

（7）结束。

针对算法 5.2 的收敛性定理及相关证明如下。

【定理 5.1】 令 $R_k = (r_{ij,k})_{n\times m}(k\in T)$ 表示个体标准化的决策矩阵，$\{R_k^{(l)}\}\ (k\in T)$、$\{R^{(l)}\}$ 和 $\{\theta^{(l)}\}$ 是算法 5.2 中生成的决策矩阵和冲突水平序列，那么

$$\lim_{l\to+\infty}\theta^{(l)} = 0 \tag{5.42}$$

特别地，对于任意 $l>L$，存在一个整数 L，满足

$$\theta^{(l)} < \delta \tag{5.43}$$

其中，δ 为冲突水平阈值。

证明： 由引理 5.1 和引理 5.3 可知，

$$\lim_{l\to+\infty}\left|R_k^{(l)} - R^{(l)}\right| = 0 \tag{5.44}$$

根据定义 5.1（即式（5.4）），可得

$$\lim_{l \to +\infty} \theta_k^{(l)} = 0 \tag{5.45}$$

根据式（5.5），θ 表示关于 θ_k 的加权平均值，那么

$$\lim_{l \to +\infty} \theta^{(l)} = 0 \tag{5.46}$$

$\square$

【备注5.7】　定理 5.1 表明，运用算法 5.2 可以有效降低专家之间的群体冲突水平。

【备注5.8】　当群体冲突水平不可接受时，Xu[43]不考虑专家之间的交互，运用式（5.47）进行个体偏好更新：

$$r_{ij,k}^{(l+1)} = \eta r_{ij,k}^{(l)} + (1-\eta) r_{ij}^{(l)}, \quad i \in N, \quad j \in M, \quad k \in T, \quad 0 \leqslant \eta \leqslant 1 \tag{5.47}$$

显然，该方法需要专家调整初始偏好中的所有元素 $r_{ij,k}^{(l+1)}$，会导致修改后的偏好与初始偏好 $R_k^{(0)}$ $(k \in T)$ 完全不同。另外，关于如何设定式（5.47）中的参数 η 也没有统一的规范。Xu 和 Wu[69]运用式（5.41）更新个体偏好，然而他们提出的算法中专家权重始终不变，并且专家权重是任意设置的，没有考虑专家偏好信息。本章建议如果专家意见与群体意见相距较远，则为其分配较小的权重是合理的。Xu 等[57]采用二次规划方法来确定专家权重，虽然在共识达成过程中随着专家的偏好更新，其权重相应地进行了调整，但其权重的变化不明确，未能反映专家实际的共识贡献。相比之下，本章定义的权重易于理解。

5.4　算例与比较分析

5.4.1　算例分析

本节以突发地震灾害搭建救灾场地的应急决策事件为例，展示了本章所提局部调整偏好的应急决策冲突消解模型的有效性及实用性。

假设 A 市突发地震灾害，救援人员面临的问题之一是从四个可行的搭建救灾场地方案 $X = \{x_1, x_2, x_3, x_4\}$ 中选择合适有效的方案。参与救灾决策的专家需要从经济性、功能性、操作性三个方面对不同方案进行评估决策。令 f_1 表示舒适水平（$f_1 \in (0,1)$）；f_2 表示抗震等级（采用里氏震级）；f_3 表示搭建材料成本（单位为元）；f_4 表示运输成本（单位为元）；f_5 表示建造难度（$f_5 \in (0,1)$）。显然，f_1 和 f_2 为效益属性，f_3、f_4 和 f_5 为成本属性。三个专家被邀请根据每个属性和每个选项给出他们的评估偏好，且专家被认为是同质的，他们的权重向量 $\lambda = (1/3, 1/3, 1/3)^T$，决策属性的权重向量 $w = (0.12, 0.24, 0.28, 0.30, 0.06)^T$。假设群体冲突水平阈值 $\delta = 0.10$。

通过搜集专家的评估意见，并对其进行标准化处理，得到标准化后的个体决策偏好，如表 5.1～表 5.3 所示。

表 5.1　个体决策矩阵 $R_1^{(0)}$

方案	f_1	f_2	f_3	f_4	f_5
x_1	1.000	0.640	0.770	0.000	0.500
x_2	0.750	0.000	1.000	0.048	1.000
x_3	0.250	1.000	0.350	1.000	0.320
x_4	0.000	0.320	0.000	0.423	0.000

表 5.2　个体决策矩阵 $R_2^{(0)}$

方案	f_1	f_2	f_3	f_4	f_5
x_1	0.450	0.683	1.000	0.802	0.000
x_2	1.000	0.000	0.267	0.000	1.000
x_3	0.000	0.106	0.545	1.000	0.333
x_4	0.370	1.000	0.000	0.943	0.536

表 5.3　个体决策矩阵 $R_3^{(0)}$

方案	f_1	f_2	f_3	f_4	f_5
x_1	0.000	0.175	0.429	1.000	0.333
x_2	0.900	1.000	0.771	0.647	0.000
x_3	1.000	0.000	1.000	0.000	1.000
x_4	0.350	0.807	0.000	0.200	0.667

运用本章所提方法，该事件的冲突消解及方案选择过程如下。

（1）设 $l = 0$，$l^* = 10$ 且 $R_k^{(l)} = R_k$ $(k = 1, 2, 3)$。

（2）利用 WAA 算子将个体偏好 $R_k^{(0)} = (r_{ij,k})_{4 \times 5}$ $(k = 1, 2, 3)$ 集结为群体偏好 $R^{(0)} = (r_{ij}^{(0)})_{4 \times 5}$（表 5.4）。

表 5.4　群决策矩阵 $R^{(0)}$

方案	f_1	f_2	f_3	f_4	f_5
x_1	0.48	0.50	0.73	0.60	0.28
x_2	0.88	0.33	0.68	0.23	0.67
x_3	0.42	0.37	0.63	0.67	0.55
x_4	0.24	0.71	0.00	0.52	0.40

（3）根据式（5.4），计算得到个体冲突水平及群体冲突水平：

$$\theta_1^{(0)} = 0.274 , \quad \theta_2^{(0)} = 0.242 , \quad \theta_3^{(0)} = 0.334 , \quad \theta^{(0)} = 0.284$$

因为 $\theta^{(0)} > 0.10$，$l \neq l^*$，所以需要进行如下共识迭代。

（4）根据算法 5.1 中的式（5.30）～式（5.33）更新专家权重 $\lambda_k^{(l)}$（$k = 1, 2, 3$），设 $\sigma = 1.5$。表 5.5～表 5.8 分别列出了关于方案的共识度、不考虑某一专家偏好情形下的方案共识度、专家共识贡献和更新后的专家权重。

表 5.5　关于方案的共识度 C_i（$l = 0$）

共识度	x_1	x_2	x_3	x_4
C_i	0.719	0.696	0.633	0.819

表 5.6　不考虑某一专家偏好情形下的方案共识度（$l = 0$）

共识度	x_1	x_2	x_3	x_4
$C_{i\bar{1}}$	0.728	0.674	0.630	0.816
$C_{i\bar{2}}$	0.678	0.694	0.574	0.838
$C_{i\bar{3}}$	0.750	0.722	0.694	0.802

表 5.7　专家共识贡献（$l = 0$）

共识贡献	e_1	e_2	e_3
D_k	0.018	0.083	−0.101

表 5.8　更新后的专家权重（$l = 0$）

专家权重	e_1	e_2	e_3
$\lambda_k^{(1)}$	0.34	0.37	0.29

（5）找到元素 $o_{i_\tau j_\tau, k}^{(0)}$（$k \in T$），其中，$o_{i_\tau j_\tau, k}^{(0)} = \max_{i,j}\left(\left|r_{ij,k}^{(0)} - r_{ij}^{(0)}\right|\right)$（$i = 1, 2, 3, 4, j = 1, 2, \cdots, 5, k = 1, 2, 3$）。对于 $R_1^{(0)}$，因为 $o_{32,1}^{(0)} = \max_{i,j}\left(\left|r_{ij,1}^{(0)} - r_{ij}^{(0)}\right|\right) = 0.63$，所以用群体偏好 $R^{(0)}$ 中的相应元素替换偏好值，即 $r_{32,1}^{(0)} = r_{32}^{(0)} = 0.37$。类似地，更新其他专家的偏好：

$$r_{44,2}^{(0)} = r_{44}^{(0)} = 0.52 , \quad r_{22,3}^{(0)} = r_{22}^{(0)} = 0.33$$
$$r_{25,3}^{(0)} = r_{25}^{(0)} = 0.67 , \quad r_{34,3}^{(0)} = r_{34}^{(0)} = 0.67$$

令 $l = 1$，转步骤（2）。

经过 5 次迭代，算法终止。详细的迭代过程如表 5.9 所示。最终的个体偏好 $\bar{R}_k\,(k=1,2,3)$ 和群体偏好 $\bar{R}$ 如下：

$$\bar{R}_1 = \begin{pmatrix} 0.52 & 0.64 & 0.77 & 0.59 & 0.50 \\ 0.75 & 0.00 & 1.00 & 0.05 & 1.00 \\ 0.25 & 0.37 & 0.35 & 1.00 & 0.32 \\ 0.00 & 0.61 & 0.00 & 0.42 & 0.39 \end{pmatrix}$$

$$\bar{R}_2 = \begin{pmatrix} 0.45 & 0.68 & 0.83 & 0.80 & 0.23 \\ 1.00 & 0.00 & 0.66 & 0.00 & 1.00 \\ 0.00 & 0.11 & 0.56 & 1.00 & 0.33 \\ 0.37 & 0.72 & 0.00 & 0.52 & 0.54 \end{pmatrix}$$

$$\bar{R}_3 = \begin{pmatrix} 0.52 & 0.18 & 0.43 & 1.00 & 0.33 \\ 0.90 & 0.33 & 0.77 & 0.65 & 0.67 \\ 0.38 & 0.00 & 0.56 & 0.67 & 0.47 \\ 0.35 & 0.81 & 0.00 & 0.20 & 0.67 \end{pmatrix}$$

$$\bar{R} = \begin{pmatrix} 0.48 & 0.61 & 0.76 & 0.77 & 0.32 \\ 0.92 & 0.04 & 0.77 & 0.10 & 0.96 \\ 0.12 & 0.16 & 0.49 & 0.96 & 0.35 \\ 0.27 & 0.70 & 0.00 & 0.45 & 0.51 \end{pmatrix}$$

表 5.9　算例的详细迭代过程

l	$w^{(l)}$	$R^{(l)}$	$\theta_k^{(l)},\ \theta^{(l)}$	$r_{ij,k}^{(l)}$
0	1/3 1/3 1/3	$\begin{pmatrix} 0.48 & 0.50 & 0.73 & 0.60 & 0.28 \\ 0.88 & 0.33 & 0.68 & 0.67 & 0.67 \\ 0.42 & 0.37 & 0.63 & 0.67 & 0.55 \\ 0.24 & 0.71 & 0.00 & 0.52 & 0.40 \end{pmatrix}$	$\theta_1^{(0)}=0.274$ $\theta_2^{(0)}=0.242$ $\theta_3^{(0)}=0.334$ $\theta^{(0)}=0.284$	$r_{32,1}^{(0)}\to 0.37$ $r_{44,2}^{(0)}\to 0.52$ $r_{22,3}^{(0)}\to 0.33$ $r_{25,3}^{(0)}\to 0.67$ $r_{34,3}^{(0)}\to 0.67$
1	0.34 0.37 0.29	$\begin{pmatrix} 0.51 & 0.52 & 0.76 & 0.59 & 0.27 \\ 0.89 & 0.10 & 0.66 & 0.20 & 0.90 \\ 0.38 & 0.17 & 0.61 & 0.90 & 0.52 \\ 0.24 & 0.71 & 0.00 & 0.39 & 0.39 \end{pmatrix}$	$\theta_1^{(1)}=0.201$ $\theta_2^{(1)}=0.165$ $\theta_3^{(1)}=0.258$ $\theta^{(1)}=0.204$	$r_{14,1}^{(1)}\to 0.59$ $r_{23,2}^{(1)}\to 0.66$ $r_{31,3}^{(1)}\to 0.38$
2	0.34 0.41 0.25	$\begin{pmatrix} 0.52 & 0.54 & 0.78 & 0.78 & 0.25 \\ 0.89 & 0.08 & 0.80 & 0.18 & 0.92 \\ 0.18 & 0.17 & 0.59 & 0.92 & 0.50 \\ 0.24 & 0.72 & 0.00 & 0.41 & 0.39 \end{pmatrix}$	$\theta_1^{(2)}=0.151$ $\theta_2^{(2)}=0.116$ $\theta_3^{(2)}=0.236$ $\theta^{(2)}=0.158$	$r_{11,1}^{(2)}\to 0.52$ $r_{42,2}^{(2)}\to 0.72$ $r_{11,3}^{(2)}\to 0.52$

l	$w^{(l)}$	$R^{(l)}$	$\theta_k^{(l)},\ \theta^{(l)}$	$r_{ij,k}^{(l)}$
3	0.33 0.46 0.21	$\begin{pmatrix} 0.49 & 0.56 & 0.80 & 0.77 & 0.23 \\ 0.90 & 0.07 & 0.80 & 0.15 & 0.93 \\ 0.16 & 0.17 & 0.58 & 0.93 & 0.47 \\ 0.24 & 0.61 & 0.00 & 0.42 & 0.39 \end{pmatrix}$	$\theta_1^{(3)}=0.126$ $\theta_2^{(3)}=0.096$ $\theta_3^{(3)}=0.237$ $\theta^{(3)}=0.136$	$r_{45,1}^{(3)}\to 0.39$ $r_{15,2}^{(3)}\to 0.23$ $r_{35,3}^{(3)}\to 0.47$
4	0.31 0.52 0.17	$\begin{pmatrix} 0.48 & 0.58 & 0.83 & 0.77 & 0.33 \\ 0.91 & 0.06 & 0.78 & 0.12 & 0.94 \\ 0.14 & 0.17 & 0.56 & 0.94 & 0.35 \\ 0.25 & 0.61 & 0.00 & 0.44 & 0.51 \end{pmatrix}$	$\theta_1^{(4)}=0.118$ $\theta_2^{(4)}=0.078$ $\theta_3^{(4)}=0.237$ $\theta^{(4)}=0.117$	$r_{42,1}^{(4)}\to 0.61$ $r_{13,2}^{(4)}\to 0.83$ $r_{33,3}^{(4)}\to 0.56$
5	0.27 0.60 0.13	$\begin{pmatrix} 0.48 & 0.61 & 0.76 & 0.77 & 0.32 \\ 0.92 & 0.04 & 0.77 & 0.10 & 0.96 \\ 0.12 & 0.16 & 0.49 & 0.96 & 0.35 \\ 0.27 & 0.70 & 0.00 & 0.45 & 0.51 \end{pmatrix}$	$\theta_1^{(5)}=0.095$ $\theta_2^{(5)}=0.058$ $\theta_3^{(5)}=0.207$ $\theta^{(5)}=0.088$	—

相应地，计算得到个体的冲突水平 $\theta_k^{(5)}$ ($k=1,2,3$)：
$$\theta_1^{(5)}=0.095,\quad \theta_2^{(5)}=0.058,\quad \theta_3^{(5)}=0.207,\quad \theta^{(5)}=0.088,\quad l=5$$

根据表 5.9，可以观察到经过 5 次迭代后，$\theta^{(5)}=0.088\leqslant 0.10$，表明修改后的群体偏好已达到可接受的冲突水平，因此迭代过程终止。根据式（5.9），可得关于方案 x_i($i=1,2,3,4$)的群体偏好值 z_i($i=1,2,3,4$)：
$$Z=(0.667,0.423,0.499,0.366)^{\mathrm{T}}$$

因此，方案排序为 $x_1 \succ x_3 \succ x_2 \succ x_4$，$x_1$ 为最佳方案。

图 5.3 展示了专家和群体在每次迭代过程中的冲突水平。与前一次迭代相比，经过每一次的迭代，个体和群体冲突水平都在下降。图 5.4 列出了专家权重随群体冲突水平的变化。当群体冲突水平从 0.284 下降到 0.088 时，专家 e_2 的权重增加，而专家 e_1 和 e_3 的权重略有减少。另外，表 5.10 显示了个体偏好关系的调整度和调整率，反映了原始个体偏好关系与修改后的个体偏好关系的差异程度。

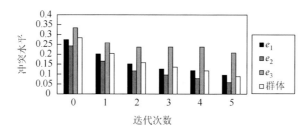

图 5.3　个体与群体的冲突水平

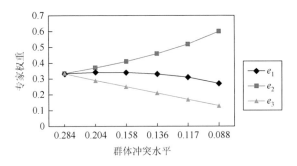

图 5.4　专家权重随群体冲突水平的变化

表 5.10　个体偏好关系的调整度和调整率

参数	e_1	e_2	e_3
调整度	0.192	0.112	0.324
调整率	0.25	0.25	0.35

5.4.2　比较分析

如果采用 Xu[43] 提出的式（5.47）作为偏好调整策略，其模型的共识迭代过程见表 5.11，相应的冲突水平、专家权重的变化分别如图 5.5 和图 5.6 所示，调整度和调整率如表 5.12 所示（设 $\eta = 0.5$）。

表 5.11　Xu[43] 中模型的共识迭代过程

l	$w^{(l)}$	$R^{(l)}$	$\theta_k^{(l)}$，$\theta^{(l)}$	$R_k^{(l)}$
0	1/3 1/3 1/3	$\begin{bmatrix} 0.48 & 0.50 & 0.73 & 0.60 & 0.28 \\ 0.88 & 0.33 & 0.68 & 0.67 & 0.67 \\ 0.42 & 0.37 & 0.63 & 0.67 & 0.55 \\ 0.24 & 0.71 & 0.00 & 0.52 & 0.40 \end{bmatrix}$	$\theta_1^{(0)} = 0.274$ $\theta_2^{(0)} = 0.242$ $\theta_3^{(0)} = 0.334$ $\theta^{(0)} = 0.284$	$R_3^{(0)} \rightarrow \begin{bmatrix} 0.240 & 0.338 & 0.580 & 0.800 & 0.307 \\ 0.890 & 0.665 & 0.726 & 0.439 & 0.335 \\ 0.710 & 0.185 & 0.815 & 0.335 & 0.775 \\ 0.295 & 0.759 & 0 & 0.360 & 0.534 \end{bmatrix}$
1	0.34 0.37 0.29	$\begin{bmatrix} 0.58 & 0.57 & 0.80 & 0.53 & 0.26 \\ 0.88 & 0.19 & 0.65 & 0.14 & 0.81 \\ 0.29 & 0.43 & 0.56 & 0.81 & 0.46 \\ 0.22 & 0.70 & 0.00 & 0.60 & 0.35 \end{bmatrix}$	$\theta_1^{(1)} = 0.226$ $\theta_2^{(1)} = 0.201$ $\theta_3^{(1)} = 0.236$ $\theta^{(1)} = 0.220$	$R_3^{(1)} \rightarrow \begin{bmatrix} 0.410 & 0.454 & 0.690 & 0.665 & 0.284 \\ 0.890 & 0.428 & 0.688 & 0.290 & 0.573 \\ 0.500 & 0.308 & 0.688 & 0.573 & 0.618 \\ 0.258 & 0.730 & 0 & 0.480 & 0.442 \end{bmatrix}$
2	0.33 0.39 0.28	$\begin{bmatrix} 0.62 & 0.60 & 0.84 & 0.50 & 0.24 \\ 0.89 & 0.12 & 0.63 & 0.10 & 0.88 \\ 0.22 & 0.46 & 0.52 & 0.88 & 0.41 \\ 0.22 & 0.70 & 0.00 & 0.64 & 0.33 \end{bmatrix}$	$\theta_1^{(2)} = 0.209$ $\theta_2^{(2)} = 0.181$ $\theta_3^{(2)} = 0.152$ $\theta^{(2)} = 0.182$	$R_1^{(2)} \rightarrow \begin{bmatrix} 0.810 & 0.620 & 0.805 & 0.250 & 0.370 \\ 0.820 & 0.060 & 0.815 & 0.074 & 0.940 \\ 0.235 & 0.730 & 0.435 & 0.940 & 0.365 \\ 0.110 & 0.510 & 0 & 0.532 & 0.165 \end{bmatrix}$

续表

l	$w^{(l)}$	$R^{(l)}$	$\theta_k^{(l)}$，$\theta^{(l)}$	$R_k^{(l)}$
3	0.31 0.39 0.30	$\begin{bmatrix} 0.55 & 0.59 & 0.85 & 0.59 & 0.20 \\ 0.91 & 0.15 & 0.56 & 0.11 & 0.85 \\ 0.22 & 0.36 & 0.55 & 0.85 & 0.43 \\ 0.26 & 0.77 & 0.00 & 0.68 & 0.39 \end{bmatrix}$	$\theta_1^{(3)}=0.144$ $\theta_2^{(3)}=0.155$ $\theta_3^{(3)}=0.137$ $\theta^{(3)}=0.146$	$R_2^{(3)} \rightarrow \begin{bmatrix} 0.500 & 0.637 & 0.925 & 0.696 & 0.100 \\ 0.955 & 0.075 & 0.414 & 0.055 & 0.925 \\ 0.110 & 0.233 & 0.548 & 0.925 & 0.382 \\ 0.315 & 0.885 & 0 & 0.812 & 0.463 \end{bmatrix}$
4	0.31 0.38 0.31	$\begin{bmatrix} 0.57 & 0.57 & 0.81 & 0.55 & 0.24 \\ 0.89 & 0.18 & 0.62 & 0.13 & 0.82 \\ 0.27 & 0.41 & 0.56 & 0.82 & 0.45 \\ 0.23 & 0.72 & 0.00 & 0.62 & 0.36 \end{bmatrix}$	$\theta_1^{(4)}=0.129$ $\theta_2^{(4)}=0.111$ $\theta_3^{(4)}=0.121$ $\theta^{(4)}=0.120$	$R_1^{(4)} \rightarrow \begin{bmatrix} 0.690 & 0.595 & 0.808 & 0.400 & 0.305 \\ 0.855 & 0.120 & 0.718 & 0.102 & 0.880 \\ 0.253 & 0.570 & 0.498 & 0.880 & 0.408 \\ 0.170 & 0.615 & 0 & 0.576 & 0.263 \end{bmatrix}$
5	0.30 0.39 0.31	$\begin{bmatrix} 0.53 & 0.57 & 0.82 & 0.60 & 0.22 \\ 0.90 & 0.20 & 0.59 & 0.14 & 0.80 \\ 0.27 & 0.36 & 0.58 & 0.80 & 0.46 \\ 0.25 & 0.76 & 0.00 & 0.64 & 0.40 \end{bmatrix}$	$\theta_1^{(5)}=0.086$ $\theta_2^{(5)}=0.099$ $\theta_3^{(5)}=0.113$ $\theta^{(5)}=0.099$	—

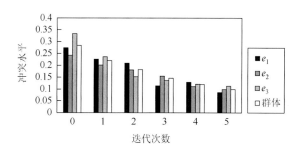

图 5.5　Xu[43]中模型的冲突水平

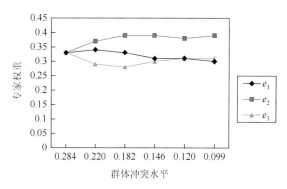

图 5.6　Xu[43]模型中专家权重随群体冲突水平的变化

表 5.12　Xu[43]模型中偏好调整策略的调整度和调整率

参数	e_1	e_2	e_3
调整度	0.356	0.566	0.628
调整率	1	1	1

从图 5.3 和图 5.5、表 5.10 和表 5.12 中可以得到，本章所提模型与 Xu[43]中模型的不同之处如下：①运用本章所提方法，专家冲突水平排序保持不变，即 $\theta_3^{(l)} > \theta_1^{(l)} > \theta_2^{(l)}$，而 Xu[43]的偏好调整策略会导致专家冲突水平排序发生变化；②本章所提模型只修改与群体偏好关系中对应偏差最大的个体偏好值，而 Xu[43]的模型修改了个体偏好中的所有值，会极大地扭曲专家的原始判断；③表 5.10 中的调整度小于表 5.12 中的调整度，表明与 Xu[43]的偏好调整策略相比，本章所提方法能够保留专家更多的原始判断；④在表 5.10 中，三个专家的调整率为 0.25、0.25、0.35，分别表示三个专家原始决策矩阵中有 75%、75%、65%的元素没有被修改，而在表 5.12 中，三个专家原始决策矩阵中 100%的元素发生了变化，表明本章所提方法在确保群体达成满意共识的同时，能够最大限度地保留专家原始偏好。简言之，本章所提模型比 Xu[43]的模型具有更好的性能。

由图 5.6 可知，专家权重随着共识迭代变化很小，表明权重更新过程在新的共识达成过程中效果不显著。在本章所提模型中，每个专家的初始权重为 $1/t$（t 表示群决策问题涉及的专家数量），即所有专家的偏好关系在群体偏好关系中起着同样重要的作用；在 Wu 和 Xu[23]的研究中，专家权重是预先任意设定的。另外，本章采用权重更新和偏好调整的混合冲突消解策略，可以加速群体共识收敛；Xu 和 Wu[69]采用式（5.41）进行偏好调整，忽视了个体在动态共识交互过程中的共识态度及贡献，专家权重也是随机设定的且保持不变，不利于群体达成有效共识。

5.5　本　章　小　结

冲突消解是多属性群决策研究中的热点问题之一。考虑冲突消解的成本及效率，本章开发了一个权重更新模型和偏好调整模型集成的新型冲突消解模型。其中，权重更新模型基于专家对群体共识的贡献开展。如果专家的共识贡献较小，则该专家的权重将适度减少，以降低群体冲突水平；偏好调整模型通过更新与群体偏好距离最大的专家偏好，达到共识加速收敛的效果。结果表明，若通过群体偏好对个体偏好进行更新，群体冲突水平将得到改善。权重更新模型和偏好调整模型都可以降低群体冲突水平，与单独采用两种模型中的一种相比，将两者进行集成的新型冲突消解模型性能更好。由此，本章提出了一种能最大限度地保留专家原始偏好关系的应急决策冲突消解方法。

根据实验结果及相关对比分析，本章得到了如下重要结论：①专家的共识贡献满足 $\sum_{k=1}^{t} D_k^{(l)} = 0$；②本章所提模型可以在不改变专家冲突水平排名及其相对差异的情况下消解冲突。与现有方法相比，本章所提模型具有以下特点。

（1）根据专家的共识贡献进行权重更新，有效考虑了个体的偏好及共识态度。

（2）每次共识迭代只调整与群体偏差最大的偏好，能够尽可能保留专家的原始偏好信息，相应地，个体的共识调整意愿也会有所提高。

本章所提新型冲突消解模型虽然被证明是有效的，但是依然存在一些缺陷，值得进一步探究。例如，采用权重更新和偏好调整结合的策略，在一定程度上会增加计算的复杂度。同时，本章所提模型能否拓展用于不同的群决策环境（如大规模决策）和偏好情境（如模糊语言偏好关系[26, 51, 72-74]、直觉模糊偏好关系[75-77]、不完全偏好关系[27, 28, 30, 78-80]）也有待进一步验证。另外，关于模型的实际应用（如企业战略管理[81]、信用风险评估[82]）也值得探索。

第6章 两阶段大规模多属性群体局部调整共识模型及其应用

6.1 基本概念

6.1.1 大规模多属性群决策问题

本节首先回顾大规模多属性群决策问题的一些基本概念和定义。为简单起见，令 $Q = \{1, 2, \cdots, q\}$。

第 5 章回顾了多属性群决策问题的一些基本概念和定义。令 X、F、w、E 如第 5 章定义。$A_k = (a_{ij,k})_{n \times m}(k \in T)$ 代表每个决策者给出的数值决策矩阵，其中，$a_{ij,k}$ 表示决策者 e_k 关于属性 f_j 对备选方案 x_i 的偏好。由于决策属性的类型通常是不同的，具有不同的量纲，需要进行属性标准化处理。可以使用式（5.1）和式（5.2）将矩阵 A_k 标准化为决策矩阵 $R_k = (r_{ij,k})_{n \times m}$。

在将 SOM 应用于聚类过程之前，必须将标准化的个体决策矩阵 R_k 转换为集结偏好向量 $R'_k = (r'_{i,k})_{n \times 1}(k \in T)$，其中，$r'_{i,k}$ 表示决策者 e_k 对备选方案 x_i 的整体偏好值。

【定义 6.1】 设 $R_k = (r_{ij,k})_{n \times m}(k \in T)$ 为标准化的个体决策矩阵，决策者 e_k 的集结偏好向量 $R'_k = (r'_{i,k})_{n \times 1}(k \in T)$ 定义为

$$R'_k = R_k w, \quad k \in T \tag{6.1}$$

其中，$r'_{i,k} = \sum_{j=1}^{m} w_j r_{ij,k}$，$i \in N$，$k \in T$。

由于大规模群体会被划分为数个子集群，下面介绍子集群的一些基本概念。

令 $P_\gamma(\gamma \in Q)$ 为每个子集群的成员集（简称子集群，q 为子集群的数量）；L_γ 和 T_γ 分别为子集群 $P_\gamma(\gamma \in Q)$ 中的成员数量和决策者下标集；$\lambda_{k,\gamma}$ 和 $R_{k,\gamma} = (r_{ij,k,\gamma})_{n \times m}(k \in T_\gamma, \gamma \in Q)$ 为子集群 $P_\gamma(\gamma \in Q)$ 中第 k 个决策者的权重和决策矩阵；$G_{k,\gamma} = (g_{ij,k,\gamma})_{n \times m}(\gamma \in Q)$ 为子集群 $P_\gamma(\gamma \in Q)$ 的群决策矩阵。

在聚类过程中，初始决策者权重 $\lambda_{k,\gamma}$ 是同质的，并且每个子集群中决策者权重之和为 1：

$$\lambda_{k,\gamma} = \frac{1}{L_\gamma}, \quad k \in T_y, \quad \gamma \in Q \tag{6.2}$$

其中，$\sum_{k \in T_\gamma} \lambda_{k,\gamma} = 1$，$\lambda_{k,\gamma} \in [0, 1](\gamma \in Q)$。

由此可以得到每个子集群 P_γ 的群决策矩阵 $G_\gamma = (g_{ij,\gamma})_{n \times m}$：

$$g_{ij,\gamma} = \sum_{k \in T_\gamma} \lambda_{k,\gamma} r_{ij,k,\gamma}, \quad i \in N, \quad j \in M, \quad \gamma \in Q \tag{6.3}$$

初始子集群权重 $\eta_\gamma (\gamma \in Q)$ 根据子集群的成员数量确定：

$$\eta_\gamma = \frac{L_\gamma}{t}, \quad \gamma \in Q \tag{6.4}$$

其中，$\sum_{\gamma=1}^{q} \eta_\gamma = 1$，$\eta_\gamma \in [0, 1](\gamma \in Q)$。

利用 WAA 算子得到整个决策群体的综合决策矩阵 $R = (r_{ij})_{n \times m}$：

$$r_{ij} = \sum_{\gamma=1}^{q} \eta_\gamma g_{ij,\gamma}, \quad i \in N, \quad j \in M \tag{6.5}$$

【备注 6.1】　由于初始决策者权重相同，使用 WAA 算子将子集群决策矩阵集结为一个群决策矩阵，相当于已知决策者权重。如果决策者权重未知，则 OWA 算子[36]是另一种有效的集结方法。在这种情况下，式（6.5）需要通过使用 OWA 算子将子集群决策矩阵集结到一个群决策矩阵中。

【定义 6.2】　设 ζ 为聚类结果的稳定度，定义如下：

$$\zeta^{(\alpha+1)} = \frac{\sum_{\gamma=1}^{q} \left| L_\gamma^{(\alpha+1)} - L_\gamma^{(\alpha)} \right|}{2t} \tag{6.6}$$

其中，$\zeta^{(\alpha+1)}$ 为第 $\alpha+1$ 次聚类的稳定度。

如果稳定度 $\zeta \leqslant \vartheta$，则聚类结果是稳定的，训练过程将终止，即所有的子集群都是稳定的。

在共识达成过程中，使用共识度和冲突水平度量评估决策者的个体偏好和群体偏好之间的差异。接下来，引入定义 6.3 和定义 6.4 来衡量每个子集群内和跨子集群的共识度。

【定义 6.3】　设 $R_{k,\gamma} = (r_{ij,k,\gamma})_{n \times m}(k \in T_\gamma$，$\gamma \in Q)$ 为个体决策矩阵，$G_\gamma = (g_{ij,\gamma})_{n \times m}$ $(\gamma \in Q)$ 为子集群 P_γ 的群决策矩阵，共识达成过程中第一阶段备选方案 x_i 的共识度 $C_{i,\gamma}$ 定义为

$$C_{i,\gamma} = \sum_{k \in T_\gamma} \lambda_{k,\gamma} \sum_{j=1}^{m} w_j \left(1 - \left| r_{ij,k,\gamma} - g_{ij,\gamma} \right| \right), \quad i \in N, \quad \gamma \in Q \tag{6.7}$$

【定义 6.4】　给定个体决策矩阵 $R_{k,\gamma} = (r_{ij,k,\gamma})_{n\times m}$ 和子集群 P_γ 的群决策矩阵 $G_\gamma = (g_{ij,\gamma})_{n\times m}$，共识达成过程中第二阶段备选方案 x_i 的共识度 C_i 定义为

$$C_i = \sum_{\gamma=1}^q \eta_\gamma \sum_{j=1}^m w_j \left(1 - \left|g_{ij,\gamma} - r_{ij}\right|\right), \quad i \in N \tag{6.8}$$

类似地，定义 6.5 给出了每个子集群内的冲突水平度量。

【定义 6.5】　设 $R_{k,\gamma} = (r_{ij,k,\gamma})_{n\times m}(k \in T_\gamma, \ \gamma \in Q)$ 为个体决策矩阵，$G_\gamma = (g_{ij,\gamma})_{n\times m}$ $(\gamma \in Q)$ 为子集群 P_γ 的群决策矩阵。共识达成过程中第一阶段个体决策矩阵 $R_{k,\gamma}$ 与子集群 P_γ 的群决策矩阵 G_γ 的冲突水平 $\theta_{k,\gamma}$ 定义为

$$\theta_{k,\gamma} = \frac{1}{n} \sum_{i=1}^n \sum_{j=1}^m w_j \left|r_{ij,k,\gamma} - g_{ij,\gamma}\right|, \quad k \in T_\gamma, \ \gamma \in Q \tag{6.9}$$

因此，每个子集群 P_γ 的冲突水平 $\theta_\gamma(\gamma \in Q)$ 可以定义为

$$\theta_\gamma = \sum_{k \in T_\gamma} \lambda_{k,\gamma} \theta_{k,\gamma}, \quad \gamma \in Q \tag{6.10}$$

设 δ 为预先指定的可接受的群体冲突水平阈值。如果 $\theta_\gamma \leqslant \delta$，则子集群 P_γ 达到可接受的冲突水平。

【备注 6.2】　定义 6.5 介绍了冲突水平的概念。冲突水平表示个体与群体之间的差异，差异越大，冲突水平越高。共识度是个体与群体之间的相似度，相似度越高，一致性越高。实际上它们可以相互表示，$1-\theta_\gamma$ 表示子集群 P_γ 的共识度。显然，如果消解了冲突水平，即冲突水平小于阈值，则达成共识。

【备注 6.3】　在共识达成过程的第二阶段，子集群 P_γ 的群决策矩阵 G_γ 与整个群决策矩阵 R 之间的冲突水平 ρ_γ 定义为

$$\rho_\gamma = \frac{1}{n} \sum_{i=1}^n \sum_{j=1}^m w_j \left|g_{ij,\gamma} - r_{ij}\right|, \quad \gamma \in Q \tag{6.11}$$

整个群体冲突水平为

$$\rho = \sum_{\gamma=1}^q \rho_\gamma \eta_\gamma \tag{6.12}$$

如果冲突水平 $\rho \leqslant \delta$，则在子集群之间达成可接受的共识。若已知属性权重向量，则由 WAA 算子可以得到每个备选方案 $x_i(i \in N)$ 的最终群体偏好值 $z_i(i \in N)$：

$$z_i = \sum_{j=1}^m w_j r_{ij}, \quad i \in N \tag{6.13}$$

6.1.2　SOM

SOM 是一种无监督的神经网络学习技术[83]，是一种有效且易于理解的高维数据可视化方法。Kohonen[83]认为不同位置的神经元具有不同的功能。当一个神经元

接收来自外部的信号时，其他神经元会做出不同的反应。SOM 已经成为用于高维数据低维可视化的地形图构建的经典方法之一[84]。

典型 SOM 由一个输入层和一个竞争层组成，如图 6.1 所示。输入层的维度由输入向量决定，竞争层被构造为一个弹性神经网络，其中形成一个从输入层到神经网络拓扑有序的映射。

竞争层的每个节点都关联了一个 d 维参考向量 $b_\gamma = (b_{\gamma 1}, b_{\gamma 2}, \cdots, b_{\gamma d})^{\mathrm{T}} (\gamma \in Q)$，其中，$d$ 为输入向量的维数，参考向量的值由输入样本的最小值和最大值决定。

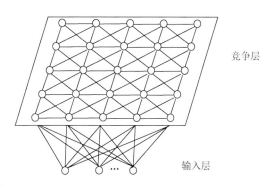

图 6.1 SOM 网络框架

SOM 整个训练过程包括竞争阶段和修改阶段两个阶段。给定算法的迭代次数 s，$s = 0, 1, \cdots, s^*$。在竞争阶段，将输入样本与所有参考向量进行比较，以找到获胜者节点（最佳匹配单元的位置），且输入样本将位于最佳匹配单元上。基于最大化 $b_\gamma^{\mathrm{T}} \times R_k'$（$\gamma \in Q$，$k \in T$），则 b_γ 和 R_k' 之间的欧几里得距离最小化这一定理，最佳匹配单元可以通过以下方法确定：

$$b_c^{(s)\mathrm{T}} \times R_k' = \max_\gamma \left(b_\gamma^{(s)\mathrm{T}} \times R_k' \right), \quad \gamma \in Q, \quad k \in T \quad (6.14)$$

在修改阶段，参考向量 $b_\gamma^{(s)}$ 将更新如下（图 6.2）：

$$b_\gamma^{(s+1)} = b_\gamma^{(s)} + h_{c,\gamma}(s) \left[R_k' - b_\gamma^{(s)} \right], \quad \gamma \in Q, \quad k \in T \quad (6.15)$$

其中，$h_{c,\gamma}(s) = h(d_{c,\gamma}, s)$ 为邻域函数，$d_{c,\gamma}$ 为 b_c 和 b_γ 之间的距离函数，定义为

$$d_{c,\gamma}^2 = \left\| b_c - b_\gamma \right\|^2, \quad \gamma \in Q \quad (6.16)$$

如果 $d_{c,\gamma} \leqslant h_{c,\gamma}(s)$，相应的节点将包含在 D_c 中。为保证 SOM 的效率，邻域函数应满足两个要求：①当 $s \to s^*$ 时，$h_{c,\gamma}(s) \to 0$ 保证进程的收敛；②$h_{c,\gamma}(s)$ 随着 $d_{c,\gamma}$ 的增加而单调减少。

为了满足上述要求，$h_{c,\gamma}(s)$ 可被定义为

$$h_{c,\gamma}(s) = \begin{cases} 0.9\left(1-\dfrac{s}{s^*}\right), & \gamma \in D_c \\ 0 & \end{cases} \tag{6.17}$$

所有样本点经过上述过程后，迭代结束。通过多次迭代，样本点将根据最佳匹配单元的位置被划分为多个子集群。训练过程从决策者的集结偏好向量 $R_1', R_2', \cdots, R_t'$ 开始，调用 SOM 工具箱并适当设置其参数，以上操作可以在 MATLAB 中实现。输出矩阵 yc 显示了每次训练的聚类结果，其中，每一列标识特定决策者所属的子集群，每一行对应着每次训练迭代的分类结果。通过分析矩阵 yc，可以得到矩阵 yh，其中，每一列显示每个子集群中决策者的数量，每一行对应每次训练迭代的分类结果。

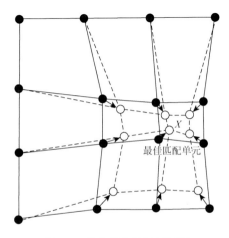

图 6.2　输入样本的近似过程

6.2　群体贡献和大规模群决策的共识达成模型

在共识达成过程中，个体偏好和决策者权重是两个关键组成部分。偏好调整和权重更新方法已经被证明在共识达成过程中是有效的[57, 61]。在此基础上，本章为共识达成过程建立一个新的权重更新和偏好调整模型。

6.2.1　权重更新模型

Ben-Arieh 和 Chen[63]在语言群决策问题中提出了权重更新模型。一般来说，决策者权重反映了他们对群体共识的贡献。通过改变这些权重，可以调整他们的共识贡献。对于非合作决策者，可以减弱其影响，以更好地解决冲突。算法 6.1 描述了子集群 P_γ 的权重更新过程。

算法 6.1 权重更新算法

输入：第 l 次迭代后的个体决策矩阵 $R_{k,\gamma}^{(l)} = (r_{ij,k,\gamma}^{(l)})_{n \times m}$ ($k \in T_\gamma$，$\gamma \in Q$)，子集群决策矩阵 $G_\gamma^{(l)}$，决策者 $e_{k,\gamma}$ 的权重 $\lambda_{k,\gamma}^{(l)}$ ($k \in T_\gamma$，$\gamma \in Q$) 和权重更新参数 σ。

输出：第 $l+1$ 次迭代后的决策者权重 $\lambda_{k,\gamma}^{(l+1)}$ ($k \in T_\gamma$，$\gamma \in Q$)。

（1）对于子集群 P_γ，其共识贡献 $D_{p,\gamma}$ 为（假设第 p 个决策者属于子集群 P_γ）

$$C_{\bar{ip},\gamma}^{(l)} = \sum_{k \in T_\gamma \setminus \{p\}} \beta_{k,\gamma}^{(l)} \sum_{j=1}^{m} w_j \left(1 - \left| r_{ij,k,\gamma}^{(l)} - g_{ij,\gamma}^{(l)} \right| \right), \quad i \in N, \quad \gamma \in Q \qquad (6.18)$$

其中，$\beta_{k,\gamma}^{(l)} = \dfrac{\lambda_{k,\gamma}^{(l)}}{\sum\limits_{i \in T_\gamma \setminus \{p\}} \lambda_i^{(l)}}$，$k \in T_\gamma \setminus \{p\}$。$k \in T_\gamma \setminus \{p\}$ 表示 $k \in T_\gamma$，并且 $k \neq p$。

$$D_{ip,\gamma}^{(l)} = C_{i,\gamma}^{(l)} - C_{\bar{ip},\gamma}^{(l)} \qquad (6.19)$$

$$D_{p,\gamma}^{(l)} = \sum_{i=1}^{n} D_{ip,\gamma}^{(l)} \qquad (6.20)$$

其中，$C_{\bar{ip},\gamma}^{(l)}$ 为第 l 次迭代中子集群中没有第 p 个决策者时关于备选方案 x_i 的共识度；$D_{ip,\gamma}^{(l)}$ 为第 p 个决策者对备选方案 x_i 的共识贡献；$D_{p,\gamma}^{(l)}$ 为第 p 个决策者的累积共识贡献，$D_{p,\gamma}^{(l)}$ 越大，第 p 个决策者对群决策的共识贡献越大。

（2）更新决策者权重。如果当前的冲突水平超过阈值，需要更新决策者权重以达成一个新的群决策。决策者权重更新如下：

$$u_{k,\gamma}^{(l+1)} = \lambda_{k,\gamma}^{(l)} \cdot (1 + D_{k,\gamma}^{(l)})^\sigma, \quad \lambda_{k,\gamma}^{(l+1)} = \frac{u_{k,\gamma}^{(l+1)}}{\sum\limits_{i \in T_\gamma} u_{i,\gamma}^{(l+1)}}, \quad k \in T_\gamma \qquad (6.21)$$

其中，$\lambda_{k,\gamma}^{(l+1)}$ 为第 $l+1$ 次迭代中第 k 个决策者的权重；σ 表示共识贡献对其权重的影响。

（3）输出 $\lambda_{k,\gamma}^{(l+1)}$。

（4）结束。

【备注 6.4】 为避免迭代次数过多，算法中冲突水平阈值 δ 和权重更新参数 σ 的选择要谨慎，通常由决策者提前给出。当决策问题是紧急的，必须迅速解决时，应该分配限制性较低的值，否则，可以采用更严格的值。运行算法 6.1 后，可以减少与群体偏好有较大偏差的决策者权重。

6.2.2 局部调整偏好的共识达成算法

在权重更新模型的基础上，本章提出局部调整偏好的共识达成算法来解决群体冲突问题。

算法 6.2　局部调整偏好的共识达成算法

输入：标准化的个体决策矩阵 $R_{k,\gamma}=(r_{ij,k,\gamma})_{n\times m}(k\in T_\gamma,\ \gamma\in Q)$，最大迭代次数 l^*，冲突水平阈值 δ，权重更新参数 σ。

输出：子集群决策矩阵 G_γ，子集群冲突水平 θ_γ，迭代次数 l。

（1）利用式（6.2）初始化各子集群中的决策者权重 $\lambda_{k,\gamma}$。

（2）令 $l=0$，$R_{k,\gamma}^{(0)}=(r_{ij,k,\gamma}^{(0)})_{n\times m}=(r_{ij,k,\gamma})_{n\times m}=R_{k,\gamma}$（$k\in T_\gamma$，$\gamma\in Q$）。

（3）应用式（6.3）将标准化的个体决策矩阵 $R_{k,\gamma}^{(l)}=(r_{ij,k,\gamma}^{(l)})_{n\times m}$（$k\in T_\gamma$，$\gamma\in Q$）集结为一个子集群决策矩阵 $G_\gamma^{(l)}=(g_{ij,\gamma}^{(l)})_{n\times m}$（$\gamma\in Q$），利用式（6.9）和式（6.10）计算当前子集群冲突水平 $\theta_\gamma^{(l)}$。如果 $\theta_\gamma^{(l)}\leqslant\delta$ 或 $l=l^*$，进入步骤（6）；否则，进入步骤（4）。

（4）利用算法 6.1 更新决策者 $e_{k,\gamma}$ 的权重 $\lambda_{k,\gamma}^{(l)}$（$k\in T_\gamma$，$\gamma\in Q$）。

（5）求出每个决策者 $e_{k,\gamma}$ 的绝对偏差 $o_{i_\tau j_\tau,k,\gamma}^{(l)}$（$k\in T_\gamma$，$\gamma\in Q$）最大的元素的位置 i_τ 和 j_τ，其中，$o_{i_\tau j_\tau,k,\gamma}^{(l)}=\max_{i,j}\left(\left|g_{ij,\gamma}^{(l)}-r_{ij,k,\gamma}^{(l)}\right|\right)$（$i\in N,\ j\in M,\ k\in T_\gamma,\ \gamma\in Q$），并调整相应的偏好值：

$$r_{ij,k,\gamma}^{(l+1)}=\begin{cases}g_{ij,\gamma}^{(l)}, & i=i_\tau,j=j_\tau\\ r_{ij,k,\gamma}^{(l)}, & \text{其他}\end{cases} \tag{6.22}$$

令 $l=l+1$，转步骤（3）。

（6）令 $G_\gamma=G_\gamma^{(l)}$，$\theta_\gamma=\theta_\gamma^{(l)}$（$\gamma\in Q$），输出子集群决策矩阵 $G_\gamma(\gamma\in Q)$，子集群冲突水平 $\theta_\gamma(\gamma\in Q)$，以及迭代次数 l。

（7）结束。

算法 6.2 是收敛的，见定理 6.1。

【定理 6.1】　设 $R_{k,\gamma}=(r_{ij,k,\gamma})_{n\times m}(k\in T_\gamma,\ \gamma\in Q)$ 为标准化个体决策矩阵，$\{R_{k,\gamma}^{(l)}\}$（$k\in T_\gamma$）、$\{G_\gamma^{(l)}\}$ 和 $\{\theta_\gamma^{(l)}\}$ 为算法 6.2 生成的决策矩阵和冲突水平序列，则

$$\lim_{l\to+\infty}\theta_\gamma^{(l)}=0 \tag{6.23}$$

【备注 6.5】　引理 5.2 表明，若一组元素中的任何元素 a_p 被期望值 $\bar{a}$ 代替，则由式（5.13）得到的新数值元素集合 A' 的加权距离 S' 会减小。具体来说，如果用 $\bar{a}$ 替换与 $\bar{a}$ 距离偏差最大的元素 a_p（即 $\max_i|a_i-\bar{a}|$），将得到最小的加权距离。根据这个规则，如果继续这样替换元素，加权距离会越来越小，即向零移动。在此基础上，可证明定理 6.1。

证明：由引理 5.2 可得

$$\lim_{l\to+\infty}\left|R_{k,\gamma}^{(l)}-G_\gamma^{(l)}\right|=0 \tag{6.24}$$

由定义 6.5 可得

$$\lim_{l\to+\infty}\theta_{k,\gamma}^{(l)}=0 \tag{6.25}$$

因为 θ 是 $\theta_{k,\gamma}$ 的加权平均值，所以由式（6.10）可得

$$\lim_{l\to+\infty}\theta_{\gamma}^{(l)}=0 \tag{6.26}$$

$\square$

　　该算法自动调整决策者偏好，减轻了决策者不断调整偏好的负担，有助于群体快速达成共识。另外，如果决策问题不是那么紧急，决策者倾向于手动调整自己的偏好，那么该算法可作为辅助方法，帮助决策者识别需要更新的偏好。

　　算法 6.2 虽然是为共识达成过程的第一阶段设计的，但也可以应用到共识达成过程的第二阶段。此时，下标集 T 将被替换为 $T_{\gamma}(\gamma\in Q)$，对应的输入数据将被更改为子集群决策矩阵 $G_{\gamma}(\gamma\in Q)$、子集群权重向量 $\eta_{\gamma}(\gamma\in Q)$、子集群冲突水平 $\rho_{\gamma}(\gamma\in Q)$。输出数据将是最终群体偏好关系 $\bar{R}$ 和最终子集群决策矩阵 $\bar{G}_{\gamma}(\gamma\in Q)$。

6.3　两阶段共识达成机制

　　应急决策过程的关键问题是时间的紧迫性。在这种情况下，如果群体成员之间的谈判需要较长的时间，这是不可接受的。此外，非常规事件的复杂性要求群体成员组成多样化。因此，在紧急决策和大量群体成员之间必然要达成妥协。

　　面对非常规突发事件的挑战，合理的解决方案是减少共识达成的迭代次数。在议会制的启发下，本章提出两阶段共识达成机制，以提高共识达成过程的效率。首先，利用大规模群聚类算法将大规模群体分成若干子集群。然后，以每个子集群为单位，在每个子集群内和子集群之间进行共识达成协调过程。

6.3.1　子集群第一阶段共识达成过程

　　首先，利用 SOM 网络将大规模群体划分为若干子集群。通过多次迭代，得到稳定的聚类结果。在具有单个成员的平凡子集群中，决策者被识别为非合作决策者。通过对聚类结果的分析，将非合作决策者从群体中移除，以消解他们对共识达成的影响。然后，设置一个阈值来判断每个非平凡子集群的冲突水平是否可接受。如果一个子集群的冲突水平是可接受的，则由式（6.3）生成相应的群体偏好，否则，将使用算法 6.2 来降低冲突水平。当每个非平凡子集群生成一个具有可接受冲突水平的群体偏好时，第一阶段的任务就完成了，得到的子集群决策矩阵表示相应的子集群偏好。

　　【备注 6.6】　非合作决策者的移除并没有使所有群体成员都参与决策，有效

地减少了共识达成过程的迭代次数，有助于避免因决策群体规模和非合作决策者而导致的过度迭代。在移除非合作决策者后，由于每个子集群中个体偏好的相似度较高，可以相对较快地实现子集群内的共识达成。

6.3.2　第二阶段分组间共识达成过程

在第二阶段中，将每个非平凡子集群视为一个决策者，并利用第一阶段得到的代表性决策矩阵形成一个较小规模的群。如果新群的冲突水平是可接受的，则通过式（6.5）直接得到最终群决策矩阵，否则，采用算法 6.2 解决冲突问题，获得群体偏好。

通过两阶段过程，我们将一个大规模群决策问题转化为若干较小规模的群决策过程。这种转换有助于降低原始问题的复杂性，使共识达成过程更易于处理。两阶段共识达成机制的流程如图 6.3 所示。

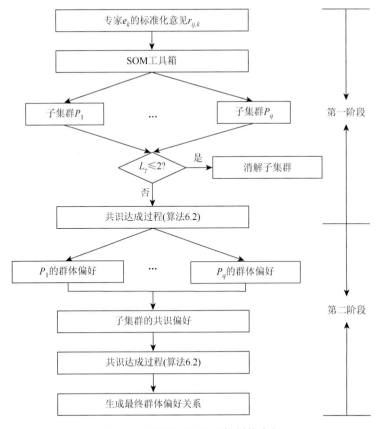

图 6.3　两阶段共识达成机制的流程

6.3.3 局部调整偏好的两阶段共识达成算法

基于上述分析，局部调整偏好的两阶段共识达成算法如算法 6.3 所示。

算法 6.3 局部调整偏好的两阶段共识达成算法

输入：初始个体决策矩阵 $A_k = (a_{ij,k})_{n \times m} (k \in T)$，最大子集群数量 q，共识达成最大迭代次数 l^*，属性权重向量 w，冲突水平阈值 δ，稳定度阈值 ϑ，权重更新参数 σ。

输出：子集群决策矩阵 $\overline{G}_\gamma (\gamma \in Q)$，群决策矩阵 $\overline{R}$，子集群冲突水平 $\overline{\rho}_\gamma (\gamma \in Q)$，群体冲突水平 $\overline{\rho}$。

（1）将初始个体决策矩阵 $A_k = (a_{ij,k})_{n \times m} (k \in T)$ 标准化为无量纲的决策矩阵 $R_k = (r_{ij,k})_{n \times m} (k \in T)$。

（2）构造 SOM 网络并设定初始最大迭代次数 s^*。

（3）利用式（6.1）计算每个决策者 e_k 对备选方案 $x_i (i \in N)$ 的集结偏好向量 $R'_k = (r'_{i,k})_{n \times 1} (k \in T)$。

（4）使用 SOM 网络训练 $R'_k (k \in T)$。根据迭代结果，将决策者分组成至多 q 个子集群，并计算第 $\alpha + 1$ 次迭代的稳定度 $\zeta^{(\alpha+1)}$。给定一个可接受的稳定度阈值 ϑ，如果 $\zeta^{(\alpha+1)} \geqslant \vartheta$，则令 $s^* = s^* + \varepsilon$，继续进行迭代；否则，认为聚类结果稳定，进行步骤（5）。

（5）如果 $L_\gamma \leqslant 2 (\gamma \in Q)$，消解该子集群，使用式（6.2）初始化每个非平凡子集群中的决策者权重 $\lambda_{k,\gamma}$。

（6）利用算法 6.2 计算子集群偏好 G_γ。

（7）将 $G_\gamma (\gamma \in Q)$ 作为子集群 $P_\gamma (\gamma \in Q)$ 的决策矩阵，并将每个子集群视为一个决策者，得到一个新群共识偏好（CP）。

（8）利用式（6.4）计算子集群权重。

（9）利用算法 6.2 生成新群共识偏好的群体偏好。

（10）令 $\overline{G}_\gamma = G_\gamma$，$\overline{\rho}_\gamma = \rho_\gamma (\gamma \in Q)$，$\overline{R} = R$，$\overline{\rho} = \rho$。输出子集群决策矩阵 $\overline{G}_\gamma (\gamma \in Q)$，群决策矩阵 $\overline{R}$，子集群冲突水平 $\overline{\rho}_\gamma (\gamma \in Q)$，群体冲突水平 $\overline{\rho}$。

（11）结束。

【备注 6.7】 由于得到最终的聚类结果可能需要多次迭代，所以当步长 ε 减少时，最大迭代次数应该增加。网络训练可以在最大迭代次数的一半时启动。

6.4　算例与比较分析

6.4.1　算例分析

2013 年 4 月 20 日,中国四川芦山发生 7.0 级地震。此次地震破坏面积约 10706 平方千米,造成了严重的房屋损失:433316 栋房屋受到影响,其中,142449 栋房屋严重受损,26411 栋房屋倒塌①。为了减轻灾民的痛苦,建设应急避难所是震后恢复的第一步。一般情况下,建造应急避难所可以选择四种材料:帐篷(x_1)、塑料板(x_2)、废木(x_3)和轻钢(x_4)[85]。为了了解它们的适宜性,从可用性(f_1)、便利性(f_2)和感知安全性(f_3)三个方面进行考虑,这些属性值通常为 0~100[86]。针对当地社区遭受的严重破坏,国务院立即召集应急指挥部门,邀请 25 个决策者 $e_i(i = 1, 2, \cdots, 25)$ 参与应急决策过程,进行初步分析。这 25 个决策者包括国家和地方自治团体的应急官员、应急管理领域的专家、国际组织的救灾专家、当地居民。将决策者视为同质(每个决策者的权重为 1/25),属性权重向量为 $w = (0.25, 0.5, 0.25)^T$。假设冲突水平阈值和稳定度阈值分别为 $\delta = 0.10$ 和 $\vartheta = 0.25$。25 个决策者提供了他们对每个备选方案关于每个属性的偏好,归一化后的个体决策矩阵如表 6.1 所示。

表 6.1　归一化后的个体决策矩阵

备选方案	f_1	f_2	f_3
e_1			
x_1	0.450	0.683	1.000
x_2	1.000	0.000	0.267
x_3	0.000	0.106	0.545
x_4	0.370	1.000	0.000
e_2			
x_1	0.000	0.175	0.429
x_2	0.900	1.000	0.771
x_3	1.000	0.000	1.000
x_4	0.350	0.807	0.000
e_3			

----

① 中国政府网. 国务院关于印发芦山地震灾后恢复重建总体规划的通知[EB/OL]. (2013-07-15)[2024-03-06]. https://www.gov.cn/zwgk/2013-07/15/content_2445989.htm

备选方案	f_1	f_2	f_3
x_1	1.000	0.640	0.770
x_2	0.750	0.000	1.000
x_3	0.250	1.000	0.350
x_4	0.000	0.320	0.000
e_4			
x_1	0.000	0.179	0.431
x_2	0.755	1.000	0.760
x_3	1.000	0.000	1.000
x_4	0.322	0.877	0.000
e_5			
x_1	0.440	0.577	1.000
x_2	1.000	0.000	0.267
x_3	0.000	0.106	0.450
x_4	0.420	1.000	0.000
e_6			
x_1	0.460	1.000	0.640
x_2	0.745	0.245	0.000
x_3	1.000	0.450	1.000
x_4	0.000	0.000	0.320
e_7			
x_1	0.475	0.430	1.000
x_2	1.000	0.000	0.260
x_3	0.000	0.207	0.457
x_4	0.520	1.000	0.000
e_8			
x_1	1.000	0.610	0.780
x_2	0.730	0.000	1.000
x_3	0.260	1.000	0.360
x_4	0.000	0.350	0.000
e_9			
x_1	0.550	0.683	1.000
x_2	1.000	0.000	0.255
x_3	0.000	0.240	0.550

备选方案	f_1	f_2	f_3
x_4	0.380	1.000	0.000
e_{10}			
x_1	0.000	0.165	0.429
x_2	0.950	1.000	0.771
x_3	1.000	0.000	1.000
x_4	0.321	0.817	0.000
e_{11}			
x_1	0.000	0.000	0.000
x_2	1.000	0.487	0.623
x_3	0.470	1.000	0.450
x_4	0.566	0.874	1.000
e_{12}			
x_1	0.590	0.482	1.000
x_2	0.000	0.377	0.000
x_3	0.163	0.000	0.347
x_4	1.000	1.000	0.684
e_{13}			
x_1	1.000	0.951	0.392
x_2	0.341	1.000	1.000
x_3	0.231	0.000	0.420
x_4	0.000	0.560	0.000
e_{14}			
x_1	0.000	0.000	0.000
x_2	1.000	0.500	0.328
x_3	0.762	1.000	0.317
x_4	0.649	0.956	1.000
e_{15}			
x_1	1.000	0.960	0.346
x_2	0.545	1.000	1.000
x_3	0.397	0.000	0.200
x_4	0.000	0.320	0.000
e_{16}			
x_1	0.000	0.000	0.000
x_2	1.000	0.369	0.213

备选方案	f_1	f_2	f_3
x_3	0.871	1.000	0.650
x_4	0.258	0.876	1.000
e_{17}			
x_1	0.000	0.000	0.000
x_2	1.000	0.545	0.874
x_3	0.231	1.000	0.334
x_4	0.333	0.667	1.000
e_{18}			
x_1	1.000	0.689	0.677
x_2	0.214	1.000	1.000
x_3	0.337	0.000	0.471
x_4	0.000	0.258	0.000
e_{19}			
x_1	0.000	0.000	0.000
x_2	1.000	0.345	0.689
x_3	0.547	1.000	0.774
x_4	0.361	0.221	1.000
e_{20}			
x_1	1.000	0.637	0.456
x_2	0.364	0.000	1.000
x_3	0.589	0.247	0.000
x_4	0.000	1.000	0.841
e_{21}			
x_1	0.000	0.000	0.000
x_2	1.000	0.451	0.258
x_3	0.324	1.000	0.314
x_4	0.587	0.056	1.000
e_{22}			
x_1	1.000	0.344	0.915
x_2	0.251	1.000	1.000
x_3	0.346	0.000	0.751
x_4	0.000	0.224	0.000
e_{23}			
x_1	0.000	0.000	0.000

备选方案	f_1	f_2	f_3
x_2	1.000	0.265	0.476
x_3	0.384	1.000	0.590
x_4	0.163	0.144	1.000
e_{24}			
x_1	0.000	0.000	0.000
x_2	1.000	0.343	0.620
x_3	0.514	1.000	0.424
x_4	0.630	0.171	1.000
e_{25}			
x_1	1.000	0.035	0.144
x_2	0.254	1.000	1.000
x_3	0.364	0.000	0.365
x_4	0.000	0.221	0.000

下面采用算法 6.3 来选择最佳方案。

（1）表 6.1 中的个体决策矩阵 $R_k = (r_{ij,k})_{n×m}$ 是初始个体决策矩阵 $A_k = (a_{ij,k})_{n×m}$ ($k∈T$)的标准化矩阵。

（2）通过设置 $q = 12$，生成一个 3×4 格的竞争层，并令初始最大迭代次数 $s^* = 6000$ 来构造 SOM 网络。初始 SOM 网络如图 6.4 所示。

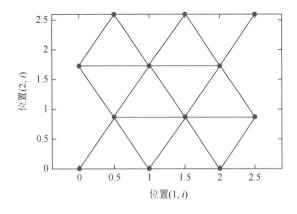

图 6.4　初始 SOM 网络

（3）使用式（6.1）计算决策者 e_k 对每个备选方案 x_i 的集结偏好向量 R'_k ($k∈T$)。

（4）在 MATLAB 中利用基于 R'_k $(k \in T)$ 的 SOM，将 25 个决策者划分为若干子集群。决策者的分类及第一次神经网络迭代后的调整网络如图 6.5 所示。

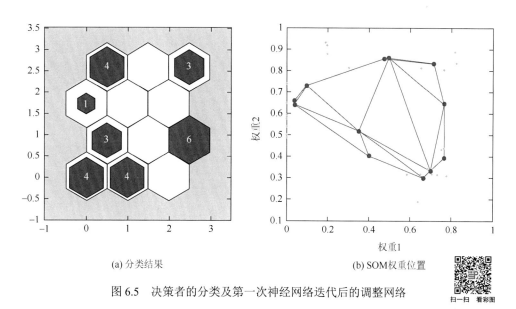

| (a) 分类结果 | (b) SOM权重位置 |

图 6.5　决策者的分类及第一次神经网络迭代后的调整网络

图 6.5（a）显示了各子集群中决策者的数量，图 6.5（b）展示了神经节点的位置（蓝点）和决策者的分布（绿点）。继续迭代，直到调整程度满足稳定度阈值 ϑ。该算例过程在第 4 次迭代后终止。最终的决策者分类和调整网络如图 6.6 所示。

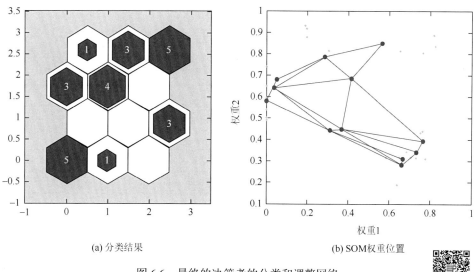

| (a) 分类结果 | (b) SOM权重位置 |

图 6.6　最终的决策者的分类和调整网络

第 4 次迭代的聚类矩阵 yc 为

$$
yc = \begin{bmatrix}
6 & 4 & 12 & 4 & 6 & 12 & 6 & 12 & 6 & 4 & 1 & 6 & 10 & 1 & 10 & 1 & 1 & 10 & 2 & 6 & 2 & 10 & 2 & 2 & 7 \\
3 & 7 & 12 & 7 & 3 & 12 & 3 & 12 & 3 & 7 & 1 & 6 & 11 & 1 & 11 & 1 & 4 & 11 & 4 & 3 & 4 & 11 & 4 & 4 & 10 \\
1 & 12 & 3 & 12 & 1 & 3 & 1 & 3 & 1 & 12 & 7 & 1 & 6 & 7 & 6 & 7 & 10 & 6 & 8 & 1 & 8 & 6 & 8 & 8 & 9 \\
1 & 11 & 6 & 11 & 1 & 6 & 1 & 6 & 1 & 11 & 7 & 2 & 12 & 7 & 12 & 7 & 10 & 12 & 8 & 1 & 8 & 12 & 8 & 8 & 12
\end{bmatrix}
$$

yc 的每一行展示了特定次迭代后的分类结果，每一列标识特定决策者被分类到的子集群。例如，$(1, 1)$ 单元格的值为 6 表示第 1 个决策者在第 1 次训练后被分类到子集群 6，而 $(4, 2)$ 单元格的值为 11 表示第 2 个决策者在第 4 次训练后被分类到子集群 11。yc 中的其他单元格可以以此类推。

通过总结矩阵 yc 中的结果，得到矩阵 yh：

$$
yh = \begin{bmatrix}
4 & 4 & 0 & 3 & 0 & 6 & 1 & 0 & 0 & 4 & 0 & 3 \\
3 & 0 & 5 & 5 & 0 & 1 & 3 & 0 & 0 & 1 & 4 & 3 \\
6 & 0 & 3 & 0 & 0 & 4 & 3 & 4 & 1 & 1 & 0 & 3 \\
5 & 1 & 0 & 0 & 0 & 3 & 3 & 4 & 0 & 1 & 3 & 5
\end{bmatrix}
$$

矩阵 yh 对分类结果的总结如下：每一行对应特定次迭代的分类结果，每一列显示被分类到特定子集群的决策者数量，其中，0 表示没有决策者被分类到该特定子集群。例如，$(4, 1)$ 单元格的值为 5 表示在第 4 次训练后将 5 个决策者分类到子集群 1，而 $(4, 3)$ 单元格的值为 0 表示子集群 3 为空集。

通过分析集群结果矩阵，可以得到 4 次迭代的稳定度：

$$\zeta^{(1)} = -, \quad \zeta^{(2)} = 0.52, \quad \zeta^{(3)} = 0.46, \quad \zeta^{(4)} = 0.24$$

因为 $\zeta^{(4)} \leqslant \vartheta$，所以集群结果在第 4 次训练后已收敛到一个稳定的分类。可以理解的是，由于第 1 次训练（$\alpha = 0$）没有调整分类，$\zeta^{(1)} = -$。因此，将第 4 次训练结果作为最终分类，如表 6.2 所示。

表 6.2　子集群的组成

子集群	成员
1	e_1, e_5, e_7, e_9, e_{20}
2	e_{12}
6	e_3, e_6, e_8
7	e_{11}, e_{14}, e_{16}
8	e_{19}, e_{21}, e_{23}, e_{24}
10	e_{17}
11	e_2, e_4, e_{10}
12	e_{13}, e_{15}, e_{18}, e_{22}, e_{25}

表 6.2 表明，决策者 e_{12} 和 e_{17} 不能与任何其他决策者形成子集群。在这种情况下，决策者 e_{12} 和 e_{17} 被视为非合作决策者，并从共识达成过程的子集群中移除。下面以子集群 6 为例，展示本章所提共识达成模型的计算过程。

（5）通过设置 $l = 0$，最大迭代次数 $l^* = 5$ 和 $R_{k,6}^{(l)} = R_{k,6} (k = 3, 6, 8)$，个体决策矩阵 $R_{3,6}^{(0)}$、$R_{6,6}^{(0)}$ 和 $R_{8,6}^{(0)}$ 如表 6.3～表 6.5 所示。

表 6.3　个体决策矩阵 $R_{3,6}^{(0)}$

备选方案	f_1	f_2	f_3
x_1	1	0.640	0.770
x_2	0.750	0	1
x_3	0.250	1	0.350
x_4	0	0.320	0

表 6.4　个体决策矩阵 $R_{6,6}^{(0)}$

备选方案	f_1	f_2	f_3
x_1	0.460	1	0.640
x_2	0.745	0.245	0
x_3	1	0.450	1
x_4	0	0	0.320

表 6.5　个体决策矩阵 $R_{8,6}^{(0)}$

备选方案	f_1	f_2	f_3
x_1	1	0.610	0.780
x_2	0.730	0	1
x_3	0.260	1	0.360
x_4	0	0.350	0

（6）利用式（6.2），可得初始的决策者权重：

$$\lambda_{k,6} = \frac{1}{3} (k = 3, 6, 8)$$

（7）利用 WAA 算子将个体标准化决策矩阵 $R_{k,6} = (r_{ij,k,6})_{4 \times 3} (k = 3, 6, 8)$ 集结为群决策矩阵 $G_6^{(0)} = (g_{ij,6})_{4 \times 3}$（表 6.6）。

表 6.6　群决策矩阵 $G_6^{(0)}$

备选方案	f_1	f_2	f_3
x_1	0.820	0.750	0.730
x_2	0.740	0.080	0.670
x_3	0.500	0.820	0.570
x_4	0	0.220	0.110

（8）计算每个个体标准化决策矩阵和群决策矩阵的冲突水平：

$$\theta_{3,6}^{(0)} = 0.130 ，\quad \theta_{6,6}^{(0)} = 0.267 ，\quad \theta_{8,6}^{(0)} = 0.137$$

$$\theta_6^{(0)} = 0.178$$

因为 $\theta_6^{(0)} > 0.10$，$l \neq l^*$，所以需要进行以下修改过程。

（9）计算每个决策者的共识贡献 $D_{k,6}^{(0)}$（$k = 3, 6, 8$）（表 6.7），并设定 $\sigma = 1.5$，通过式（6.18）~式（6.21）更新其权重 $\lambda_{k,6}^{(0)}$（$k = 3, 6, 8$）（表 6.8）。

表 6.7　决策者共识贡献（$l = 0$）

共识贡献	$e_{3,6}$	$e_{6,6}$	$e_{8,6}$
$D_{k,6}^{(0)}$	0.096	−0.178	0.082

表 6.8　更新后的决策者权重（$l = 0$）

决策者权重	$e_{3,6}$	$e_{6,6}$	$e_{8,6}$
$\lambda_{k,6}^{(0)}$	0.38	0.25	0.37

（10）找到元素 $o_{i_\tau, j_\tau, k, 6}^{(0)}$（$k = 3, 6, 8$）在子集群 6 中的位置 i_τ 和 j_τ，其中，$o_{i_\tau, j_\tau, k, 6}^{(l)} = \max_{i,j} \left(\left| r_{ij,k,6}^{(l)} - g_{ij,6}^{(l)} \right| \right)$（$i \in N$，$j \in M$，$k \in T$）。对于 $R_{3,6}^{(0)}$，由于 $o_{23,3,6}^{(0)} = \max_{i,j} \left(\left| r_{ij,3,6}^{(0)} - g_{ij,6}^{(0)} \right| \right) = 0.33$，将个体偏好值替换为群决策矩阵 $G_6^{(0)}$ 中的对应元素，即 $r_{23,3,6}^{(0)} = g_{23,6}^{(0)} = 0.67$。同样地，该过程被应用于更新其他两个决策者的偏好：

$$r_{23,6,6}^{(0)} = g_{23,6}^{(0)} = 0.67 ，\quad r_{23,8,6}^{(0)} = g_{23,6}^{(0)} = 0.67$$

令 $l = l + 1$，转步骤（5）。

此过程在 2 次迭代后，当冲突水平 $\theta_6^{(2)} = 0.085 \leqslant 0.1$ 时终止，详细的迭代过程如表 6.9 所示。

表 6.9　子集群 6 的迭代过程

l	$\lambda_{k,6}^{(l)}$	$G_6^{(l)}$	$\theta_{k,6}^{(l)},\ \theta_6^{(l)}$	$r_{ij,k,6}^{(l)}$
0	1/3 1/3 1/3	$\begin{bmatrix} 0.820 & 0.750 & 0.730 \\ 0.742 & 0.082 & 0.667 \\ 0.503 & 0.817 & 0.570 \\ 0 & 0.223 & 0.107 \end{bmatrix}$	$\theta_{3,6}^{(0)}=0.130$ $\theta_{6,6}^{(0)}=0.267$ $\theta_{8,6}^{(0)}=0.137$ $\theta_6^{(0)}=0.178$	$r_{23,3,6}^{(0)} \to 0.67$ $r_{23,6,6}^{(0)} \to 0.67$ $r_{23,8,6}^{(0)} \to 0.67$
1	0.380 0.247 0.373	$\begin{bmatrix} 0.866 & 0.718 & 0.742 \\ 0.741 & 0.061 & 0.677 \\ 0.439 & 0.864 & 0.515 \\ 0 & 0.252 & 0.079 \end{bmatrix}$	$\theta_{3,6}^{(1)}=0.081$ $\theta_{6,6}^{(1)}=0.254$ $\theta_{8,6}^{(1)}=0.088$ $\theta_6^{(1)}=0.126$	$r_{31,3,6}^{(1)} \to 0.439$ $r_{31,6,6}^{(1)} \to 0.439$ $r_{31,8,6}^{(1)} \to 0.439$
2	0.417 0.178 0.406	$\begin{bmatrix} 0.904 & 0.692 & 0.751 \\ 0.741 & 0.044 & 0.667 \\ 0.439 & 0.902 & 0.470 \\ 0 & 0.275 & 0.057 \end{bmatrix}$	$\theta_{3,6}^{(2)}=0.048$ $\theta_{6,6}^{(2)}=0.239$ $\theta_{8,6}^{(2)}=0.056$ $\theta_6^{(2)}=0.085$	—

表 6.9 显示，2 次迭代后，$\theta_6^{(2)}=0.085<0.10$，表明修改后的子集群决策矩阵已达到可接受的冲突水平，因此迭代过程终止。子集群 6 的群决策矩阵 G_6 为

$$G_6 = \begin{bmatrix} 0.904 & 0.692 & 0.751 \\ 0.741 & 0.044 & 0.667 \\ 0.439 & 0.902 & 0.470 \\ 0 & 0.275 & 0.057 \end{bmatrix}$$

上述计算过程显示了本章所提共识达成算法的有效性，将该算法应用于其他 5 个子集群，得到的群决策矩阵如下：

$$G_1 = \begin{pmatrix} 0.562 & 0.601 & 0.913 \\ 0.899 & 0.000 & 0.380 \\ 0.094 & 0.178 & 0.421 \\ 0.317 & 1.000 & 0.133 \end{pmatrix}, \quad G_7 = \begin{pmatrix} 0 & 0 & 0 \\ 1 & 0.452 & 0.388 \\ 0.701 & 1 & 0.472 \\ 0.491 & 0.902 & 1 \end{pmatrix}$$

$$G_8 = \begin{pmatrix} 0 & 0 & 0 \\ 1 & 0.351 & 0.511 \\ 0.442 & 1 & 0.526 \\ 0.435 & 0.148 & 1 \end{pmatrix}, \quad G_{11} = \begin{pmatrix} 0 & 0.173 & 0.430 \\ 0.868 & 1 & 0.767 \\ 1 & 0 & 1 \\ 0.331 & 0.834 & 0 \end{pmatrix}$$

$$G_{12} = \begin{pmatrix} 1 & 0.596 & 0.495 \\ 0.321 & 1 & 1 \\ 0.335 & 0 & 0.441 \\ 0 & 0.317 & 0 \end{pmatrix}$$

（11）将这些子集群视为单个决策者并组成新的群共识偏好。

（12）使用式（6.4）初始化每个子集群的权重，并设 $l = 0$，最大迭代次数 $l^* = 5$ 和 $G_{\gamma}^{(l)} = G_{\gamma}(\gamma = 1, 6, 7, 8, 11, 12)$。

（13）利用算法 6.2 计算最终群决策矩阵。

此过程在 5 次迭代后终止，详细的迭代过程如表 6.10 所示。

表 6.10　共识偏好的共识达成过程

l	$\eta_{\gamma}^{(l)}$	$R^{(l)}$	$\rho_{\gamma}^{(l)}$，$\rho^{(l)}$	$g_{ij,\gamma}^{(l)}$
0	5/23 3/23 3/23 4/23 3/23 5/23	$\begin{pmatrix} 0.458 & 0.373 & 0.460 \\ 0.779 & 0.474 & 0.627 \\ 0.449 & 0.461 & 0.532 \\ 0.252 & 0.574 & 0.341 \end{pmatrix}$	$\rho_1^{(0)} = 0.280$， $\rho_6^{(0)} = 0.275$， $\rho_7^{(0)} = 0.319$， $\rho_8^{(0)} = 0.315$， $\rho_{11}^{(0)} = 0.316$， $\rho_{12}^{(0)} = 0.321$， $\rho^{(0)} = 0.304$	$g_{22,1}^{(0)} \to 0.474$， $g_{11,6}^{(0)} \to 0.458$， $g_{43,7}^{(0)} \to 0.341$， $g_{43,8}^{(0)} \to 0.341$， $g_{31,11}^{(0)} \to 0.449$， $g_{11,12}^{(0)} \to 0.458$
1	0.226 0.134 0.129 0.172 0.129 0.211	$\begin{pmatrix} 0.285 & 0.376 & 0.467 \\ 0.782 & 0.571 & 0.623 \\ 0.375 & 0.461 & 0.531 \\ 0.252 & 0.579 & 0.140 \end{pmatrix}$	$\rho_1^{(1)} = 0.225$， $\rho_6^{(1)} = 0.261$， $\rho_7^{(1)} = 0.297$， $\rho_8^{(1)} = 0.292$， $\rho_{11}^{(1)} = 0.251$， $\rho_{12}^{(1)} = 0.270$， $\rho^{(1)} = 0.263$	$g_{13,1}^{(1)} \to 0.467$， $g_{22,6}^{(1)} \to 0.571$， $g_{32,7}^{(1)} \to 0.461$， $g_{32,8}^{(1)} \to 0.461$， $g_{33,11}^{(1)} \to 0.531$， $g_{21,12}^{(1)} \to 0.782$
2	0.240 0.133 0.124 0.165 0.130 0.208	$\begin{pmatrix} 0.291 & 0.383 & 0.371 \\ 0.879 & 0.642 & 0.620 \\ 0.369 & 0.296 & 0.469 \\ 0.252 & 0.587 & 0.138 \end{pmatrix}$	$\rho_1^{(2)} = 0.178$， $\rho_6^{(2)} = 0.233$， $\rho_7^{(2)} = 0.244$， $\rho_8^{(2)} = 0.248$， $\rho_{11}^{(2)} = 0.193$， $\rho_{12}^{(2)} = 0.218$， $\rho^{(2)} = 0.215$	$g_{42,1}^{(2)} \to 0.587$， $g_{32,6}^{(2)} \to 0.296$， $g_{12,7}^{(2)} \to 0.642$， $g_{42,8}^{(2)} \to 0.587$， $g_{22,11}^{(2)} \to 0.642$， $g_{23,12}^{(2)} \to 0.620$
3	0.255 0.130 0.120 0.157 0.131 0.206	$\begin{pmatrix} 0.297 & 0.435 & 0.375 \\ 0.878 & 0.595 & 0.539 \\ 0.363 & 0.212 & 0.469 \\ 0.252 & 0.561 & 0.136 \end{pmatrix}$	$\rho_1^{(3)} = 0.101$， $\rho_6^{(3)} = 0.157$， $\rho_7^{(3)} = 0.206$， $\rho_8^{(3)} = 0.203$， $\rho_{11}^{(3)} = 0.159$， $\rho_{12}^{(3)} = 0.184$， $\rho^{(3)} = 0.162$	$g_{31,1}^{(3)} \to 0.369$， $g_{13,6}^{(3)} \to 0.375$， $g_{13,7}^{(3)} \to 0.375$， $g_{12,8}^{(3)} \to 0.383$， $g_{31,11}^{(3)} \to 0.291$， $g_{22,12}^{(3)} \to 0.642$

l	$\eta_\gamma^{(l)}$	$R^{(l)}$	$\rho_\gamma^{(l)},\ \rho^{(l)}$	$g_{ij,\gamma}^{(l)}$
4	0.284 0.129 0.114 0.148 0.130 0.196	$\begin{pmatrix} 0.346 & 0.507 & 0.376 \\ 0.878 & 0.511 & 0.534 \\ 0.429 & 0.209 & 0.467 \\ 0.253 & 0.562 & 0.135 \end{pmatrix}$	$\rho_1^{(4)}=0.065,$ $\rho_6^{(4)}=0.123,$ $\rho_7^{(4)}=0.180,$ $\rho_8^{(4)}=0.147,$ $\rho_{11}^{(4)}=0.158,$ $\rho_{12}^{(4)}=0.136,$ $\rho^{(4)}=0.124$	$g_{11,1}^{(4)}\to0.297,$ $g_{42,6}^{(4)}\to0.562,$ $g_{11,7}^{(4)}\to0.346,$ $g_{13,8}^{(4)}\to0.376,$ $g_{12,11}^{(4)}\to0.507,$ $g_{41,12}^{(4)}\to0.253$
5	0.316 0.126 0.107 0.141 0.123 0.187	$\begin{pmatrix} 0.326 & 0.553 & 0.433 \\ 0.878 & 0.510 & 0.528 \\ 0.425 & 0.208 & 0.465 \\ 0.302 & 0.597 & 0.134 \end{pmatrix}$	$\rho_1^{(5)}=0.037,$ $\rho_6^{(5)}=0.094,$ $\rho_7^{(5)}=0.162,$ $\rho_8^{(5)}=0.126,$ $\rho_{11}^{(5)}=0.111,$ $\rho_{12}^{(5)}=0.119,$ $\rho^{(5)}=0.095$	—

（14）令 $\overline{G}_\gamma=G_\gamma^{(5)}$ （$\gamma=1,6,7,8,11,12$）。输出修改后的最终子集群决策矩阵 $\overline{G}_\gamma$ （$\gamma=1,6,7,8,11,12$)和最终群决策矩阵 $\overline{R}$ ：

$$\overline{G}_1=\begin{pmatrix} 0.346 & 0.601 & 0.467 \\ 0.899 & 0.474 & 0.380 \\ 0.363 & 0.178 & 0.421 \\ 0.317 & 0.587 & 0.133 \end{pmatrix},\quad \overline{G}_6=\begin{pmatrix} 0.458 & 0.692 & 0.375 \\ 0.741 & 0.571 & 0.667 \\ 0.439 & 0.296 & 0.469 \\ 0 & 0.562 & 0.057 \end{pmatrix}$$

$$\overline{G}_7=\begin{pmatrix} 0.364 & 0.383 & 0.375 \\ 1 & 0.452 & 0.388 \\ 0.701 & 0.461 & 0.472 \\ 0.491 & 0.902 & 0.341 \end{pmatrix},\quad \overline{G}_8=\begin{pmatrix} 0 & 0.435 & 0.376 \\ 1 & 0.351 & 0.511 \\ 0.442 & 0.461 & 0.526 \\ 0.435 & 0.587 & 0.341 \end{pmatrix}$$

$$\overline{G}_{11}=\begin{pmatrix} 0.297 & 0.507 & 0.430 \\ 0.868 & 0.642 & 0.767 \\ 0.449 & 0 & 0.531 \\ 0.331 & 0.834 & 0 \end{pmatrix},\quad \overline{G}_{12}=\begin{pmatrix} 0.458 & 0.596 & 0.495 \\ 0.782 & 0.595 & 0.620 \\ 0.335 & 0 & 0.441 \\ 0.253 & 0.316 & 0 \end{pmatrix}$$

$$\overline{R}=\begin{pmatrix} 0.326 & 0.553 & 0.433 \\ 0.878 & 0.510 & 0.528 \\ 0.425 & 0.208 & 0.465 \\ 0.302 & 0.597 & 0.134 \end{pmatrix}$$

修改后的最终决策矩阵对应的子集群冲突水平 $\rho_\gamma (\gamma = 1, 6, 7, 8, 11, 12)$ 和群体冲突水平 ρ 如下:

$$\rho_1^{(5)} = 0.037 , \quad \rho_6^{(5)} = 0.094 , \quad \rho_7^{(5)} = 0.162$$
$$\rho_8^{(5)} = 0.126 , \quad \rho_{11}^{(5)} = 0.111 , \quad \rho_{12}^{(5)} = 0.119$$
$$\rho^{(5)} = 0.095 , \quad l = 5$$

因为 $\rho^{(5)} = 0.095 < 0.10$,所以修改后的最终群决策矩阵达到可接受的冲突水平,迭代过程终止。

(15) 当修改后的最终决策矩阵 $\overline{G}_1$、$\overline{G}_6$、$\overline{G}_7$、$\overline{G}_8$、$\overline{G}_{11}$、$\overline{G}_{12}$ 和 $\overline{R}$ 达到可接受的冲突水平时,利用式(6.13)集结每个备选方案的群体偏好并得到最终的群体偏好向量:

$$Z = (0.467, 0.606, 0.326, 0.408)^T$$

因此,四个备选方案的排序为 $x_2 \succ x_1 \succ x_4 \succ x_3$,备选方案 x_2 为最佳方案。

图 6.7 显示了算法 6.3 中每次迭代的子集群和群体冲突水平。它清楚地显示了迭代过程中冲突水平的下降趋势。表 6.10 还列出了每次迭代的子集群权重。通过自动调整这些权重,随着迭代的进行,群体冲突水平会降低。图 6.8 显示了群体冲突水平变化时的子集群权重。当群体冲突水平逐渐下降时,子集群 1 的权重 η_1 增加,其他子集群的权重均略微减少。

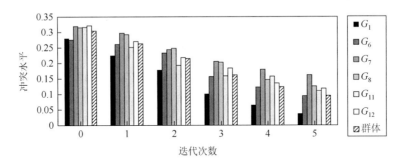

图 6.7 算法 6.3 中的子集群和群体冲突水平

为了显示本章所提方法的有效性,我们使用式(6.27)衡量子集群 P_γ 的调整度:

$$\mathrm{AD}_\gamma = \frac{\sum_{i=1}^{n} \sum_{j=1}^{m} | g_{ij,\gamma}^{(0)} - \overline{g}_{ij,\gamma} |}{\sum_{i=1}^{n} \sum_{j=1}^{m} g_{ij,\gamma}^{(0)}} , \quad \gamma \in Q \tag{6.27}$$

其中,$G_\gamma^{(0)} = (g_{ij,\gamma}^{(0)})_{n \times m} (\gamma \in Q)$ 为子集群 P_γ 的初始群决策矩阵;$\overline{G}_\gamma = (\overline{g}_{ij,\gamma})_{n \times m} (\gamma \in Q)$ 为

子集群 P_γ 的最终群决策矩阵。调整度衡量了总体调整质量相对于原始群体偏好的百分比。下面引入子集群 P_γ 的调整率来表示最终群体偏好值被调整的百分比：

$$\mathrm{AR}_\gamma = \frac{\sum_{i=1}^{n}\sum_{j=1}^{m}\upsilon_{ij,\gamma}}{mn} \qquad (6.28)$$

其中，$\upsilon_{ij,\gamma} = \begin{cases} 0, & g_{ij,\gamma}^{(0)} = \overline{g}_{ij,\gamma} \\ 1, & g_{ij,\gamma}^{(0)} \neq \overline{g}_{ij,\gamma} \end{cases}$。

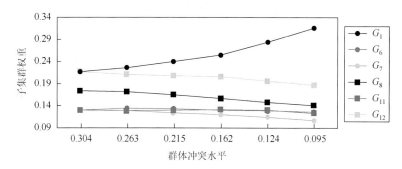

图 6.8　群体冲突水平变化时的子集群权重

基于表 6.10 及式（6.27）和式（6.28），我们可以计算出每个子集群的调整度和调整率，如表 6.11 所示。

表 6.11　本章所提方法下 6 个子集群的调整度和调整率

参数	G_1	G_6	G_7	G_8	G_{11}	G_{12}
调整度	0.331	0.378	0.359	0.452	0.314	0.371
调整率	0.417	0.417	0.333	0.417	0.417	0.417

6.4.2　比较分析

1. 与文献[43]的比较

为了在大规模应急群决策中达成共识，本章利用 SOM 将大量决策者分类为若干较小的子集群并识别非合作决策者。这是首次尝试应用 SOM 支持多属性决策问题的共识达成过程。为了显示本章所提方法的优点，我们使用另一种技术[43]对算例的可比部分进行对比分析。文献[43]提出了一种在个体偏好集合中自动达成共识的方法，如算法 6.4 所示。

算法 6.4　文献[43]的共识达成算法

初始化：令 $G_\gamma(\gamma \in Q)$ 为 q 个子集群的决策矩阵，l 为迭代次数，并且 $0 < \xi < 1$。

（1）利用 WAA 算子（式（6.5））将所有子集群的决策矩阵 $G_\gamma = (g_{ij})_{n \times m}(\gamma \in Q)$ 融合为一个群决策矩阵 $R = (r_{ij})_{n \times m}$。令 $G_\gamma^{(0)} = (g_{ij,\gamma}^{(0)})_{n \times m} = G_\gamma = (g_{ij,\gamma})_{n \times m}$，$\delta$ 为群体冲突水平阈值。

（2）使用式（6.29）计算每个子集群决策矩阵 $G_\gamma^{(l)} = (g_{ij,\gamma}^{(l)})_{n \times m}$ 与群决策矩阵 $R^{(l)} = (r_{ij}^{(l)})_{n \times m}$ 之间的冲突水平，测量子集群和群决策矩阵之间的平均绝对偏差：

$$\bar{\rho}_\gamma^{(l)} = d(G_\gamma^{(l)}, R^{(l)}) = \frac{1}{mn} \sum_{i=1}^{n} \sum_{j=1}^{m} \left| g_{ij,\gamma}^{(l)} - r_{ij}^{(l)} \right| \qquad (6.29)$$

如果所有的 $\bar{\rho}_\gamma^{(l)} \leqslant \delta\,(\gamma \in Q)$，那么进行步骤（4）；否则，进行步骤（5）。

（3）更新子集群和群决策矩阵。令 $G_\gamma^{(l+1)} = (g_{ij,\gamma}^{(l+1)})_{n \times m}$，$R^{(l+1)} = (r_{ij}^{(l+1)})_{n \times m}$，它们的元素为

$$g_{ij,\gamma}^{(l+1)} = \xi g_{ij,\gamma}^{(l)} + (1-\xi) r_{ij}^{(l)}, \quad i \in N, \quad j \in M, \quad \gamma \in Q \qquad (6.30)$$

$$r_{ij}^{(l+1)} = \sum_{\gamma=1}^{q} \eta_\gamma g_{ij,\gamma}^{(l+1)}, \quad i \in N, \quad j \in M \qquad (6.31)$$

其中，$\eta = (\eta_1, \eta_2, \cdots, \eta_q)^{\mathrm{T}}$ 为子集群权重向量，$\sum_{\gamma=1}^{q} \eta_\gamma = 1$，$\eta_\gamma \in [0, 1](\gamma \in Q)$。

令 $l = l + 1$，转步骤（2）。

（4）输出 l，$\bar{G}_\gamma = G_\gamma^{(l)}\,(\gamma \in Q)$，$R^{(l)}$。

（5）利用式（6.13）集结 $R^{(l)} = (r_{ij}^{(l)})_{n \times m}$ 中第 i 行所有元素，求出备选方案 $x_i(i \in N)$ 的群体偏好值，对备选方案 $x_i(i \in N)$ 进行排序。

（6）结束。

【备注 6.8】　Xu[43]使用式（6.29）来衡量子集群决策矩阵 $G_\gamma^{(l)} = (g_{ij,\gamma}^{(l)})_{n \times m}$ 和群决策矩阵 $R^{(l)} = (r_{ij}^{(l)})_{n \times m}$ 之间的冲突水平，认为属性是同等重要的，即每个属性的权重等于 $1/m$。本章所提方法使用式（6.9）衡量每个决策者的冲突水平，考虑属性的权重；使用式（6.10）来衡量子集群冲突水平，这是每个决策者的冲突水平的集结。如果将每个决策者的权重设置为相等，即 $\lambda_{k,\gamma} = 1/L_\gamma$，则式（6.10）简化为式（6.9）。因此，Xu[43]的方法将属性和决策者的权重设为相等，这显然是不合理的。

接下来，我们将算法 6.4 应用于 6.4.1 节算例分析的步骤（10），即子集群的共识达成过程，其中，$\eta = (5/23, 3/23, 3/23, 4/23, 3/23, 5/23)^{\mathrm{T}}$，$\delta = 0.1$，$\xi = 0.5$。详细的共识达成过程如表 6.12 所示。

表 6.12　基于算法 6.4 的共识达成过程

l	$G_1^{(l)}$，$G_6^{(l)}$，$G_7^{(l)}$，$G_8^{(l)}$，$G_{11}^{(l)}$，	$R^{(l)}$	$\bar{\rho}_\gamma^{(l)}$
0	$\begin{pmatrix} 0.56 & 0.58 & 0.93 \\ 0.68 & 0.05 & 0.23 \\ 0.10 & 0.15 & 0.42 \\ 0.37 & 1 & 0.29 \end{pmatrix},\ \begin{pmatrix} 0.900 & 0.690 & 0.750 \\ 0.740 & 0.040 & 0.670 \\ 0.440 & 0.900 & 0.470 \\ 0 & 0.280 & 0.060 \end{pmatrix},$ $\begin{pmatrix} 0 & 0 & 0 \\ 1 & 0.47 & 0.57 \\ 0.52 & 1 & 0.48 \\ 0.39 & 0.81 & 1 \end{pmatrix},\ \begin{pmatrix} 0 & 0 & 0 \\ 1 & 0.35 & 0.47 \\ 0.42 & 1 & 0.56 \\ 0.37 & 0.14 & 1 \end{pmatrix},$ $\begin{pmatrix} 0 & 0.17 & 0.43 \\ 0.87 & 1 & 0.77 \\ 1 & 0 & 1 \\ 0.33 & 0.83 & 0 \end{pmatrix},\ \begin{pmatrix} 0.98 & 0.50 & 0.36 \\ 0.47 & 0.96 & 0.96 \\ 0.35 & 0.02 & 0.26 \\ 0.06 & 0.23 & 0.02 \end{pmatrix}$	$\begin{pmatrix} 0.452 & 0.347 & 0.434 \\ 0.764 & 0.477 & 0.603 \\ 0.427 & 0.459 & 0.500 \\ 0.252 & 0.542 & 0.380 \end{pmatrix}$	$\bar{\rho}_1^{(0)} = 0.258$， $\bar{\rho}_6^{(0)} = 0.246$， $\bar{\rho}_7^{(0)} = 0.266$， $\bar{\rho}_8^{(0)} = 0.290$， $\bar{\rho}_{11}^{(0)} = 0.309$， $\bar{\rho}_{12}^{(0)} = 0.292$
1	$\begin{pmatrix} 0.506 & 0.464 & 0.682 \\ 0.722 & 0.264 & 0.416 \\ 0.263 & 0.304 & 0.460 \\ 0.311 & 0.771 & 0.335 \end{pmatrix},\ \begin{pmatrix} 0.676 & 0.519 & 0.592 \\ 0.752 & 0.259 & 0.636 \\ 0.433 & 0.679 & 0.485 \\ 0.126 & 0.411 & 0.220 \end{pmatrix},$ $\begin{pmatrix} 0.226 & 0.174 & 0.217 \\ 0.882 & 0.474 & 0.586 \\ 0.473 & 0.729 & 0.490 \\ 0.321 & 0.676 & 0.690 \end{pmatrix},\ \begin{pmatrix} 0.226 & 0.174 & 0.217 \\ 0.882 & 0.414 & 0.536 \\ 0.423 & 0.729 & 0.530 \\ 0.311 & 0.341 & 0.690 \end{pmatrix},$ $\begin{pmatrix} 0.226 & 0.259 & 0.432 \\ 0.817 & 0.739 & 0.686 \\ 0.713 & 0.229 & 0.750 \\ 0.291 & 0.686 & 0.190 \end{pmatrix},\ \begin{pmatrix} 0.716 & 0.424 & 0.397 \\ 0.617 & 0.719 & 0.781 \\ 0.388 & 0.239 & 0.380 \\ 0.156 & 0.386 & 0.200 \end{pmatrix}$	$\begin{pmatrix} 0.452 & 0.347 & 0.434 \\ 0.764 & 0.477 & 0.603 \\ 0.427 & 0.459 & 0.500 \\ 0.252 & 0.542 & 0.380 \end{pmatrix}$	$\bar{\rho}_1^{(1)} = 0.129$， $\bar{\rho}_6^{(1)} = 0.123$， $\bar{\rho}_7^{(1)} = 0.133$， $\bar{\rho}_8^{(1)} = 0.145$， $\bar{\rho}_{11}^{(1)} = 0.155$， $\bar{\rho}_{12}^{(1)} = 0.146$
2	$\begin{pmatrix} 0.479 & 0.405 & 0.558 \\ 0.743 & 0.371 & 0.510 \\ 0.345 & 0.382 & 0.480 \\ 0.281 & 0.657 & 0.357 \end{pmatrix},\ \begin{pmatrix} 0.564 & 0.433 & 0.513 \\ 0.758 & 0.368 & 0.620 \\ 0.430 & 0.569 & 0.492 \\ 0.189 & 0.477 & 0.300 \end{pmatrix},$ $\begin{pmatrix} 0.339 & 0.260 & 0.326 \\ 0.823 & 0.476 & 0.595 \\ 0.450 & 0.594 & 0.495 \\ 0.286 & 0.609 & 0.535 \end{pmatrix},\ \begin{pmatrix} 0.339 & 0.260 & 0.326 \\ 0.823 & 0.446 & 0.570 \\ 0.425 & 0.594 & 0.515 \\ 0.281 & 0.442 & 0.535 \end{pmatrix},$ $\begin{pmatrix} 0.339 & 0.303 & 0.433 \\ 0.791 & 0.608 & 0.645 \\ 0.570 & 0.344 & 0.625 \\ 0.271 & 0.614 & 0.285 \end{pmatrix},\ \begin{pmatrix} 0.584 & 0.385 & 0.416 \\ 0.691 & 0.598 & 0.692 \\ 0.407 & 0.349 & 0.440 \\ 0.204 & 0.464 & 0.290 \end{pmatrix}$	$\begin{pmatrix} 0.452 & 0.347 & 0.434 \\ 0.764 & 0.477 & 0.603 \\ 0.427 & 0.459 & 0.500 \\ 0.252 & 0.542 & 0.380 \end{pmatrix}$	$\bar{\rho}_1^{(2)} = 0.065$， $\bar{\rho}_6^{(2)} = 0.062$， $\bar{\rho}_7^{(2)} = 0.067$， $\bar{\rho}_8^{(2)} = 0.073$， $\bar{\rho}_{11}^{(2)} = 0.077$， $\bar{\rho}_{12}^{(2)} = 0.073$

　　当 $l=2$ 时，所有子集群的冲突水平都低于阈值。利用 WAA 算子（式（6.13））集结 $R^{(l)} = (r_{ij}^{(l)})_{n \times m}$ 的第 i 行中的所有元素，求出备选方案 $x_i(i=1, 2, 3, 4)$ 的群体偏好值：

$$z_1 = 0.395，z_2 = 0.580，z_3 = 0.461，z_4 = 0.429$$

因此，四个备选方案的排序为 $x_2 \succ x_3 \succ x_4 \succ x_1$，备选方案 x_2 是最佳方案。

图 6.9 显示了算法 6.4 在每次迭代时的子集群冲突水平，它清楚地显示了迭代过程中子集群冲突水平的下降趋势。

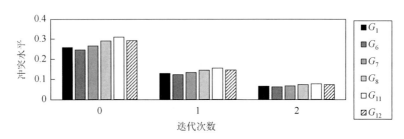

图 6.9　基于算法 6.4 的子集群冲突水平

基于式（6.27）和式（6.28），我们可以计算出在 Xu[43] 的方法下每个子集群的调整度和调整率，如表 6.13 所示。比较表 6.11 和表 6.13，可以看出表 6.13 中的大部分值比表 6.11 中的要大，说明 Xu[43] 的方法会扭曲决策者原始信息的百分比。

表 6.13　Xu[43] 方法下 6 个子集群的调整度和调整率

参数	G_1	G_6	G_7	G_8	G_{11}	G_{12}
调整度	0.434	0.373	0.383	0.491	0.435	0.509
调整率	1	1	1	1	1	1

2. 属性权重分析

本章利用式（6.9）来衡量冲突水平，并考虑属性权重。在 Xu[43] 的方法中，式（6.29）显示所有属性的权重都是相等的。下面我们设置不同的属性来检查结果。为了便于计算，我们只使用子集群的偏好关系，即在 6.4.1 节算例分析的步骤（10）中获得的 G_1、G_6、G_7、G_8、G_{11}、G_{12}。

表 6.14 列出了不同属性权重 w、迭代次数 l、最终群体偏好关系 R、最终冲突水平 ρ、每个备选方案的群体偏好 Z 及备选方案排序的结果。在设置不同的属性权重时，所有的结果都略有不同，最终的方案排序也可能不同。这表明属性权重会影响最终结果。Xu[43] 的方法在共识达成过程中没有考虑属性权重，而在最终集结时考虑属性权重。

表 6.14　不同参数 w、l、R、ρ、Z 下的方案排序

w	l	R	ρ	Z	方案排序
0.1 0.2 0.7	5	$\begin{pmatrix} 0.302 & 0.559 & 0.439 \\ 0.867 & 0.525 & 0.547 \\ 0.424 & 0.195 & 0.466 \\ 0.288 & 0.539 & 0.123 \end{pmatrix}$	0.086	0.450 0.574 0.407 0.223	$x_2 \succ x_1 \succ x_3 \succ x_4$
0.2 0.3 0.5	5	$\begin{pmatrix} 0.296 & 0.556 & 0.437 \\ 0.872 & 0.518 & 0.539 \\ 0.425 & 0.201 & 0.465 \\ 0.294 & 0.549 & 0.129 \end{pmatrix}$	0.089	0.444 0.599 0.378 0.287	$x_2 \succ x_1 \succ x_3 \succ x_4$
0.25 0.5 0.25	5	$\begin{pmatrix} 0.326 & 0.553 & 0.433 \\ 0.878 & 0.510 & 0.528 \\ 0.425 & 0.208 & 0.465 \\ 0.302 & 0.597 & 0.134 \end{pmatrix}$	0.095	0.467 0.606 0.326 0.408	$x_2 \succ x_1 \succ x_4 \succ x_3$
0.5 0.2 0.3	6	$\begin{pmatrix} 0.290 & 0.553 & 0.434 \\ 0.876 & 0.511 & 0.538 \\ 0.425 & 0.207 & 0.467 \\ 0.297 & 0.558 & 0.130 \end{pmatrix}$	0.074	0.386 0.702 0.394 0.299	$x_2 \succ x_3 \succ x_1 \succ x_4$
0.6 0.2 0.2	5	$\begin{pmatrix} 0.287 & 0.551 & 0.433 \\ 0.878 & 0.508 & 0.537 \\ 0.426 & 0.210 & 0.467 \\ 0.299 & 0.563 & 0.132 \end{pmatrix}$	0.094	0.369 0.736 0.391 0.318	$x_2 \succ x_3 \succ x_1 \succ x_4$

3. 共识度分析

下面我们通过设置不同的冲突水平阈值 δ，同时保持属性权重不变 $w = (0.25, 0.25, 0.25)^{\mathrm{T}}$，来分析方案排序结果。表 6.15 列出了不同冲突水平阈值 δ、迭代次数 l、最终群体偏好关系 R、最终冲突水平 ρ、每个备选方案的群体偏好 Z 及备选方案排序的结果。

表 6.15　不同参数 δ、l、R、ρ、Z 下的方案排序

δ	l	R	ρ	Z	方案排序
0.05	8	$\begin{pmatrix} 0.369 & 0.531 & 0.439 \\ 0.895 & 0.505 & 0.544 \\ 0.414 & 0.204 & 0.457 \\ 0.335 & 0.590 & 0.128 \end{pmatrix}$	0.041	0.467 0.612 0.320 0.411	$x_2 \succ x_1 \succ x_4 \succ x_3$

δ	l	R			ρ	Z	方案排序
0.07	7	$\begin{pmatrix} 0.370 & 0.560 & 0.437 \\ 0.895 & 0.507 & 0.545 \\ 0.415 & 0.206 & 0.460 \\ 0.337 & 0.590 & 0.132 \end{pmatrix}$			0.053	0.482 0.613 0.321 0.412	$x_2 \succ x_1 \succ x_4 \succ x_3$
0.1	5	$\begin{pmatrix} 0.326 & 0.553 & 0.433 \\ 0.878 & 0.510 & 0.528 \\ 0.425 & 0.208 & 0.465 \\ 0.302 & 0.597 & 0.134 \end{pmatrix}$			0.095	0.467 0.606 0.326 0.408	$x_2 \succ x_1 \succ x_4 \succ x_3$
0.2	3	$\begin{pmatrix} 0.297 & 0.435 & 0.375 \\ 0.878 & 0.595 & 0.539 \\ 0.363 & 0.212 & 0.469 \\ 0.252 & 0.561 & 0.136 \end{pmatrix}$			0.162	0.385 0.652 0.314 0.378	$x_2 \succ x_1 \succ x_4 \succ x_3$

从表 6.15 中可以看出，随着冲突水平阈值的增加，迭代次数减少，最终的方案排序没有变化。它还表明属性权重对冲突水平有影响。

根据上述结果，我们观察到本章所提方法与 Xu[43]的方法之间存在以下差异。

（1）最终的方案排序略有不同，但最佳备选方案相同。

（2）从表 6.11 和表 6.13 中可以看出，除了子集群 G_6，Xu[43]的方法下的所有调整度都大于本章所提方法，表明本章所提方法比 Xu[43]的方法保留了更多原始信息。很显然，这是因为本章所提模型会逐步修改与群决策矩阵中元素具有最大偏差的值，而 Xu[43]的模型倾向于修改所有值。这也可以通过表 6.13 中的调整率来验证，它们都等于 1 意味着原始决策矩阵中的偏好值 100%被 Xu[43]的模型修改了。这种处理往往会严重扭曲决策者的原始信息。对于每个修改过程中的每个决策矩阵，本章所提模型的调整复杂度是 $O(1)$，但 Xu[43]的模型的调整复杂度是 $O(n \times m)$，需要更多的计算工作。

（3）Xu 和 Wu[69]证明，按照 Xu[43]的方法，群决策矩阵 $R^{(l)}$ 在整个迭代过程中保持不变。这在本章的计算中也得到了证实，即 $R^{(1)} = R^{(2)}$，这使得 Xu[43]的共识达成算法变得多余。

（4）Xu[43]的方法是为小规模群决策问题设计的，难以处理大规模群决策问题。本章所提方法是为大规模应急群决策问题设计的，也可以通过直接省略分类阶段来解决小规模群决策问题。

（5）在共识达成过程中，Xu[43]及 Xu 和 Wu[69]的方法都是主观地设置决策者的初始权重，并在整个迭代过程中保持权重不变。本章所提方法中的决策者权重则根据他们对群决策的共识贡献更新，更符合现实世界的决策情况。

（6）Xu[43]使用式（6.29）计算冲突水平，意味着属性权重相等；在通过式（6.13）集结每个备选方案在不同属性下的偏好时，异质的属性权重被考虑在内，这造成了计算过程的前后不一致。

6.5　本章小结

本章为大规模应急群决策问题提出了一个可行的两阶段共识达成模型。在第一阶段，本章通过使用 SOM 对大规模决策群进行预处理，将它们分类为若干较小的子集群，并应用基于群体贡献理论的迭代算法来获得子集群决策矩阵。在第二阶段，本章将每个子集群视为一个新的决策者，并使用子集群决策矩阵作为新的决策输入，形成一个更小、更易处理的群决策问题，再次应用迭代共识达成算法，得到最终的群决策结果。与现有方法相比，本章所提方法具有以下特点。

（1）在共识达成过程之前采用 SOM 作为预处理方法。

（2）SOM 网络有助于检测非合作决策者，并在进入共识达成过程之前就将它们移除。这种处理通过忽略非合作决策者对群体偏好的负面影响来加速共识达成过程的收敛。

（3）为了尽可能保留决策者的原始判断，本章所提方法逐步调整与群体偏好相应元素的偏差最大的偏好值。这与 Xu[43]修改个体偏好矩阵中所有值的方法形成对比。

（4）本章所提方法采用模块化框架构建，可以根据实际情况或分析师的具体需求，通过将特定模块替换为替代算法来灵活定制方法。

从管理的角度来看，本章所提方法适用于任何涉及大量利益相关者且必须迅速达成最终共识的紧急决策情况。本章的主要贡献在于两个方面：提出了两阶段共识达成机制和迭代共识达成算法。通过采用本章所提方法，即使有大量利益相关者，也可以迅速达成最终共识。虽然算例研究是通过使用应急避难所选择问题来说明的，但本章所提方法可以应用于其他领域的各种大规模应急群决策问题，如洪水管理和森林野火控制。

值得说明的是，该课题有广阔的研究前景。首先，本章采用 SOM 网络，在第一阶段将大量决策者分类为多个子集群。此外，也可以采用其他聚类方法来处理大规模应急群决策问题的分类，如模糊 C-均值[50]、主成分分析[87]、部分二叉树数据包络分析-判别分析（data envelopment analysis-discriminant analysis，DEA-DA）循环分类[88]。其次，本章讨论的偏好信息是完整的，这是紧急决策中的强假设。未来可考虑偏好信息不完整[28, 78, 89, 90]、语言偏好关系不确定[91, 92]、区间偏好关系[93]的情况。最后，本章假设属性权重向量是已知的，并且对于所有决策者都是相同的。属性权重未知或不同决策者存在异质属性权重的群决策问题也值得进一步研究。

第7章 犹豫模糊偏好关系局部调整共识模型及其应用

7.1 基本概念

本节介绍犹豫模糊集、犹豫模糊偏好关系的定义。

【定义 7.1】[94] 设 X 是一个固定集，X 上的犹豫模糊集由函数 h 表示，该函数返回[0, 1]上的一个非空子集。为了便于理解，犹豫模糊集可以表示为[95]

$$E = \{< x, h_E(x) >| x \in X\} \qquad (7.1)$$

其中，$h_E(x)$ 为[0, 1]的一个子集，表示元素 $x \in X$ 对集合 E 的可能隶属度。为方便起见，称 $h_E(x)$ 为犹豫模糊元。

更多关于犹豫模糊集的操作、扩展、特性和应用可参见 Rodríguez 等[96]的研究。

【定义 7.2】[95] 对于犹豫模糊元 h，$\#h$ 为 h 中的元素数量，$s(h) = \frac{1}{\#h}\sum_{\gamma \in h} \gamma$ 为 h 的得分。对于两个犹豫模糊元 h_1 及 h_2，在 $s(h_1) > s(h_2)$ 的条件下，有 $h_1 > h_2$；在 $s(h_1) = s(h_2)$ 的条件下，有 $h_1 = h_2$。

【定义 7.3】[20] 若模糊偏好关系 R 满足加性一致性，则

$$r_{ij} = r_{ik} + r_{kj} - 0.5, \quad \forall i, j \in N \qquad (7.2)$$

在一个群决策问题中，邀请几个专家来评估 x_i 优于 x_j 的程度。有些专家给出 r_{ij}^1，有些专家给出 r_{ij}^2，剩下的专家给出 r_{ij}^3（$r_{ij}^1, r_{ij}^2, r_{ij}^3 \in [0,1]$）。在这种情况下，$r_{ij}$ 表示 x_i 优于 x_j 的程度包含三个值 r_{ij}^1、r_{ij}^2 和 r_{ij}^3，这三个值共同构成犹豫模糊元 $r_{ij} = \{r_{ij}^1, r_{ij}^2, r_{ij}^3\}$。同样，对于方案 x_i 和 x_k，其偏好值 r_{ik} 可以表示为另一个犹豫模糊元 $r_{ik} = \{r_{ik}^1, r_{ik}^2\}$。不同的两两比较 r_{ij} 包含不同数量的值，所有的 r_{ij} 构成了一个犹豫模糊偏好关系。

【定义 7.4】 设 $X = \{x_1, x_2, \cdots, x_n\}$ 为一个方案集。X 上的犹豫模糊偏好关系用矩阵 $H = (h_{ij})_{n \times n} \subset X \times X$ 表示，其中，$h_{ij} = \{h_{ij}^\beta | \beta = 1, 2, \cdots, \#h_{ij}\}$（$\#h_{ij}$ 为 h_{ij} 中的元素数量）是一个犹豫模糊元，表示方案 x_i 优于 x_j 的所有可能偏好程度。此外，h_{ij} 应满足：

$$h_{ij}^\beta + h_{ji}^\beta = 1, \quad h_{ii} = \{0.5\}, \quad \#h_{ij} = \#h_{ji}, \quad i, j = 1, 2, \cdots, n \qquad (7.3)$$

其中，h_{ij}^{β} 为 h_{ij} 中的第 β 个值。

【备注 7.1】　Xia 和 Xu[97]首先用犹豫模糊集对模糊偏好关系进行了拓展，引入了犹豫模糊偏好关系的概念。然而，定义 7.4 与 Xia 和 Xu[97]的定义略有不同。在 Xia 和 Xu[97]对犹豫模糊偏好关系的定义中，需要 h_{ij} 中的值按照升序排列，即 $h_{ij}^{\beta} < h_{ij}^{\beta+1}$ ($i<j$)。定义 7.4 没有这一约束，不需要按照升序或降序排列元素。例如，专家在给出方案 x_1 和 x_2 的比较信息时，给出了两个隶属度 0.6 和 0.9，分别表示专家认为方案 x_1 相对于方案 x_2 具有相近的优势和具有极好的优势。此外，他对隶属度为 0.9 比隶属度为 0.6 更有把握。在这种情况下，该专家给出的由犹豫模糊集表示的方案 x_1 和 x_2 的比较信息应为{0.9, 0.6}。如果将 h_{ij} 中的值按升序排列，它将是{0.6, 0.9}，这将扭曲专家的原始信息。后面将进一步说明这种排序方式的不合理之处导致在一致性过程中可能出现的一些问题。

7.2　犹豫模糊偏好关系的一致性

基于加性一致性，本节提出一种新的犹豫模糊偏好关系标准化方法。

7.2.1　犹豫模糊偏好关系的标准化

给定任意两个犹豫模糊元 h_1 和 h_2，在大多数情况下，#h_1≠#h_2。考虑犹豫模糊偏好关系时，不同位置上的成对比较的元素数量可能不同。为了实现正确操作，Zhu 等[98]提出了 β-标准化方法，使所有的犹豫模糊元具有相同的元素数量。

【定义 7.5】[98]　设 $h = \{h^{\beta}|\beta = 1, 2, \cdots, \#h\}$ 为犹豫模糊元，h^+ 和 h^- 分别为 h 中的最大和最小元素，ς（$0 \leqslant \varsigma \leqslant 1$）为一个参数，则 $\bar{h} = \varsigma h^+ + (1-\varsigma)h^-$ 称为添加元素。

【备注 7.2】　特别地，当 $\varsigma = 1$，$\bar{h} = h^+$ 和 $\varsigma = 0$，$\bar{h} = h^-$ 时，Xu 和 Xia[99]分别称为乐观和悲观规则。虽然 Xu 和 Xia[99]及 Zhu 等[98]的方法可以使所有的犹豫模糊元具有相同的元素数量，但是存在一定的局限性。在 Xu 和 Xia[99]的方法中，添加元素仅是集合中的最小元素或最大元素，其他中间元素不能成为添加元素。例如，对于给定的犹豫模糊元 $h = \{0.1, 0.2, 0.3\}$，其长度为 4 的扩展犹豫模糊元只能是 $h = \{0.1, 0.1, 0.2, 0.3\}$ 或 $h = \{0.1, 0.2, 0.3, 0.3\}$。在 Zhu 等[98]的方法中，可以得到许多可能的添加元素。对于犹豫模糊元 $h = \{0.1, 0.2, 0.3\}$，如果 $\varsigma = 0.3$，将得到一个扩展长度为 4 的犹豫模糊元 $h = \{0.1, 0.16, 0.2, 0.3\}$。但是，添加元素 0.16 不是原始值，并且没有规则显示如何设置参数 ς，这将扭曲专家的原始信息。上述标准化过程是人为且随机的。此外，对于犹豫模糊元 $h = \{0.1, 0.2, 0.3\}$，原始的犹豫

模糊元可能是 $h = \{0.1, 0.2, 0.2, 0.3\}$，即其中 2 个专家都给出了 0.2。一旦将这些值表示为犹豫模糊元，重复值就只出现一次。因此，添加元素应该基于一些规则。由于 Xu 和 Xia[99] 及 Zhu 等[98] 方法的局限性，本节提出另一种添加元素的方法。

【定义 7.6】 设 $h = \{h^\beta | \beta = 1, 2, \cdots, \#h\}$ 为犹豫模糊元，$\bar{h}$ 为直接添加元素，满足 $\bar{h} \in h$，且添加在现有元素之后。

【备注 7.3】 直接添加元素应该属于原始的犹豫模糊元，目的是尽可能推测专家的原始信息。此外，增加的偏好值应该放在现有偏好值之后。例如，给定犹豫模糊元 $h = \{0.1, 0.2, 0.3\}$，如果 0.2 是添加元素，则 $h = \{0.1, 0.2, 0.3, 0.2\}$。以上三种方法都可以使得所有的犹豫模糊元具有相同数量的元素。下面本节提出一种基于加性一致性的方法来添加元素。

在基于一致性的方法中，添加元素视为未知值[100, 101]。根据模糊偏好关系的加性一致性（式（7.2）），利用 $R_{ij} = (r_{ij})_{n \times n}$ 的加性一致性（即 $r_{ij} = r_{ik} + r_{kj} - 0.5$）和中间方案 x_k，估计偏好值 r_{ij} 有以下三种方法[52, 101]。

（1）根据 $r_{ij} = r_{ik} + r_{kj} - 0.5$，可得估计值：

$$\mathrm{cr}_{ij}^{k1} = r_{ik} + r_{kj} - 0.5 \tag{7.4}$$

（2）根据 $r_{kj} = r_{ki} + r_{ij} - 0.5$，可得估计值：

$$\mathrm{cr}_{ij}^{k2} = r_{kj} - r_{ki} + 0.5 \tag{7.5}$$

（3）根据 $r_{ik} = r_{ij} + r_{jk} - 0.5$，可得估计值：

$$\mathrm{cr}_{ij}^{k3} = r_{ik} - r_{jk} + 0.5 \tag{7.6}$$

如果考虑模糊加性偏好关系的互补性，则式（7.4）～式（7.6）中 $\mathrm{cr}_{ij}^{k1} = \mathrm{cr}_{ij}^{k2} = \mathrm{cr}_{ij}^{k3}$。由于

$$\mathrm{cr}_{ij}^{k2} = r_{kj} - r_{ki} + 0.5 = r_{kj} - (1 - r_{ik}) + 0.5 = r_{ik} + r_{kj} - 0.5 = \mathrm{cr}_{ij}^{k1}$$

$$\mathrm{cr}_{ij}^{k3} = r_{ik} - r_{jk} + 0.5 = r_{ik} - (1 - r_{kj}) + 0.5 = r_{ik} + r_{kj} - 0.5 = \mathrm{cr}_{ij}^{k1}$$

可以利用式（7.4）～式（7.6）中的任意一个公式来估计 r_{ij}。为简便起见，设 $\mathrm{cr}_{ij}^k = \mathrm{cr}_{ij}^{k1}$，可以得到 r_{ij} 整体估计值：

$$\mathrm{cr}_{ij} = \frac{\sum_{k=1}^{n} \mathrm{cr}_{ij}^k}{n} \tag{7.7}$$

由于模糊加性偏好关系的加性一致性（式（7.2））对所有 $i, j, k \in N$ 成立，这里允许 $i = j = k$。

对于不完全模糊加性偏好关系 R，我们引入以下集合[101]：①$A = \{(i, j) | i, j \in N \wedge i \neq j\}$；②$\mathrm{MV} = \{(i, j) \in A \,|\, r_{ij} \,缺失\}$；③$\mathrm{EV} = A \backslash \mathrm{MV}$；④$P_{ij} = \{k \neq i, j \,|\, (i, k), (k, j) \in \mathrm{EV}\}$。其中，MV 是未知值集合，EV 是已知值集合，$P_{ij}$ 是方案 x_k 集合，利用式（7.7）可估计 $r_{ij}(i \neq j)$。

本节提出一个修正算法来估计不完全模糊加性偏好关系的未知值,步骤如下。

(1) 识别可在每次迭代中估计的元素。设 R 为一个不完全模糊加性偏好关系,EMV_t 为未知值集合 MV 的子集,可在第 t 次迭代中估计,定义为

$$\mathrm{EMV}_t = \left\{ (i, j) \in \mathrm{MV} \setminus \bigcup_{l=0}^{t-1} \mathrm{EMV}_l \,\middle|\, i \neq j \wedge \exists k \in \{P_{ij}\} \right\} \quad (7.8)$$

显然,$\mathrm{EMV}_0 = \varnothing$,当 $\mathrm{EMV}_{\mathrm{maxIter}} = \varnothing$ 时,程序停止。在这种情况下,没有更多的未知值可以估计。此外,如果 $\bigcup_{l=1}^{\mathrm{maxIter}} \mathrm{EMV}_l = \mathrm{MV}$,则所有的未知值都被估计出来了。在这种情况下,我们成功地完善了不完全模糊加性偏好关系。

(2) 估计给定的未知值。为估计给定未知值 r_{ij},$(i, j) \in \mathrm{EMV}_t$,建立如下函数 estimate_$r(i, j)$。

函数 estimate_$r(i, j)$
若 $\#P_{ij} \neq 0$ 则

$$\mathrm{cr}_{ij} = \frac{\sum\limits_{k \in P_{ij}} \mathrm{cr}_{ij}^k}{\#P_{ij}}$$

结束函数

通过式 (7.4),函数 estimate_$r(i, j)$ 利用所有可能的中间方案 x_k,计算所有估计值的平均值,作为最终估计值 cr_{ij}。然而,估计值 cr_{ij} 可能不在单位区间 [0, 1]。为避免这种非标准的值,对 cr_{ij} 进行如下定义:

$$\mathrm{cr}_{ij} = \mathrm{med}\{0, 1, \mathrm{cr}_{ij}\} \quad (7.9)$$

迭代估计过程如下。

---

0. $\mathrm{EMV}_0 = \varnothing$
1. $t = 1$
2. 当 $\mathrm{EMV}_t \neq \varnothing \{$
3. 　　对于所有 $(i, j) \in \mathrm{EMV}_t \{$
4. 　　　　estimate_$r(i, j)$
5. 　　$\}$
6. 　　$t + +$
7. $\}$

【定义 7.7】　设 $H=(h_{ij})_{n\times n}$ 为犹豫模糊偏好关系，标准化的犹豫模糊偏好关系 $\bar{H}=(\bar{h}_{ij})_{n\times n}$ 应满足以下条件。

（1）$\#\bar{h}_{ij}=\max\{\#\bar{h}_{ij}\mid i,j=1,2,\cdots,n\}$（$i,j=1,2,\cdots,n$；$i\neq j$）。

（2）$\bar{h}_{ij}^{\beta}+\bar{h}_{ji}^{\beta}=1$，$\bar{h}_{ii}=0.5$，其中，$\bar{h}_{ij}^{\beta}$ 是 $\bar{h}_{ij}$ 中的第 β 个元素。

【备注 7.4】　上述对标准化的犹豫模糊偏好关系的定义与 Zhu 等[98] 的略有不同。Zhu 等[98] 使用定义 7.5 随机添加元素，需要将上三角中 h_{ij} 的值按升序重新排序，即 $\bar{h}_{ij}^{\beta}<\bar{h}_{ij}^{\beta+1}$（$i<j$）。我们采用基于加性一致性的方法添加元素，这比 Zhu 等[98] 的方法更合理。

【例 7.1】　设 H_1 为如下犹豫模糊偏好关系：

$$H_1=\begin{pmatrix} \{0.5\} & \{0.6,0.7\} & \{0.2,0.3\} & \{0.4\} \\ \{0.4,0.3\} & \{0.5\} & \{0.1,0.2\} & \{0.8,0.9\} \\ \{0.8,0.7\} & \{0.9,0.8\} & \{0.5\} & \{0.7,0.8\} \\ \{0.6\} & \{0.2,0.1\} & \{0.3,0.2\} & \{0.5\} \end{pmatrix}$$

将 H_1 转换为下列两个模糊偏好关系：

$$R_1^{H_1}=\begin{pmatrix} 0.5 & 0.6 & 0.2 & 0.4 \\ 0.4 & 0.5 & 0.1 & 0.8 \\ 0.8 & 0.9 & 0.5 & 0.7 \\ 0.6 & 0.2 & 0.3 & 0.5 \end{pmatrix},\quad R_2^{H_1}=\begin{pmatrix} 0.5 & 0.7 & 0.3 & x \\ 0.3 & 0.5 & 0.2 & 0.9 \\ 0.7 & 0.8 & 0.5 & 0.8 \\ x & 0.1 & 0.2 & 0.5 \end{pmatrix}$$

显然，$R_2^{H_1}$ 是不完全模糊偏好关系。我们采用基于一致性的方法来估计未知值。

第一次迭代后，估计值的集合为

$$\text{EMV}_1=\{(1,4),(4,1)\}$$

估计 $R_2^{H_1}$ 的 r_{14} 的步骤如下：

$$P_{14}=\{2,3\}\Rightarrow$$
$$\text{cr}_{14}^2=r_{12}+r_{24}-0.5=0.7+0.9-0.5=1.1$$
$$\text{cr}_{14}^3=r_{13}+r_{34}-0.5=0.3+0.8-0.5=0.6$$
$$\text{cr}_{14}=\frac{1.1+0.6}{2}=0.85$$

同理，可得 $\text{cr}_{41}=0.15$。

在对所有未知值进行估计后，我们得到如下完整的模糊加性偏好关系 $R_2^{H_1}$：

$$R_2^{H_1}=\begin{pmatrix} 0.5 & 0.7 & 0.3 & 0.85 \\ 0.3 & 0.5 & 0.2 & 0.9 \\ 0.7 & 0.8 & 0.5 & 0.8 \\ 0.15 & 0.1 & 0.2 & 0.5 \end{pmatrix}$$

则标准化的犹豫模糊偏好关系 $\bar{H}_1$ 为

$$\bar{H}_1 = \begin{pmatrix} \{0.5\} & \{0.6,0.7\} & \{0.2,0.3\} & \{0.4,0.85\} \\ \{0.4,0.3\} & \{0.5\} & \{0.1,0.2\} & \{0.8,0.9\} \\ \{0.8,0.7\} & \{0.9,0.8\} & \{0.5\} & \{0.7,0.8\} \\ \{0.6,0.15\} & \{0.2,0.1\} & \{0.3,0.2\} & \{0.5\} \end{pmatrix}$$

如果专家在 H_1 中没有提供 h_{23} 的任何比较信息，则 H_1 为一个不完全犹豫模糊偏好关系：

$$H_1' = \begin{pmatrix} \{0.5\} & \{0.6,0.7\} & \{0.2,0.3\} & \{0.4\} \\ \{0.4,0.3\} & \{0.5\} & x & \{0.8,0.9\} \\ \{0.8,0.7\} & x & \{0.5\} & \{0.7,0.8\} \\ \{0.6\} & \{0.2,0.1\} & \{0.3,0.2\} & \{0.5\} \end{pmatrix}$$

将 H_1' 转换为下列两个不完全模糊偏好关系：

$$R_1^{H_1'} = \begin{pmatrix} 0.5 & 0.6 & 0.2 & 0.4 \\ 0.4 & 0.5 & x & 0.8 \\ 0.8 & x & 0.5 & 0.7 \\ 0.6 & 0.2 & 0.3 & 0.5 \end{pmatrix}, \quad R_2^{H_1'} = \begin{pmatrix} 0.5 & 0.7 & 0.3 & x \\ 0.3 & 0.5 & x & 0.9 \\ 0.7 & x & 0.5 & 0.8 \\ x & 0.1 & 0.2 & 0.5 \end{pmatrix}$$

应用基于加性一致性的估计算法，我们得到

$$R_1^{H_1'} = \begin{pmatrix} 0.5 & 0.6 & 0.2 & 0.4 \\ 0.4 & 0.5 & 0.55 & 0.8 \\ 0.8 & 0.45 & 0.5 & 0.7 \\ 0.6 & 0.2 & 0.3 & 0.5 \end{pmatrix}, \quad R_2^{H_1'} = \begin{pmatrix} 0.5 & 0.7 & 0.3 & 0.85 \\ 0.3 & 0.5 & 0.35 & 0.9 \\ 0.7 & 0.65 & 0.5 & 0.8 \\ 0.15 & 0.1 & 0.2 & 0.5 \end{pmatrix}$$

则标准化的犹豫模糊偏好关系 $\bar{H}_1'$ 为

$$\bar{H}_1' = \begin{pmatrix} \{0.5\} & \{0.6,0.7\} & \{0.2,0.3\} & \{0.4,0.85\} \\ \{0.4,0.3\} & \{0.5\} & \{0.55,0.35\} & \{0.8,0.9\} \\ \{0.8,0.7\} & \{0.45,0.65\} & \{0.5\} & \{0.7,0.8\} \\ \{0.6,0.15\} & \{0.2,0.1\} & \{0.3,0.2\} & \{0.5\} \end{pmatrix}$$

【例 7.2】 设 H_2 为如下犹豫模糊偏好关系：

$$H_2 = \begin{pmatrix} \{0.5\} & \{0.4,0.6,0.7\} & \{0.2,0.3\} & \{0.5,0.7\} \\ \{0.6,0.4,0.3\} & \{0.5\} & \{0.3,0.4\} & \{0.8,0.9\} \\ \{0.8,0.7\} & \{0.7,0.6\} & \{0.5\} & \{0.1\} \\ \{0.5,0.3\} & \{0.2,0.1\} & \{0.9\} & \{0.5\} \end{pmatrix}$$

将 H_2 转换为下列三个模糊偏好关系：

$$R_1^{H_2} = \begin{pmatrix} 0.5 & 0.4 & 0.2 & 0.5 \\ 0.6 & 0.5 & 0.3 & 0.8 \\ 0.8 & 0.7 & 0.5 & 0.1 \\ 0.5 & 0.2 & 0.9 & 0.5 \end{pmatrix}, \quad R_2^{H_2} = \begin{pmatrix} 0.5 & 0.6 & 0.3 & 0.7 \\ 0.4 & 0.5 & 0.4 & 0.9 \\ 0.7 & 0.6 & 0.5 & x \\ 0.3 & 0.1 & x & 0.5 \end{pmatrix}$$

$$R_3^{H_2} = \begin{pmatrix} 0.5 & 0.7 & x & x \\ 0.3 & 0.5 & x & x \\ x & x & 0.5 & x \\ x & x & x & 0.5 \end{pmatrix}$$

显然，$R_2^{H_2}$ 是不完全模糊偏好关系。运用基于加性一致性的估计算法，$R_2^{H_2}$ 可被完善为

$$R_2^{H_2} = \begin{pmatrix} 0.5 & 0.6 & 0.3 & 0.7 \\ 0.4 & 0.5 & 0.4 & 0.9 \\ 0.7 & 0.6 & 0.5 & 0.95 \\ 0.3 & 0.1 & 0.05 & 0.5 \end{pmatrix}$$

$R_3^{H_2}$ 不是一个可接受的不完全模糊偏好关系，因此使用定义 7.6 添加一些元素，直到每一行和每一列至少有一个已知元素。例如，

$$R_3^{H_2} = \begin{pmatrix} 0.5 & 0.7 & x & x \\ 0.3 & 0.5 & 0.4 & 0.9 \\ x & 0.6 & 0.5 & x \\ x & 0.1 & x & 0.5 \end{pmatrix}$$

应用基于一致性的估计算法，我们得到

$$R_3^{H_2} = \begin{pmatrix} 0.5 & 0.7 & 0.6 & 1 \\ 0.3 & 0.5 & 0.4 & 0.9 \\ 0.4 & 0.6 & 0.5 & 1 \\ 0 & 0.1 & 0 & 0.5 \end{pmatrix}$$

则标准化的犹豫模糊偏好关系 $\bar{H}_2$ 为

$$\bar{H}_2 = \begin{pmatrix} \{0.5\} & \{0.4,0.6,0.7\} & \{0.2,0.3,0.6\} & \{0.5,0.7,1\} \\ \{0.6,0.4,0.3\} & \{0.5\} & \{0.3,0.4,0.4\} & \{0.8,0.9,0.9\} \\ \{0.8,0.7,0.4\} & \{0.7,0.6,0.6\} & \{0.5\} & \{0.1,0.95,1\} \\ \{0.5,0.3,0\} & \{0.2,0.1,0.1\} & \{0.9,0.05,0\} & \{0.5\} \end{pmatrix}$$

【备注 7.5】　在例 7.1 和例 7.2 中，我们利用定义 7.6 和基于一致性的估计算法得到了标准化的犹豫模糊偏好关系。该标准化方法尝试猜测专家的原始偏好值，

避免了随机添加偏好值。此外，该标准化方法也适用于不完全犹豫模糊偏好关系，而 Xu 和 Xia[99]、Zhu 等[98] 及 Zhang 等[102] 的方法只能用于完全犹豫模糊偏好关系。

7.2.2　犹豫模糊偏好关系的一致性测量

【定义 7.8】　设 $H = (h_{ij})_{n \times n}$ 为犹豫模糊偏好关系，$\overline{H} = (\overline{h}_{ij})_{n \times n}$ 为其标准化的犹豫模糊偏好关系，若对于所有 $i, j \in N$，都有

$$\overline{h}_{ik}^{\beta} + \overline{h}_{kj}^{\beta} = \overline{h}_{ij}^{\beta} + 0.5 \qquad (7.10)$$

成立，其中，$\overline{h}_{ij}^{\beta}$ 为 $\overline{h}_{ij}$ 中的第 β 个值，则称 H 是加性一致性的犹豫模糊偏好关系。

基于式（7.4），我们可以对估计的 $\text{CH} = (\text{ch}_{ij})_{n \times n} (\text{ch}_{ij} = \{\text{ch}_{ij}^{\beta} \mid \beta = 1, 2, \cdots, \#\text{ch}_{ij}\})$ 进行如下计算：

$$\left(\text{ch}_{ij}^{\beta}\right)^k = \overline{h}_{ik}^{\beta} + \overline{h}_{kj}^{\beta} - 0.5 \qquad (7.11)$$

进一步，有

$$\text{ch}_{ij}^{\beta} = \frac{\sum_{k=1}^{n} \left(\text{ch}_{ij}^{\beta}\right)^k}{n} = \frac{\sum_{k=1}^{n} \left(\overline{h}_{ik}^{\beta} + \overline{h}_{kj}^{\beta}\right)}{n} - 0.5 \qquad (7.12)$$

当 $\text{ch}_{ij}^{\beta} = \overline{h}_{ij}^{\beta}$ 时，犹豫模糊偏好关系是完全加性一致的。但是，式（7.10）往往不成立。犹豫模糊元与其估计值之间的偏差可定义如下。

【定义 7.9】　标准化的犹豫模糊元 $\overline{h}_{ij}$ 与最终估计值 ch_{ij} 之间的偏差为

$$\varepsilon h_{ij} = \frac{1}{\# h_{ij}} \sum_{\beta=1}^{\# h_{ij}} | \text{ch}_{ij}^{\beta} - \overline{h}_{ij}^{\beta} | \qquad (7.13)$$

犹豫模糊偏好关系是互补的（即 $h_{ij}^{\beta} + h_{ji}^{\beta} = 1$），这意味着 $\text{CH} = (\text{ch}_{ij})_{n \times n}$ 也是互补的（即 $\text{ch}_{ij}^{\beta} + \text{ch}_{ji}^{\beta} = 1$），因此，$\varepsilon h_{ij} = \varepsilon h_{ji}$。$\varepsilon h_{ij}$ 可被用来衡量一对方案的犹豫模糊元的误差，表示犹豫模糊偏好关系中关于犹豫模糊元 h_{ij} 的一致性。

【定义 7.10】　偏好 h_{ij} 的一致性程度为

$$\text{cl}_{ij} = 1 - \varepsilon h_{ij} \qquad (7.14)$$

【定义 7.11】　方案 x_i 的一致性程度为

$$\text{cl}_i = \sum_{\substack{j=1 \\ j \neq i}}^{n} \frac{\text{cl}_{ij}}{n - 1} \qquad (7.15)$$

【定义 7.12】　标准化的犹豫模糊偏好关系 $\overline{H}$ 的一致性程度为

$$\text{cl} = \sum_{i=1}^{n} \frac{\text{cl}_i}{n} \qquad (7.16)$$

显然 $0 \leqslant \mathrm{cl} \leqslant 1$。若 $\mathrm{cl} = 1$，则标准化的犹豫模糊偏好关系 $\bar{H}$ 具有完全一致性。cl 越小，$\bar{H}$ 越不一致。

【备注 7.6】 本节提供了一种基于加性一致性的方法对犹豫模糊偏好关系进行标准化，并在三个层次上度量一致性程度。标准化过程可以充分利用专家信息，并且一致性指标可以显示不同层次的一致性程度，而 Zhang 等[102]的方法只能知道全体一致性程度。

7.3 犹豫模糊偏好关系局部调整共识模型

假设对于一组专家 $E = \{e_1, e_2, \cdots, e_m\}$，每个专家给出他的偏好关系。在一个群决策问题的处理过程中，我们希望在选出最优方案之前，专家之间能够达成高度的共识。专家可以根据协调者的建议改变他们的偏好值。欲用犹豫模糊偏好关系解决群决策问题，首先需要对犹豫模糊偏好关系进行标准化。上述添加元素的定义和基于加性一致性的估计算法可以将犹豫模糊偏好关系标准化为一致性程度更高的偏好关系。经过标准化处理，我们可以衡量标准化犹豫模糊偏好关系的一致性程度。在此基础上，我们进一步提出加性一致性（additive consistency）诱导的犹豫模糊有序加权平均（induced hesitant fuzzy ordered weighted averaging，IHFOWA）算子（记为 AC-IHFOWA 算子），将个体犹豫模糊偏好关系集结为一个群体犹豫模糊偏好关系。AC-IHFOWA 算子的权重向量由语言量词导出，该量词考虑了专家的加性一致性程度。一致性程度越高，权重越大，对群体犹豫模糊偏好关系的贡献越大。当我们得到群体犹豫模糊偏好关系时，计算接近度。一致性程度和共识度用来控制共识达成过程。当一致性程度/共识度达到预定义的阈值时，就执行求解最佳方案过程；否则，将进入意见反馈过程。

犹豫模糊偏好关系局部调整共识模型如图 7.1 所示，主要分为以下阶段：①犹豫模糊偏好关系的标准化；②计算一致性程度；③计算共识度；④衡量接近度；⑤反馈过程；⑥集结过程；⑦选择过程。第一阶段已在 7.2 节中介绍，其余阶段的讨论如下。

7.3.1 一致性程度计算

为得到每个标准化的犹豫模糊偏好关系 $\bar{H}_\tau$ 的一致性程度，首先，利用式（7.12）计算其具有一致性程度的标准化犹豫模糊偏好关系 $\mathrm{CH}_\tau = (\mathrm{ch}_{ij, \tau})$；然后，应用式（7.13）～式（7.16）计算一致性程度 $\mathrm{CL}^r = (\mathrm{cl}^r_{ij})$、$\mathrm{cl}^r_i$、$\mathrm{cl}^r$（$\forall i, j \in N$）；最后，定义所有专家的全体一致性程度，将其控制在预定义的阈值内。

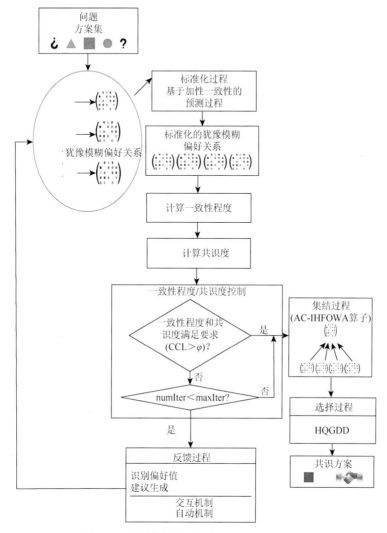

图 7.1　犹豫模糊偏好关系局部调整共识模型

HQGDD 指犹豫量词引导的优势度（hesitant quantifier guided dominance degree）

【定义 7.13】　全体一致性程度定义如下：

$$CL = \frac{\sum_{\tau=1}^{m} cl^{\tau}}{m} \tag{7.17}$$

7.3.2　共识度计算

对专家对$(e_{\mu}, e_{\tau})(\mu < \tau)$，定义一个相似矩阵 $SM^{\mu\tau} = (sm_{ij}^{\mu\tau})$，其中，

$$\mathrm{sm}_{ij}^{\mu\tau} = 1 - \frac{1}{\#\overline{h}_{ij}} \sum_{\beta=1}^{\#\overline{h}_{ij}} |\, \overline{h}_{ij,\mu}^{\beta} - \overline{h}_{ij,\tau}^{\beta} \,| \qquad (7.18)$$

显然，有$(m-1)\times(m-2)$个相似矩阵。采用算术平均算子ϕ将所有相似矩阵进行集结，得到如下群体的相似矩阵$\mathrm{SM} = (\mathrm{sm}_{ij})_{n\times n}$，其中，

$$\mathrm{sm}_{ij} = \phi(\mathrm{sm}_{ij}^{\mu\tau}), \quad \mu,\tau = 1,2,\cdots,m, \quad i,j = 1,2,\cdots,n, \quad \mu < \tau \qquad (7.19)$$

一旦得到相似矩阵，就可以计算以下三个层次的一致性程度。

（1）方案对(x_i, x_j)的共识度cp_{ij}，衡量所有专家对方案对的共识度：

$$\mathrm{cp}_{ij} = \mathrm{sm}_{ij} \qquad (7.20)$$

（2）方案x_i的共识度ca_i，即共识度cp_{ij}的平均值：

$$\mathrm{ca}_i = \frac{\sum_{j=1, j\neq i}^{n} \mathrm{cp}_{ij}}{n-1} \qquad (7.21)$$

（3）偏好关系的共识度CR，即共识度ca_i的平均值：

$$\mathrm{CR} = \frac{\sum_{i=1}^{n} \mathrm{ca}_i}{n} \qquad (7.22)$$

7.3.3　接近度衡量

为了衡量个体偏好与群体偏好间的接近程度，本章提出接近度测量方法。通过使用诱导有序加权平均（induced ordered weighted averaging，IOWA）算子集结所有的个体偏好来计算群体偏好。Yager 和 Filev[53]首次提出了由模糊语义量词引导的 IOWA 算子。在 IOWA 算子中，参数的排序过程由顺序诱导变量引导，由此为集结过程引入了一些语义，并使得在群决策问题的解决过程中更好地控制集结过程。本章提出 AC-IHFOWA 算子，该算子的权重根据加性一致性程度分配：一致性程度越高，权重越大，群体犹豫模糊偏好关系可以反映个体的一致性程度。因此，我们使用 IOWA 算子来集结个体犹豫模糊偏好关系。

【定义 7.14】[53]　IOWA 算子定义如下：

$$\Phi_w(\langle u_1, p_1\rangle, \langle u_2, p_2\rangle, \cdots, \langle u_m, p_m\rangle) = \sum_{i=1}^{m} w_i p_{\sigma(i)} \qquad (7.23)$$

其中，$W = (w_1, w_2, \cdots, w_m)^{\mathrm{T}}$为权重向量，满足$w_i \in [0, 1]$，$\sum_{i=1}^{m} w_i = 1$；$\sigma$为$\{1, 2, \cdots, m\}$的一个排列，使得 $u_{\sigma(i)} \geqslant u_{\sigma(i+1)}$，$\forall i = 1, 2, \cdots, m-1$，即$\langle u_{\sigma(i)}, p_{\sigma(i)}\rangle$是拥有$\{u_1, u_2, \cdots, u_m\}$中第$i$大值$u_{\sigma(i)}$的二元。

如定义 7.14 所示，IOWA 算子以参数对为输入，其中第二个分量 $p_{\sigma(i)}$ 根据第一个分量 $u_{\sigma(i)}$ 重新排序。因此，$u_i(i = 1, 2, \cdots, m)$ 为顺序诱导变量，$p_i(i = 1, 2, \cdots, m)$ 为参数变量[53]。

IOWA 算子面临的普遍问题是如何设置它的相关权重向量。目前有很多方法可以获取权重向量，其中一个经典方法是使用语言量词 Q，这是由 Yager[103]首次提出的：

$$w_\tau = Q\left(\frac{\sum_{k=1}^{\tau} u_{\sigma(k)}}{T}\right) - Q\left(\frac{\sum_{k=1}^{\tau-1} u_{\sigma(k)}}{T}\right) \tag{7.24}$$

其中，$T = \sum_{k=1}^{m} u_{\sigma(k)}$ 为所有的重要性之和。

在 IOWA 算子的基础上，我们以一致性程度作为顺序诱导变量，提出 AC-IHFOWA 算子，以获得群体犹豫模糊偏好关系：

$$h_{ij,c}^{(\beta)} = \Phi_W(\langle \mathrm{cl}^1, \overline{h}_{ij,1}^{\beta}\rangle, \langle \mathrm{cl}^2, \overline{h}_{ij,2}^{\beta}\rangle, \cdots, \langle \mathrm{cl}^m, \overline{h}_{ij,m}^{\beta}\rangle) = \sum_{\tau=1}^{m} w_\tau \overline{h}_{ij,\sigma(\tau)}^{\beta} \tag{7.25}$$

其中，$\mathrm{cl}^{\sigma(\tau-1)} \geqslant \mathrm{cl}^{\sigma(\tau)}$。

在 AC-IHFOWA 算子中，顺序诱导变量是一致性程度 cl^τ，根据专家的一致性程度对要集结的变量 $\overline{h}_{ij,\sigma(\tau)}^{\beta}$ 进行排序。应用式（7.24）可以得到 AC-IHFOWA 算子的权重：

$$w_\tau = Q\left(\frac{\sum_{k=1}^{\tau} \mathrm{cl}^{\sigma(k)}}{T}\right) - Q\left(\frac{\sum_{k=1}^{\tau-1} \mathrm{cl}^{\sigma(k)}}{T}\right) \tag{7.26}$$

其中，$T = \sum_{k=1}^{m} \mathrm{cl}^{\sigma(k)}$，$\mathrm{cl}^{\sigma(k)}$ 为 $\{\mathrm{cl}^1, \mathrm{cl}^2, \cdots, \mathrm{cl}^m\}$ 中第 k 大值。

（1）方案对 (x_i, x_j) 的接近度 pp_{ij}^{τ}，衡量个体偏好值与相应群体偏好值之间的相似性：

$$\mathrm{pp}_{ij}^{\tau} = 1 - \frac{1}{\#\overline{h}_{ij}} \sum_{\beta=1}^{\#\overline{h}_{ij}} |\overline{h}_{ij,\tau}^{\beta} - \overline{h}_{ij,c}^{\beta}| \tag{7.27}$$

（2）方案 x_i 的接近度 pa_i^{τ}，即接近度 pp_{ij}^{τ} 的平均值：

$$\mathrm{pa}_i^{\tau} = \frac{\sum_{j=1, j \neq i}^{n} \mathrm{pp}_{ij}^{\tau}}{n-1} \tag{7.28}$$

（3）偏好关系 $\overline{H}_\tau$ 的接近度 pr^τ，即接近度 pa_i^{τ} 的平均值：

$$\mathrm{pr}^\tau = \frac{\sum_{i=1}^{n} \mathrm{pa}_i^\tau}{n} \tag{7.29}$$

7.3.4 一致性程度/共识度控制

在群决策问题中，必须决定何时共识达成。通常情况下，一致性程度/共识度应该在给定的阈值内。为此，下面定义满意程度，称为一致性程度/共识度：

$$\mathrm{CCL} = \lambda \cdot \mathrm{CL} + (1-\lambda) \cdot \mathrm{CR} \tag{7.30}$$

其中，$\lambda \in [0, 1]$为参数。如果$\lambda > 0.5$，则更重视一致性程度；如果$\lambda < 0.5$，则更重视共识度。一般情况下，一致性程度/共识度阈值$\varphi \in [0, 1]$。如果$\mathrm{CCL} > \varphi$，则共识达成并进行选择过程。此外，为防止迭代次数过多，我们预先定义了最大迭代次数。

7.3.5 局部调整偏好的反馈机制

共识达成过程始终是一个动态的协商过程，在这个过程中存在一个协调者，他帮助专家修改他们的意见，使彼此的观点更接近。协调者知道所有个体和全体的一致性程度和共识度，如果$\mathrm{CCL} < \varphi$，协调者将为每个专家提供个性化的建议，以修改他们的意见，这一过程称为反馈机制。反馈机制分为两个步骤：①偏好值识别；②建议生成。

1. 偏好值识别

欲修改专家的偏好值，我们应该找出对一致性程度/共识度贡献较小的值。基于以上不同层次的接近度，我们首先确定专家，其次确定方案，最后确定偏好值。

（1）确定需要改变偏好值的专家 EXPCH：

$$\mathrm{EXPCH} = \{\tau \mid \lambda \cdot \mathrm{cl}^\tau + (1-\lambda) \cdot \mathrm{pr}^\tau < \varphi\} \tag{7.31}$$

（2）为识别出的专家确定需要调整的方案 ALT：

$$\mathrm{ALT} = \{(\tau, i) \mid \tau \in \mathrm{EXPCH} \wedge \lambda \cdot \mathrm{cl}_i^\tau + (1-\lambda) \cdot \mathrm{pa}_i^\tau < \varphi\} \tag{7.32}$$

（3）为识别出的方案确定偏好值 APS：

$$\mathrm{APS} = \{(\tau, i, j), (\tau, j, i) \mid (\tau, i) \in \mathrm{ALT} \wedge \lambda \cdot \mathrm{cl}_{ij}^\tau + (1-\lambda) \cdot \mathrm{pp}_{ij}^\tau = \lambda \cdot \mathrm{cl}_{ji}^\tau + (1-\lambda) \cdot \mathrm{pp}_{ji}^\tau < \varphi\}$$
$$\tag{7.33}$$

2. 建议生成

一旦识别出要调整的偏好值，反馈机制就被激活，以产生建议，从而帮助专家更新他们的偏好值。我们提供两种建议生成机制：一种是交互机制；另一种是自动机制。

交互机制为专家提供了修改偏好的方向，该方向是基于识别出的偏好值 APS 和群体偏好值之间的比较确定的：

（1）如果 $\overline{h}_{ij,\tau}^{\beta} - \overline{h}_{ij,c}^{\beta} < 0$，建议专家 e_τ 增大 $\overline{h}_{ij,\tau}^{\beta}$；

（2）如果 $\overline{h}_{ij,\tau}^{\beta} - \overline{h}_{ij,c}^{\beta} > 0$，建议专家 e_τ 减小 $\overline{h}_{ij,\tau}^{\beta}$；

（3）如果 $\overline{h}_{ij,\tau}^{\beta} - \overline{h}_{ij,c}^{\beta} = 0$，建议专家 e_τ 不改变 $\overline{h}_{ij,\tau}^{\beta}$。

以上建议只是给专家提供了更新偏好值的方向，但并没有给专家提供应该改变的量或值的调整范围。当专家提供新的偏好值时，我们建议新的偏好值 $\mathrm{rh}_{ij,\tau}^{\beta} \in [\min\{\overline{h}_{ij,\tau}^{\beta},\overline{h}_{ij,c}^{\beta}\},\max\{\overline{h}_{ij,\tau}^{\beta},\overline{h}_{ij,c}^{\beta}\}]$。

在自动机制中，专家不提供新的偏好值。在这种情况下，可以采用式（7.34）来生成新的偏好值：

$$\mathrm{rh}_{ij,\tau}^{\beta} = \lambda \cdot \overline{h}_{ij,\tau}^{\beta} + (1-\lambda) \cdot \overline{h}_{ij,c}^{\beta} \qquad (7.34)$$

显然，如果新的偏好值由式（7.34）提供，它们将比原来的偏好值更接近群体偏好值，从而提高了共识度。

【定理 7.1】　设 $H_\tau = (h_{ij,\tau})_{n\times n}$（$\tau = 1, 2, \cdots, m$）为个体犹豫模糊偏好关系，$\mathrm{CCL}^{(k)}$ 为上述共识达成过程产生的一致性程度/共识度。对第 k 次迭代，$\mathrm{CCL}^{(k+1)} > \mathrm{CCL}^{(k)}$。

证明：基于式（7.13）～式（7.22）和式（7.27）～式（7.30），我们得到

$$\mathrm{CCL}^{(k+1)} = \lambda \mathrm{CL}^{(k+1)} + (1-\lambda)\mathrm{CR}^{(k+1)}$$

$$= \lambda \frac{\sum_{\tau=1}^{m}\mathrm{cl}^{\tau,(k+1)}}{m} + (1-\lambda)\frac{\sum_{i=1}^{n}\mathrm{ca}_i^{(k+1)}}{n}$$

$$= \lambda \frac{\sum_{\tau=1}^{m}\sum_{i=1}^{n}\mathrm{cl}_i^{\tau,(k+1)}}{mn} + (1-\lambda)\frac{\sum_{i=1}^{n}\sum_{j=1,j\neq i}^{n}\mathrm{cp}_{ij}^{(k+1)}}{n}$$

$$= \lambda \frac{\sum_{\tau=1}^{m}\sum_{i=1}^{n}\sum_{j=1,j\neq i}^{n}(1-\varepsilon\mathrm{h}_{ij}^{\tau,(k+1)})}{mn(n-1)} + (1-\lambda)\frac{\sum_{i=1}^{n}\sum_{j=1,j\neq i}^{n}\mathrm{sm}_{ij}^{(k+1)}}{n}$$

由于 $\varepsilon\mathrm{h}_{ij}^{\tau,(k+1)} < \varepsilon\mathrm{h}_{ij}^{\tau,(k)}$，且 $\mathrm{sm}_{ij}^{(k+1)} > \mathrm{sm}_{ij}^{(k)}$，有

$$\mathrm{CCL}^{(k+1)} = \lambda \frac{\sum_{\tau=1}^{m}\sum_{i=1}^{n}\sum_{j=1,j\neq i}^{n}(1-\varepsilon\mathrm{h}_{ij}^{\tau,(k+1)})}{mn(n-1)} + (1-\lambda)\frac{\sum_{i=1}^{n}\sum_{j=1,j\neq i}^{n}\mathrm{sm}_{ij}^{(k+1)}}{n}$$

$$> \lambda \frac{\sum\limits_{\tau=1}^{m} \sum\limits_{i=1}^{n} \sum\limits_{j=1, j \neq i}^{n} (1 - \varepsilon h_{ij}^{\tau,(k)})}{mn(n-1)} + (1 - \lambda) \frac{\sum\limits_{i=1}^{n} \sum\limits_{j=1, j \neq i}^{n} sm_{ij}^{(k)}}{n}$$

$$= \lambda \frac{\sum\limits_{\tau=1}^{m} \sum\limits_{i=1}^{n} cl_{i}^{\tau,(k)}}{mn} + (1 - \lambda) \frac{\sum\limits_{i=1}^{n} \sum\limits_{j=1, j \neq i}^{n} cp_{ij}^{(k)}}{n}$$

$$= \lambda \frac{\sum\limits_{\tau=1}^{m} cl^{\tau,(k)}}{m} + (1 - \lambda) \frac{\sum\limits_{i=1}^{n} ca_{i}^{(k)}}{n}$$

$$= \lambda CL^{(k)} + (1 - \lambda) CR^{(k)}$$

$$= CCL^{(k)}$$

即

$$CCL^{(k+1)} > CCL^{(k)}$$

□

7.3.6　选择过程

当群体达成共识时,可以根据上述群体的标准化犹豫模糊偏好关系选择最佳方案。虽然我们可以使用已有的犹豫集结算子[95]来获得方案 x_i 的总体偏好值 $\bar{h}_{ic}$,但这些算子必须对输入的犹豫模糊参数的元素组合进行加法或乘法运算,导致 $\bar{h}_{ic}$ 的数量大大增加,使计算过程变得非常复杂,结果也不准确。为了克服这些局限性,我们应用犹豫模糊元的评分函数,提出一个得分犹豫模糊偏好关系,以简化计算。

【定义 7.15】　设 $H = (h_{ij})_{n \times n}$ 为犹豫模糊偏好关系,则 $SH = (sh_{ij})_{n \times n}$ 称为 H 的得分犹豫模糊偏好关系,其中,　$sh_{ij} = s(h_{ij}) = \frac{1}{\#h_{ij}} \sum\limits_{\beta=1}^{\#h_{ij}} h_{ij}^{\beta}$ 。

【定理 7.2】　设 $H = (h_{ij})_{n \times n}$ 为犹豫模糊偏好关系,$SH = (sh_{ij})_{n \times n}$ 为关于 H 的得分犹豫模糊偏好关系,则 SH 是一个模糊偏好关系。

证明:　由于 $H = (h_{ij})_{n \times n}$ 为犹豫模糊偏好关系,根据定义 7.4,可得

$$h_{ij}^{\beta} + h_{ji}^{\beta} = 1$$

因此,

$$sh_{ij} + sh_{ji} = s(h_{ij}) + s(h_{ji}) = \frac{1}{\#h_{ij}} \sum\limits_{\beta=1}^{\#h_{ij}} h_{ij}^{\beta} + \frac{1}{\#h_{ij}} \sum\limits_{\beta=1}^{\#h_{ij}} h_{ji}^{\beta}$$

$$= \frac{1}{\#h_{ij}} \sum\limits_{\beta=1}^{\#h_{ij}} (h_{ij}^{\beta} + h_{ji}^{\beta}) = 1$$

由于 SH 是模糊偏好关系，我们基于 OWA 算子，利用量词引导的优势度（quantifier guided dominance degree，QGDD）[103, 104]选择最佳方案。

【定义 7.16】[36]　n 维的 OWA 算子为映射 OWA：$R^n \to R$，其相关的权重向量为 $W = (w_1, w_2, \cdots, w_n)^{\mathrm{T}}$，其中，$w_j \in [0, 1]$，$\sum\limits_{j=1}^{n} w_j = 1$，满足

$$\mathrm{OWA}_W(a_1, a_2, \cdots, a_n) = \sum_{j=1}^{n} w_j b_j \tag{7.35}$$

其中，b_j 为集合 $\{a_1, a_2, \cdots, a_n\}$ 中第 j 大值。

Yager[103]提出了式（7.36）计算 OWA 的权重：

$$w_j = Q\left(\frac{j}{n}\right) - Q\left(\frac{j-1}{n}\right) \tag{7.36}$$

其中，Q 为一个基本单元区间单调（basic unit-interval monotone，BUM）函数。

【定义 7.17】　令 $X = \{x_1, x_2, \cdots, x_n\}$ 为一组方案，$H = (h_{ij})_{n \times n}$ 是专家针对特定的评价准则对方案提供的犹豫模糊偏好关系，$SH = (sh_{ij})_{n \times n}$ 是 H 的得分犹豫模糊偏好关系，且 Q 是一个 BUM 函数，则犹豫量词引导的关于方案 x_i 的优势度定义如下：

$$\mathrm{HQGDD}_i = \mathrm{OWA}_Q(sh_{ij}; j \neq i) \tag{7.37}$$

其中，OWA_Q 为 OWA 算子，其权重由相对量词 Q 定义，其分量是 SH 的相应行元素，即关于 x_i 的 $n-1$ 个值 sh_{ij} 的集合 $\{sh_{ij} | j = 1, 2, \cdots, n$ 且 $i \neq j\}$。

HQGDD_i 越大，方案 x_i 越好。因此，我们可以根据 HQGDD_i 对方案 x_i 进行排序，从而选择最佳方案。

【备注 7.7】　Chiclana 等[105]定义了 QGDD 和量词引导的非优势度（quantifier guided non-dominance degree，QGNDD）来解决模糊偏好关系下的多准则决策问题。为了简单起见，这里我们只使用 QGDD 来选择最佳方案。

【备注 7.8】　前面介绍了共识达成过程的一些步骤和计算。在未来的研究中，为了方便专家进行决策，我们将开发一个决策支持系统作为辅助工具。

7.4　算例与比较分析

7.4.1　算例分析

为验证本章所提方法的适用性和可行性，本节将其应用于水资源的分配管理。

江西平原灌溉水资源具有防洪、为流域居民提供生活用水的功能。由于不同地区的用水需求与用水分配之间存在矛盾，当地经常出现水危机，因此需要高效的水资源分配方案。考虑水资源系统具有多属性的特点，应采用多属性决策方法来选择最合理的水资源分配方案。

水资源分配方案集有以下四种方案：①方案 x_1 为考虑社会因素，水资源的分配必须能够保证居民的生活稳定；②方案 x_2 为考虑经济因素，在满足不同用户的基本需求后，聚焦促进当地经济的增长进行分配；③方案 x_3 为考虑生态因素，加强对当地生态环境的保护；④方案 x_4 为考虑当地重要稀缺资源的资源输出和资源回报（简称考虑产出回报因素），只有在确保当地环境得到改善和优化的前提下才能进行水资源配置。

由来自不同领域的 4 个专家 e_τ（$\tau = 1, 2, 3, 4$)组成的委员会对 4 个方案 $x_i(i = 1, 2, 3, 4)$进行评估。专家 e_τ（$\tau = 1, 2, 3, 4$)在比较每一对方案时，无法用一个数值精确地表达他们对方案的满意程度，因此他们给出几个数值，利用犹豫模糊偏好关系提供了如下评价：

$$H_1 = \begin{pmatrix} \{0.5\} & \{0.3\} & \{0.5, 0.7\} & \{0.4\} \\ \{0.7\} & \{0.5\} & \{0.7, 0.9\} & \{0.8\} \\ \{0.5, 0.3\} & \{0.3, 0.1\} & \{0.5\} & \{0.6, 0.7\} \\ \{0.6\} & \{0.2\} & \{0.4, 0.3\} & \{0.5\} \end{pmatrix}$$

$$H_2 = \begin{pmatrix} \{0.5\} & \{0.3, 0.5\} & \{0.1, 0.2\} & \{0.6\} \\ \{0.7, 0.5\} & \{0.5\} & \{0.7, 0.8\} & \{0.1, 0.3, 0.5\} \\ \{0.9, 0.8\} & \{0.3, 0.2\} & \{0.5\} & \{0.5, 0.6, 0.7\} \\ \{0.4\} & \{0.9, 0.7, 0.5\} & \{0.5, 0.4, 0.3\} & \{0.5\} \end{pmatrix}$$

$$H_3 = \begin{pmatrix} \{0.5\} & \{0.3, 0.5\} & \{0.7\} & \{0.7, 0.8\} \\ \{0.7, 0.5\} & \{0.5\} & \{0.2, 0.3, 0.4\} & \{0.5, 0.6\} \\ \{0.3\} & \{0.8, 0.7, 0.6\} & \{0.5\} & \{0.7, 0.8, 0.9\} \\ \{0.3, 0.2\} & \{0.5, 0.4\} & \{0.3, 0.2, 0.1\} & \{0.5\} \end{pmatrix}$$

$$H_4 = \begin{pmatrix} \{0.5\} & \{0.4, 0.5, 0.6\} & \{0.3, 0.4\} & \{0.5, 0.7\} \\ \{0.6, 0.5, 0.4\} & \{0.5\} & \{0.3\} & \{0.6, 0.7, 0.8\} \\ \{0.7, 0.6\} & \{0.7\} & \{0.5\} & \{0.8, 0.9\} \\ \{0.5, 0.3\} & \{0.4, 0.3, 0.2\} & \{0.2, 0.1\} & \{0.5\} \end{pmatrix}$$

（1）标准化过程。我们采用定义 7.6 和基于加性一致性的估计算法来添加元素，直到所有比较元素有同样数量的值，从而获得标准化的犹豫模糊偏好关系：

$$\overline{H}_1 = \begin{pmatrix} \{0.5\} & \{0.3,0.4,0.3\} & \{0.5,0.7,0.7\} & \{0.4,0.9,0.6\} \\ \{0.7,0.6,0.7\} & \{0.5\} & \{0.7,0.9,0.9\} & \{0.8,1,0.8\} \\ \{0.5,0.3,0.3\} & \{0.3,0.1,0.1\} & \{0.5\} & \{0.6,0.7,0.4\} \\ \{0.6,0.1,0.4\} & \{0.2,0,0.2\} & \{0.4,0.3,0.6\} & \{0.5\} \end{pmatrix}$$

$$\overline{H}_2 = \begin{pmatrix} \{0.5\} & \{0.3,0.5,0.6\} & \{0.1,0.2,0.4\} & \{0.6,0.3,0.6\} \\ \{0.7,0.5,0.4\} & \{0.5\} & \{0.7,0.8,0.3\} & \{0.1,0.3,0.5\} \\ \{0.9,0.8,0.6\} & \{0.3,0.2,0.7\} & \{0.5\} & \{0.5,0.6,0.7\} \\ \{0.4,0.7,0.4\} & \{0.9,0.7,0.5\} & \{0.5,0.4,0.3\} & \{0.5\} \end{pmatrix}$$

$$\overline{H}_3 = \begin{pmatrix} \{0.5\} & \{0.3,0.5,0.8\} & \{0.7,0.4,0.7\} & \{0.7,0.8,1\} \\ \{0.7,0.5,0.2\} & \{0.5\} & \{0.2,0.3,0.4\} & \{0.5,0.6,0.8\} \\ \{0.3,0.6,0.3\} & \{0.8,0.7,0.6\} & \{0.5\} & \{0.7,0.8,0.9\} \\ \{0.3,0.2,0\} & \{0.5,0.4,0.2\} & \{0.3,0.2,0.1\} & \{0.5\} \end{pmatrix}$$

$$\overline{H}_4 = \begin{pmatrix} \{0.5\} & \{0.4,0.5,0.6\} & \{0.3,0.4,0.4\} & \{0.5,0.7,0.9\} \\ \{0.6,0.5,0.4\} & \{0.5\} & \{0.3,0.35,0.3\} & \{0.6,0.7,0.8\} \\ \{0.7,0.6,0.6\} & \{0.7,0.65,0.7\} & \{0.5\} & \{0.8,0.9,1\} \\ \{0.5,0.3,0.1\} & \{0.4,0.3,0.2\} & \{0.2,0.1,0\} & \{0.5\} \end{pmatrix}$$

（2）计算一致性程度。对于每个标准化的犹豫模糊偏好关系 $\overline{H}_\tau$（ $\tau = 1, 2, 3, 4$)，我们通过式（7.12）得到其对应的加性一致的偏好关系 CH_τ，并计算相应的一致性程度 cl_{ij}^r、cl_i^r、cl^r，以及所有专家的全体一致性程度 CL。

①每个标准化的犹豫模糊偏好关系 $\overline{H}_\tau$ 中的每对方案的一致性程度为

$$CL^1 = \begin{pmatrix} 1 & 0.975 & 0.975 & 0.9667 \\ 0.975 & 1 & 0.9833 & 0.975 \\ 0.975 & 0.9833 & 1 & 0.975 \\ 0.9667 & 0.975 & 0.975 & 1 \end{pmatrix}$$

$$CL^2 = \begin{pmatrix} 1 & 0.925 & 0.875 & 0.9 \\ 0.925 & 1 & 0.8167 & 0.8417 \\ 0.875 & 0.8167 & 1 & 0.9417 \\ 0.9 & 0.8417 & 0.9417 & 1 \end{pmatrix}$$

$$CL^3 = \begin{pmatrix} 1 & 0.8833 & 0.925 & 0.9583 \\ 0.8833 & 1 & 0.925 & 0.9583 \\ 0.925 & 0.925 & 1 & 0.9833 \\ 0.9583 & 0.9583 & 0.9833 & 1 \end{pmatrix}$$

$$CL^4 = \begin{pmatrix} 1 & 0.9875 & 0.9708 & 0.9833 \\ 0.9875 & 1 & 0.9917 & 0.9958 \\ 0.9708 & 0.9917 & 1 & 0.9792 \\ 0.9833 & 0.9958 & 0.9792 & 1 \end{pmatrix}$$

②方案的一致性程度为

$$(cl_i^1) = (0.9722, 0.9778, 0.9778, 0.9722)$$

$$(cl_i^2) = (0.9, 0.8611, 0.8778, 0.8944)$$

$$(cl_i^3) = (0.9222, 0.9222, 0.9444, 0.9667)$$

$$(cl_i^4) = (0.9806, 0.9917, 0.9806, 0.9861)$$

③偏好关系的一致性程度为

$$cl^1 = 0.975, \quad cl^2 = 0.8833, \quad cl^3 = 0.9389, \quad cl^4 = 0.9847$$

④全体一致性程度为

$$CL = \frac{0.975 + 0.8833 + 0.9389 + 0.9847}{4} = 0.9455$$

（3）计算共识度。对每对犹豫模糊偏好关系 $\bar{H}_\mu$ 和 $\bar{H}_\tau$ $(\mu < \tau)$，我们通过式（7.18）计算其相似矩阵 $SM^{\mu\tau} = (sm_{ij}^{\mu\tau})$。利用式（7.19）、式（7.21）和式（7.22）得到群体的相似矩阵 SM、方案的共识度 ca_i、偏好关系的共识度 CR。

①群体的相似矩阵。本算例中有 4 个专家，因此有 $4 \times 3/2 = 6$ 个相似矩阵 $SM^{\mu\tau}(\mu < \tau)$，通过算术平均算子集结的群体的相似矩阵为

$$SM = \begin{pmatrix} 1 & 0.9111 & 0.7556 & 0.7778 \\ 0.9111 & 1 & 0.6639 & 0.7056 \\ 0.7556 & 0.6639 & 1 & 0.7778 \\ 0.7778 & 0.7056 & 0.7778 & 1 \end{pmatrix}$$

②方案的共识度。基于群体的相似矩阵 SM，我们通过式（7.21）计算每个方案的共识度为

$$ca_1 = 0.8148, \quad ca_2 = 0.7602, \quad ca_3 = 0.7324, \quad ca_4 = 0.7537$$

③偏好关系的共识度为

$$CR = 0.7653$$

（4）接近度衡量。为计算每个专家的接近度，需要获得群体犹豫模糊偏好关系 $\bar{H}_c$。为了利用 IOWA 算子将个体犹豫模糊偏好关系集结成一个整体，分配权重是重要的步骤。Yager 和 Filev[53]提出了以下单调函数：

$$Q(x) = x^a, \quad 0 < a < 1 \tag{7.38}$$

其中，参数 a 的设置很重要。表 7.1 给出了不同参数 a 下的权重向量。由于 $\mathrm{cl}^1 = 0.975$，$\mathrm{cl}^2 = 0.8833$，$\mathrm{cl}^3 = 0.9389$，$\mathrm{cl}^4 = 0.9847$，我们得到 $\sigma(1) = 4$，$\sigma(2) = 1$，$\sigma(3) = 3$，$\sigma(4) = 2$。从表 7.1 中可以看出，a 越小，cl^2 对应的权重 w_2 越小，但 $w_1 - w_2$ 越大。由于 cl^τ（$\tau = 1, 2, 3, 4$）间的差值不是太大，我们需要确保分配的权重间的差值也不是太大。本章采用 $a = 0.9$ 计算并得到如下权重：

$$w_1 = 0.2979，\quad w_2 = 0.2555，\quad w_3 = 0.2337，\quad w_4 = 0.2129$$

表 7.1 不同参数 a 下的权重向量

a	w_1	w_2	w_3	w_4	w_1-w_2	w_2-w_3	w_3-w_4
0.1	0.8741	0.0623	0.0374	0.0262	0.8118	0.0249	0.0112
0.2	0.7640	0.1127	0.0714	0.0518	0.6513	0.0413	0.0196
0.3	0.6679	0.1532	0.1023	0.0767	0.5147	0.0509	0.0256
0.4	0.5838	0.1850	0.1303	0.1009	0.3988	0.0547	0.0294
0.5	0.5103	0.2096	0.1556	0.1245	0.3007	0.0540	0.0311
0.6	0.4460	0.2280	0.1784	0.1475	0.2180	0.0496	0.0309
0.7	0.3899	0.2413	0.1989	0.1699	0.1486	0.0424	0.0290
0.8	0.3408	0.2502	0.2173	0.1917	0.0906	0.0329	0.0256
0.9	0.2979	0.2555	0.2337	0.2129	0.0424	0.0218	0.0208

通过式（7.25），我们得到

$$
\bar{H}_c = \begin{pmatrix}
\{0.5\} & \{0.3298, 0.4744, 0.5\} \\
\{0.6702, 0.5256, 0.5\} & \{0.5\} \\
\{0.5980, 0.5659, 0.5233\} & \{0.5360, 0.4253, 0.5233\} \\
\{0.4575, 0.3107, 0.2639\} & \{0.4787, 0.3319, 0.2639\}
\end{pmatrix}
$$

$$
\begin{matrix}
\{0.4020, 0.4341, 0.4767\} & \{0.5425, 0.6893, 0.7361\} \\
\{0.4640, 0.5747, 0.4767\} & \{0.5213, 0.6681, 0.7361\} \\
\{0.5\} & \{0.6617, 0.7617, 0.7595\} \\
\{0.3383, 0.2383, 0.2405\} & \{0.5\}
\end{matrix}
$$

当得出 $\bar{H}_c$ 时，可以计算不同层次上的接近度。

①方案对的接近度 pp^τ：

$$
\mathrm{pp}^1 = \begin{pmatrix}
1 & 0.8986 & 0.8042 & 0.8369 \\
0.8986 & 1 & 0.6718 & 0.7752 \\
0.8042 & 0.6718 & 1 & 0.8391 \\
0.8369 & 0.7752 & 0.8391 & 1
\end{pmatrix}
$$

$$pp^2 = \begin{pmatrix} 1 & 0.9482 & 0.7958 & 0.8057 \\ 0.9482 & 1 & 0.7873 & 0.6582 \\ 0.7958 & 0.7873 & 1 & 0.8724 \\ 0.8057 & 0.6582 & 0.8724 & 1 \end{pmatrix}$$

$$pp^3 = \begin{pmatrix} 1 & 0.9815 & 0.8638 & 0.8893 \\ 0.9815 & 1 & 0.7949 & 0.9489 \\ 0.8638 & 0.7949 & 1 & 0.9276 \\ 0.8893 & 0.9489 & 0.9276 & 1 \end{pmatrix}$$

$$pp^4 = \begin{pmatrix} 1 & 0.9347 & 0.9291 & 0.9276 \\ 0.9347 & 1 & 0.8116 & 0.9418 \\ 0.9291 & 0.8116 & 1 & 0.8276 \\ 0.9276 & 0.9418 & 0.8276 & 1 \end{pmatrix}$$

②方案的接近度 pa^τ:

$$pa^1 = (0.8466, 0.7818, 0.7717, 0.8171)$$
$$pa^2 = (0.8499, 0.7979, 0.8185, 0.7788)$$
$$pa^3 = (0.9115, 0.9084, 0.8621, 0.9219)$$
$$pa^4 = (0.9305, 0.8960, 0.8561, 0.8990)$$

③偏好关系的接近度 pr^τ:

$$pr^1 = 0.8043, \quad pr^2 = 0.8113, \quad pr^3 = 0.9010, \quad pr^4 = 0.8954$$

（5）一致性程度/共识度控制。设参数 $\lambda = 0.2$，表示共识度比一致性程度更重要，有

$$CCL = 0.2 \times 0.9455 + (1-0.2) \times 0.7653 = 0.8013$$

设一致性程度/共识度阈值 $\varphi = 0.85$，由于 CCL ＜ φ，启动反馈机制。

（6）反馈机制。提出建议，以帮助专家更新其意见，改进 CCL。

①确定专家 EXPCH：

$$EXPCH = \{1, 2\}$$

因此，专家 e_1、e_2 应修正他们的偏好。

②识别方案 ALT：

$$ALT = \{(1, 2), (1, 3), (1, 4), (2, 2), (2, 3), (2, 4)\}$$

③识别偏好值 APS：

$$APS = \{(1, 2, 3), (1, 2, 4), (1, 3, 2), (1, 4, 2), (2, 2, 3), (2, 2, 4), (2, 3, 2), (2, 4, 2)\}$$

因此，反馈机制给出的建议如下。

对专家 $e_1 \Rightarrow$ 应该提供 $\overline{rh}_{23}^1 \in [0.4640, 0.7]$，$\overline{rh}_{23}^2 \in [0.5747, 0.9]$，$\overline{rh}_{23}^3 \in [0.4767, 0.9]$。

对专家 $e_1 \Rightarrow$ 应该提供 $\overline{rh}_{24}^1 \in [0.5213, 0.8]$，$\overline{rh}_{24}^2 \in [0.6681, 1]$，$\overline{rh}_{24}^3 \in [0.7361, 0.8]$。

对专家 $e_1 \Rightarrow$ 应该提供 $\overline{\mathrm{rh}}_{32}^1 \in [0.3, 0.5360]$，$\overline{\mathrm{rh}}_{32}^2 \in [0.1, 0.4253]$，$\overline{\mathrm{rh}}_{32}^3 \in [0.1, 0.5233]$。

对专家 $e_1 \Rightarrow$ 应该提供 $\overline{\mathrm{rh}}_{42}^1 \in [0.2, 0.4787]$，$\overline{\mathrm{rh}}_{42}^2 \in [0, 0.3319]$，$\overline{\mathrm{rh}}_{42}^3 \in [0.2, 0.2639]$。

对专家 $e_2 \Rightarrow$ 应该提供 $\overline{\mathrm{rh}}_{23}^1 \in [0.4640, 0.7]$，$\overline{\mathrm{rh}}_{23}^2 \in [0.5747, 0.8]$，$\overline{\mathrm{rh}}_{23}^3 \in [0.3, 0.4767]$。

对专家 $e_2 \Rightarrow$ 应该提供 $\overline{\mathrm{rh}}_{24}^1 \in [0.1, 0.5213]$，$\overline{\mathrm{rh}}_{24}^2 \in [0.3, 0.6681]$，$\overline{\mathrm{rh}}_{24}^3 \in [0.5, 0.7361]$。

对专家 $e_2 \Rightarrow$ 应该提供 $\overline{\mathrm{rh}}_{32}^1 \in [0.3, 0.5360]$，$\overline{\mathrm{rh}}_{32}^2 \in [0.2, 0.4253]$，$\overline{\mathrm{rh}}_{32}^3 \in [0.5233, 0.7]$。

对专家 $e_2 \Rightarrow$ 应该提供 $\overline{\mathrm{rh}}_{42}^1 \in [0.4787, 0.9]$，$\overline{\mathrm{rh}}_{42}^2 \in [0.3319, 0.7]$，$\overline{\mathrm{rh}}_{42}^3 \in [0.2639, 0.5]$。

专家 e_1 和 e_2 提供以下新的偏好：

$$\overline{H}_1 = \begin{pmatrix} \{0.5\} & \{0.3, 0.4, 0.3\} & \{0.5, 0.7, 0.7\} & \{0.4, 0.9, 0.6\} \\ \{0.7, 0.6, 0.7\} & \{0.5\} & \{0.5, 0.6, 0.6\} & \{0.6, 0.8, 0.8\} \\ \{0.5, 0.3, 0.3\} & \{0.5, 0.4, 0.4\} & \{0.5\} & \{0.6, 0.7, 0.4\} \\ \{0.6, 0.1, 0.4\} & \{0.4, 0.2, 0.2\} & \{0.4, 0.3, 0.6\} & \{0.5\} \end{pmatrix}$$

$$\overline{H}_2 = \begin{pmatrix} \{0.5\} & \{0.3, 0.5, 0.6\} & \{0.1, 0.2, 0.4\} & \{0.6, 0.3, 0.6\} \\ \{0.7, 0.5, 0.4\} & \{0.5\} & \{0.5, 0.6, 0.4\} & \{0.5, 0.6, 0.7\} \\ \{0.9, 0.8, 0.6\} & \{0.5, 0.4, 0.6\} & \{0.5\} & \{0.5, 0.6, 0.7\} \\ \{0.4, 0.7, 0.4\} & \{0.5, 0.4, 0.3\} & \{0.5, 0.4, 0.3\} & \{0.5\} \end{pmatrix}$$

应用同样的过程，我们得到

$$\mathrm{CL} = 0.9462, \quad \mathrm{CR} = 0.8282, \quad \mathrm{CCL} = 0.8518$$

如果专家不给出他们新的偏好，采用自动推荐值，则专家 e_1 和 e_2 新的偏好关系为

$$\overline{H}_1 = \begin{pmatrix} \{0.5\} & \{0.3, 0.4, 0.3\} & \{0.5, 0.7, 0.7\} & \{0.4, 0.9, 0.6\} \\ \{0.7, 0.6, 0.7\} & \{0.5\} & \{0.5112, 0.6393, 0.5613\} & \{0.577, 0.7345, 0.7489\} \\ \{0.5, 0.3, 0.3\} & \{0.4888, 0.3603, 0.4387\} & \{0.5\} & \{0.6, 0.7, 0.4\} \\ \{0.6, 0.1, 0.4\} & \{0.423, 0.2655, 0.2511\} & \{0.4, 0.3, 0.6\} & \{0.5\} \end{pmatrix}$$

$$\overline{H}_2 = \begin{pmatrix} \{0.5\} & \{0.3, 0.5, 0.6\} & \{0.1, 0.2, 0.4\} & \{0.6, 0.3, 0.6\} \\ \{0.7, 0.5, 0.4\} & \{0.5\} & \{0.5112, 0.6197, 0.4413\} & \{0.4370, 0.5945, 0.6889\} \\ \{0.9, 0.8, 0.6\} & \{0.4888, 0.3803, 0.5587\} & \{0.5\} & \{0.5, 0.6, 0.7\} \\ \{0.4, 0.7, 0.4\} & \{0.5630, 0.4055, 0.3111\} & \{0.5, 0.4, 0.3\} & \{0.5\} \end{pmatrix}$$

类似地，我们得到

$$\mathrm{CL} = 0.9437, \quad \mathrm{CR} = 0.8266, \quad \mathrm{CCL} = 0.8500$$

在交互机制中，全体一致性程度略有增加；但在自动机制中，全体一致性程度略有减少。在交互机制和自动机制中，群体的共识度均有所增加，并且一致性程度/共识度在一次迭代修正后均达到阈值 0.85。然而，基于我们的仔细计算，在

交互机制中，专家提供的修正偏好值与群体偏好值越接近，一致性程度/共识度越容易达到阈值，否则，它将需要更多的迭代来达到阈值。

$$\bar{H}_c = \begin{pmatrix} \{0.5\} & \{0.3298, 0.4766, 0.5051\} \\ \{0.6702, 0.5234, 0.4949\} & \{0.5\} \\ \{0.5987, 0.5740, 0.5298\} & \{0.6286, 0.5350, 0.5830\} \\ \{0.4520, 0.3169, 0.2611\} & \{0.4661, 0.3399, 0.2365\} \end{pmatrix}$$

$$\begin{array}{cc} \{0.4013, 0.4260, 0.4702\} & \{0.5480, 0.6831, 0.7389\} \\ \{0.3714, 0.4649, 0.4170\} & \{0.5339, 0.6601, 0.7635\} \\ \{0.5\} & \{0.6623, 0.7623, 0.7687\} \\ \{0.3377, 0.2377, 0.2313\} & \{0.5\} \end{array}$$

（7）选择过程。由于已得到 $\bar{H}_c$，我们运用定义 7.15 来得到 SH_c：

$$SH_c = \begin{pmatrix} 0.5 & 0.4372 & 0.4325 & 0.6567 \\ 0.5628 & 0.5 & 0.4178 & 0.6525 \\ 0.5675 & 0.5822 & 0.5 & 0.7311 \\ 0.3433 & 0.3475 & 0.2689 & 0.5 \end{pmatrix}$$

利用 BUM 函数 $Q = x^{0.9}$，可得 OWA 算子的权重向量为 $W = (0.3720, 0.3222, 0.3057)^{\mathrm{T}}$，则有

$HQGDD_1 = 0.5174$，$HQGDD_2 = 0.5518$，$HQGDD_3 = 0.6330$，$HQGDD_4 = 0.3221$

根据 $HQGDD_i$，方案的排序如下：

$$x_3 \succ x_2 \succ x_1 \succ x_4$$

因此，影响水资源分配的四种方案的排序为考虑生态因素、考虑经济因素、考虑社会因素和考虑产出回报因素，最佳方案是考虑生态因素。

结果表明，第一选择是考虑生态因素。政府应该首先保护生态系统，确保环境良好。第二选择是考虑经济因素。政府需要发展地方经济，保证持续投资，以防御洪水等灾害。第三选择是考虑社会因素。政府在发展经济的同时，应该考虑居民的生活稳定性。第四选择是考虑产出回报因素。

7.4.2 比较分析

本节将本章所提方法与现有方法进行比较。

Zhang 等[102]构建了一个犹豫模糊偏好关系下的群体共识决策支持模型。对于上述算例，我们采用 Zhang 等[102]的方法来选择最佳方案，具体步骤如下。

Zhang 等[102]提出了一种标准化方法，并使用如下方法来计算其对应的一致的犹豫模糊偏好关系和一致性程度：

$$\tilde{h}_{ij,\tau}^{(l)} = \frac{1}{n} \overset{n}{\underset{t=1}{\oplus}} \left(h_{it,\tau}^{(l)} \oplus h_{tj,\tau}^{(l)} \right) \ominus \frac{1}{2} \tag{7.39}$$

$$\mathrm{CI}(H_\tau^{(l)}) = D\left(H_\tau^{(l)}, \tilde{H}_\tau^{(l)} \right) \tag{7.40}$$

对于一致性程度低于预先设定的阈值的犹豫模糊偏好关系，Zhang 等[102]采用如下方式获取调整后的标准化犹豫模糊偏好关系：

$$h_{ij,\tau}^{(l+1)} = \begin{cases} \delta h_{ij,\tau}^{(l)} \oplus (1-\delta)\tilde{h}_{ij,\tau}^{(l)} \\ h_{ij,\tau}^{(l)} \end{cases} \tag{7.41}$$

对于上述算例，利用 Zhang 等[102]的方法得到了标准化的犹豫模糊偏好关系，以及相应的一致性程度：

$$\mathrm{cl}^1 = 0.9306, \quad \mathrm{cl}^2 = 0.8813, \quad \mathrm{cl}^3 = 0.8944, \quad \mathrm{cl}^4 = 0.9694$$

由于一致性程度低于阈值，Zhang 等[102]在 2 次迭代后得到下列一致性可接受的犹豫模糊偏好关系：

$$H_1^{(2)} = \begin{pmatrix} \{0.5\} & \{0.255,0.255,0.255\} \\ \{0.745,0.745,0.745\} & \{0.5\} \\ \{0.545,0.545,0.4125\} & \{0.3,0.3,0.1675\} \\ \{0.51,0.51,0.4425\} & \{0.245,0.245,0.1775\} \end{pmatrix}$$

$$\begin{pmatrix} \{0.455,0.455,0.5875\} & \{0.49,0.49,0.5575\} \\ \{0.7,0.7,0.8325\} & \{0.755,0.755,0.8225\} \\ \{0.5\} & \{0.555,0.555,0.52\} \\ \{0.445,0.445,0.48\} & \{0.5\} \end{pmatrix}$$

$$H_2^{(2)} = \begin{pmatrix} \{0.5\} & \{0.3742,0.35,0.3763\} \\ \{0.6258,0.65,0.6238\} & \{0.5\} \\ \{0.6772,0.6708,0.602\} & \{0.3,0.3,0.1675\} \\ \{0.697,0.6042,0.4743\} & \{0.5782,0.4587,0.3515\} \end{pmatrix}$$

$$\begin{pmatrix} \{0.3228,0.3292,0.398\} & \{0.303,0.3958,0.5257\} \\ \{0.4525,0.4837,0.5278\} & \{0.4218,0.5413,0.6485\} \\ \{0.5\} & \{0.4753,0.5629,0.6258\} \\ \{0.5247,0.4371,0.3743\} & \{0.5\} \end{pmatrix}$$

$$H_3^{(2)} = \begin{pmatrix} \{0.5\} & \{0.5722,0.6485,0.6237\} \\ \{0.4278,0.3515,0.3763\} & \{0.5\} \\ \{0.5228,0.4485,0.4485\} & \{0.602,0.601,0.5752\} \\ \{0.3495,0.2,0.1753\} & \{0.4258,0.3505,0.301\} \end{pmatrix}$$

$$\begin{matrix} \{0.4772, 0.5515, 0.5515\} & \{0.6505, 0.8000, 0.8247\} \\ \{0.3980, 0.3990, 0.4248\} & \{0.5742, 0.6495, 0.6990\} \\ \{0.5\} & \{0.6753, 0.7505, 0.7762\} \\ \{0.3248, 0.2495, 0.2238\} & \{0.5\} \end{matrix}$$

$$H_4^{(2)} = \begin{pmatrix} \{0.5\} & \{0.4225, 0.5, 0.555\} \\ \{0.5775, 0.5, 0.445\} & \{0.5\} \\ \{0.745, 0.6708, 0.6225\} & \{0.6775, 0.6775, 0.6775\} \\ \{0.4775, 0.3291, 0.2325\} & \{0.4, 0.3225, 0.2675\} \end{pmatrix}$$

$$\begin{matrix} \{0.255, 0.3239, 0.3775\} & \{0.5225, 0.6709, 0.7675\} \\ \{0.3225, 0.3225, 0.3225\} & \{0.6, 0.6775, 0.7325\} \\ \{0.5\} & \{0.7775, 0.8517, 0.9\} \\ \{0.2225, 0.1483, 0.1\} & \{0.5\} \end{matrix}$$

在一致性程度达成过程中，如果群体共识指数 $\text{GCI}(H_\tau^{(l)})$ ($\tau = 1, 2, \cdots, m$)，其中，$\text{GCI}(H_\tau^{(l)}) = d(H_\tau^{(l)}, H_c^{(l)})$ 小于共识阈值，Zhang 等[102]利用如下方式更新犹豫模糊偏好关系：

$$h_{ij,\tau}^{(l+1)} = \eta h_{ij,\tau}^{(l)} \oplus (1 - \eta) h_{ij,c}^{(l)} \tag{7.42}$$

与 Zhang 等[102]的方法相比，本章所提方法具有以下优势。

（1）犹豫模糊偏好关系的现有定义[97, 102]要求对每个犹豫模糊元中的值进行重新排序，这不仅扭曲了专家的原始信息，而且破坏了加性一致性。在上述算例中，Zhang 等[102]通过式（7.41）得到了具有一致性可接受的 $H_2^{(2)}$ 和 $H_3^{(2)}$。犹豫模糊元 $h_{12,2}^{(2)} = \{0.3742, 0.35, 0.3763\}$，$h_{12,3}^{(2)} = \{0.5722, 0.6485, 0.6237\}$，可见，$h_{12,2}^{(2)}$ 和 $h_{12,3}^{(2)}$ 中的值不按升序排列，不符合犹豫模糊偏好关系的定义（即 $h_{ij}^{\sigma(\beta)} < h_{ij}^{\sigma(\beta+1)}$ 不成立）。如果将 $h_{12,2}^{(2)}$ 和 $h_{12,3}^{(2)}$ 中的值按升序重新排列，则根据其定义，$H_2^{(2)}$ 和 $H_3^{(2)}$ 不再是加性一致的。因此，现有关于犹豫模糊偏好关系的定义是不合理的。本章重新定义了犹豫模糊偏好关系，它不以升序或降序排列犹豫模糊元中的值。这不仅尽可能地保护了专家的原始信息，而且保持了加性一致性。

（2）在标准化过程中，本章提出了添加元素的定义，以及估计未知值的改进方法。将这些值作为较短的犹豫模糊元的缺失值，本章提出了一种改进的基于加性一致性的估计算法来添加未知值，同时尽可能多地估计这些值。该算法不仅可以处理完全犹豫模糊偏好关系，而且可以处理不完全犹豫模糊偏好关系，而 Zhu 等[98]和 Zhang 等[102]的方法是随机添加元素，无法处理不完全犹豫模糊偏好关系。同时，本章在估计过程中考虑了互补性，比 Herrera-Viedma 等[52, 101]的方法更简单、计算量更小。此外，本章所提估计过程利用了加性一致性，因此最终的标准化犹豫模糊偏好关系将比现有方法更具有一致性。在算例分析中，4 个犹豫模糊偏好关系的初始一致性程度分别为 $cl^1 = 0.975$，$cl^2 = 0.8833$，$cl^3 = 0.9389$，$cl^4 = 0.9847$。而在 Zhang 等[102]的方法中，一致性程度则分别为 $cl^1 = 0.9306$，$cl^2 = 0.8313$，$cl^3 = 0.8944$，$cl^4 = 0.9694$。

（3）在反馈过程中，本章提出了两种机制：交互机制和自动机制。在交互机制中，本章注重专家的介入，尊重专家的意见。如果专家不愿意提供他们的新偏好，可以使用自动机制来达成共识。而 Zhang 等[102]的方法只采用了自动机制。在共识达成过程中，本章同时考虑一致性程度和共识度。而 Zhang 等[102]的方法分别考虑了一致性程度和共识度，由于在共识达成过程中一致性程度会发生变化，他们的共识达成过程还需要检查一致性程度。本章所提方法同时考虑这些变化。在反馈过程中，只有一致性程度/共识度低于阈值的那些偏好值才会被修改。这样能尽量保留专家的原始信息，是一种合理的反馈机制。另外，Zhang 等[102]利用式（7.41）在一致性程度改善过程中修改所有偏好值，并通过设置参数 δ，在共识达成过程中利用式（7.42）再次修改所有偏好值，虽然可以分别达到一致性程度和共识度，但也意味着最终的犹豫模糊偏好关系往往与专家原始判断存在显著差异，这会使结果不可靠。

（4）本章所提方法考虑了专家的一致性程度，提出 AC-IHFOWA 算子来集结犹豫模糊偏好关系。一致性程度越高，专家的权重则越大。但是，Zhang 等[102]的方法在一开始就给专家分配了权重，权重在整个共识达成过程中都没有变化，并且没有制定分配权重的规则。一致性程度更高的专家可能被赋予更小的权重，这是不合理的。

（5）在集结过程中，本章通过拓展原理将标准化的犹豫模糊偏好关系集结为一个综合的群体偏好关系，即综合值为相应犹豫模糊值的加权集结值。因此，每一个群体犹豫模糊元中的偏好值数量都与对应的个体犹豫模糊元中的偏好值数量相同。对于本章的群决策问题，若使用现有的犹豫模糊加权平均（hesitant fuzzy weighted averaging，HFWA）算子，即犹豫模糊有序加权平均（hesitant fuzzy ordered weighted averaging，HFOWA）算子，每一个集结后的群体犹豫模糊元都将有成千上万个值。由于每个群体犹豫模糊元中的值的数量是所有集结参数的组合数，这会导致集结结果失去准确性，甚至会扭曲决策信息，最终使结果不可靠。

7.5　本 章 小 结

本章基于共识度和一致性程度建立了犹豫模糊偏好下的群体共识方法。为此，本章改进了犹豫模糊偏好关系的定义，并提出了为犹豫模糊集添加元素的新方法。为标准化犹豫模糊偏好关系，本章提出了一种改进的基于加性一致性的估计方法来预测未知值，从而将这些未知值加入短的犹豫模糊集中。结果表明，利用本章所提方法获得的标准化犹豫模糊偏好关系比现有方法的更具有一致性。

此外，本章还引入了两种反馈机制：一种是建议专家如何给出新的偏好值的交互机制；另一种是在没有专家干预的情况下达成共识的自动机制。为此，本章构建了 AC-IHFOWA 算子，将个体犹豫模糊偏好关系集结为群体犹豫模糊偏好关系，这为具有更高一致性程度的犹豫模糊偏好关系赋予了更大的权重。

最后，本章以江西平原灌溉水资源分配管理为例，进一步演示了所提方法的应用及优势。

第8章 自信语言偏好关系局部调整共识模型及其应用

8.1 基本概念

本节回顾语言变量、自信语言偏好关系的相关概念。

8.1.1 语言偏好关系

设 $X = \{x_1, x_2, \cdots, x_n\}(n \geqslant 2)$ 是一组有限的备选方案，其中，x_i 表示第 i 个备选方案。$L = \{l_\alpha | \alpha = 0, 1, \cdots, \gamma\}$ 是由奇数个离散语言变量组成的完全有序的有限语言术语集。集合中的术语 l_α 表示语言变量的可能值，并且语言术语集满足以下条件。

（1）有序性：当且仅当 $\alpha > \beta$ 时，有 $l_\alpha > l_\beta$。

（2）否定运算符定义为 $\mathrm{neg}(l_\alpha) = l_{\gamma-\alpha}$。

语言术语集 L 称为语言尺度。不失一般性，本章假设决策者使用一组语言术语集来表达他们的语言偏好：

$$L = \begin{cases} l_0 = \text{extremely poor},\ l_1 = \text{very poor},\ l_2 = \text{poor} \\ l_3 = \text{slightly poor},\ l_4 = \text{fair},\ l_5 = \text{slightly good} \\ l_6 = \text{good},\ l_7 = \text{very good},\ l_8 = \text{extremely good} \end{cases}$$

为了保留所有给定的信息，Xu[106]将离散的语言术语集 L 扩展为连续语言术语集 $\overline{L} = \{l_\alpha | \alpha \in [0, q]\}$，其中，$q(q \geqslant \gamma)$ 是足够大的正整数。如果 $l_\alpha \in L$，则 l_α 称为原始语言术语；否则，l_α 称为虚拟语言术语。通常情况下，决策者使用原始语言术语来评估备选方案，而虚拟语言术语只能出现在数学运算中。

考虑任意两个语言术语 $l_\alpha, l_\beta \in \overline{L}$，且有 $\mu, \mu_1, \mu_2 \in [0, 1]$，Xu[107]介绍了如下运算法则。

（1）$l_\alpha \oplus l_\beta = l_{\alpha+\beta}$。

（2）$l_\alpha \oplus l_\beta = l_\beta \oplus l_\alpha$。

（3）$\mu l_\alpha = l_{\mu\alpha}$。

（4）$(\mu_1 + \mu_2) l_\alpha = \mu_1 l_\alpha \oplus \mu_2 l_\alpha$。

（5）$\mu(l_\alpha \oplus l_\beta) = \mu l_\alpha \oplus \mu l_\beta$。

Xu[106]指出语言变量之间的运算实际上是语言变量下标之间的计算。因此，本章引用有序下标索引函数 $I(l) \rightarrow [0, \gamma]$，使得任意的 $l \in L$，都有 $I(l_i) = i$。例如，若 $l_i = l_1$，则 $I(l_1) = 1$。

【定义 8.1】[42]　设 $A = (a_{ij})_{n \times n}$ 是关于 X 的一个语言偏好关系，其中，a_{ij} 为方案 x_i 对于方案 x_j 的语言偏好度，$a_{ij} = l_{\gamma/2}$ 表示方案 x_i 和 x_j 之间没有差异，$a_{ij} > l_{\gamma/2}$ 表示方案 x_i 优于方案 x_j 的确定偏好，$a_{ij} < l_{\gamma/2}$ 表示方案 x_i 劣于方案 x_j 的确定偏好。对于 $\forall i, j \in N$，A 中的元素应该满足 $a_{ij} \oplus a_{ji} = l_\gamma$，$a_{ii} = l_{\gamma/2}$。

8.1.2　自信语言偏好关系

Liu 等[108]介绍了一个用于描述决策者对其语言偏好值的自信水平的语言术语集 $S^{SL} = \{s_i | i = 0, 1, \cdots, g\}$。不失一般性，本章假设决策者使用一组九标度的语言术语集 $S^{SL} = \{s_0, s_1, \cdots, s_8\}$ 来表达其自信水平。有关 S^{SL} 的详细说明见表 8.1。

表 8.1　描述决策者自信水平的语言术语集

自信水平	语言术语集	自信水平	语言术语集	自信水平	语言术语集
没有	s_0	略低	s_3	高	s_6
非常低	s_1	中等	s_4	非常高	s_7
低	s_2	略高	s_5	完美	s_8

【定义 8.2】　令 (l_α, s_k)、(l_β, s_i) 为两个二元组，l_α 和 l_β 表示语言偏好值，s_k 和 s_i 表示与之相对应的自信水平，其中，$s_k, s_i \in S^{SL}$，$\lambda \in [l_0, l_\gamma]$，$\mu, \mu_1, \mu_2 \in [0, 1]$。由此可以得到以下运算规则。

（1）$(l_\alpha, s_k) \oplus (l_\beta, s_i) = (l_\alpha \oplus l_\beta, \min\{s_k, s_i\}) = (l_{\alpha+\beta}, \min\{s_k, s_i\})$。

（2）$(l_\alpha, s_k) \oplus \lambda = (l_\alpha \oplus \lambda, s_k)$。

（3）$\mu(l_\alpha, s_k) = (\mu l_\alpha, s_k) = (l_{\mu\alpha}, s_k)$。

（4）$\mu_1(l_\alpha, s_k) \oplus \mu_2(l_\beta, s_i) = (\mu_1 l_\alpha \oplus \mu_2 l_\beta, \min\{s_k, s_i\}) = (l_{\mu_1\alpha+\mu_2\beta}, \min\{s_k, s_i\})$。

（5）$(l_\alpha, s_k) = (l_{\gamma-\alpha}, s_{g-k})$。

【备注 8.1】　二元组（即带有自信的语言偏好值）运算的结果仍然是二元组。两个语言偏好值之间的运算结果是一般语言运算的结果，两个自信水平之间的运算结果是两个自信水平中的最小值，即自信水平的运算结果不高于较小的自信水平。自信水平通常可以反映决策者在群决策中的知识、能力或经验。在自信水平语言术语集中，自信水平低于中等水平 $s_{g/2}$ 的决策者对自己的判断存在较低的自信水平。总的来说，如果一个决策者对其偏好的自信水平较低，那么他可能没有足够的证据去证明自己的判断。最终的方案排序也会受到影响。本章假设决策者在实际决策过程中应表现出积极的决策行为，即决策者的自信水平应高于中等水平 $s_{g/2}$。因此，对于表现出消极偏好的决策者，根据运算规则（5），可以将原始的自信语言偏好矩阵转换为一个自信水平不低于 $s_{g/2}$ 的新矩阵。假设决策者 e_1 在方案 x_1 和 x_2 之间进行了成对比较，并给出评价信息为 (l_1, s_8)。这意味着决策者 e_1 认为方案 x_2 优于方案 x_1。同时，他对自己的判断有绝对的自信。相应地，可进一步获得他对方案 x_1 优于方案 x_2 的偏好判断为 l_7 时，自信水平为 s_0，即决策者 e_1 不相信方案 x_1 优于方案 x_2。

Liu 等[108]定义的自信语言偏好关系如下。

【定义 8.3】[108]　如果矩阵 $T = (t_{ij}, y_{ij})_{n \times n}$ 的元素具有两个组成部分，第一个组成部分 $t_{ij} \in L$ 表示方案 x_i 相较于方案 x_j 的语言偏好值，第二个组成部分 $y_{ij} \in S^{SL}$ 表示与第一个组成部分 t_{ij} 相对应的自信水平，那么这个矩阵称为自信语言偏好关系。同时该矩阵满足以下条件：对于 $\forall i, j \in N$，$t_{ij} \oplus t_{ji} = l_\gamma$，$t_{ii} = l_{\gamma/2}$，$y_{ij} = y_{ji}$，$y_{ii} = s_g$。

【备注 8.2】　根据定义 8.3，任何一个语言偏好值 t_{ij} 都可以转换成以下形式：

$$t_{ij} \Rightarrow (t_{ij}, s_g)$$

也就是说，传统的语言偏好关系是具有完全自信水平的语言偏好关系的特殊情况，决策者对其给出的信息绝对自信。此外，Liu 等[109]指出，自信语言偏好关系从某种意义上可以看作 Zadeh[110]给出的 Z 值，这两种表示都与信息的可靠性有关。

【例 8.1】　设 $X = \{x_1, x_2, x_3, x_4\}$ 是一个备选方案集，$S^{SL} = \{s_0, s_1, \cdots, s_8\}$ 是描述决策者对其语言偏好值自信水平的语言术语集。决策者在 X 中的 4 个备选方案上提供他的自信语言偏好关系 $T = (t_{ij}, y_{ij})_{4 \times 4}(y_{ij} \in S^{SL})$。假设决策者给出的自信语言偏好关系 $T = (t_{ij}, y_{ij})_{4 \times 4}$ 如下：

$$T = \begin{bmatrix} (l_4, s_8) & (l_6, s_5) & (l_5, s_7) & (l_5, s_8) \\ (l_2, s_5) & (l_4, s_8) & (l_8, s_6) & (l_6, s_4) \\ (l_3, s_7) & (l_0, s_6) & (l_4, s_8) & (l_8, s_5) \\ (l_3, s_8) & (l_2, s_4) & (l_0, s_5) & (l_4, s_8) \end{bmatrix}$$

在自信语言偏好关系 T 中，$t_{12} = l_6$ 表示方案 x_1 对于方案 x_2 的语言偏好值为 l_6，$y_{12} = s_5$ 表示决策者对 t_{12} 的自信水平为 s_5。这意味着决策者对其判断有较高的自信水平。T 中的其余元素可以用相同的方式解释。

8.2　自信语言偏好关系局部调整共识模型

群决策问题通常考虑两个过程：共识达成过程和选择过程。本节将介绍基于自信语言偏好关系的群决策共识模型。在共识达成过程中，语言偏好值和自信水平都会被修改。也就是说，本章所提共识模型是一个基于（语言）偏好值和自信水平调整（preference values and self-confidence levels modifying，PVSLM）的共识模型。有关自信语言偏好关系的问题描述将在 8.2.1 节中介绍。基于 PVSLM 的共识模型包括两个步骤：共识度量和反馈调整，将分别在 8.2.2 节和 8.2.3 节中给出。

8.2.1　问题描述

令 E、X 定义如第 2 章所述。设 $\lambda = (\lambda_1, \lambda_2, \cdots, \lambda_m)^{\mathrm{T}}$ 为决策群体 E 的权重向量，其中，$\sum_{h=1}^{m} \lambda_h = 1 \, (h = 1, 2, \cdots, m)$，$\lambda_h \in [0, 1]$ 为决策者 e_h 的权重。设 $T_h = (t_{ij,h}, y_{ij,h})_{n \times n}$ $(h = 1, 2, \cdots, m)$ 为决策者 e_h 给出的自信语言偏好关系，其中，$t_{ij,h}$ 为决策者 e_h 对方案 x_i 相较于方案 x_j 的语言偏好值，$y_{ij,h} \in S^{\mathrm{SL}}$ 为与语言偏好值 $t_{ij,h}$ 对应的自信水平。群体共识模型就是要建立一个共识度量指标，对于不满足可接受共识度的个体自信语言偏好矩阵，通过反馈机制，同时调整其语言偏好值和自信水平，在尽可能保留决策者原始信息的基础上提高决策者之间的共识度。然后，将达到可接受共识度的决策者自信语言偏好集结成一个群体自信语言偏好矩阵，并通过得分权重进行排序选出最优方案。

共识达成过程的目的是提高决策者之间的共识度。选择过程的目的主要是获得方案排序，以此确定最优方案。在实际应用中，"软"共识的概念被广泛应用到共识模型中[111, 112]。自信语言偏好关系是最近几年提出的新概念，相关研究还比较少。为此，本章建立自信语言偏好关系局部调整共识模型，如图 8.1 所示。

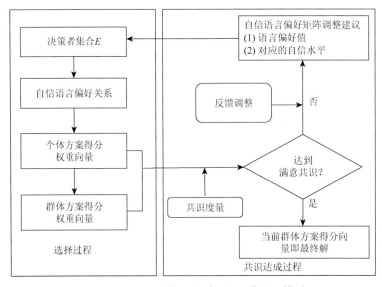

图 8.1　自信语言偏好关系局部调整共识模型

　　共识达成过程往往涉及两个阶段：共识度量和反馈调整。

　　（1）共识度量。共识是指所有决策者对所有备选方案保持完全一致同意，但是在实际决策情境中，很难并且没有必要达到这种理想状态，因此我们采用"软"共识的概念，提出一个可接受的共识度并将其用于共识度量。共识度定义为两个层级：个体共识度和群体共识度。如果群体共识度达到预定义的共识阈值，则共识达成过程完成，并且此时的群体优先级向量就是具有可接受共识度的群决策结果，否则，将使用反馈调整机制来提高决策者之间的共识度。在反馈过程中，将根据决策者可接受的范围为他们提供自信语言偏好关系的调整建议。

　　（2）反馈调整。为了帮助决策者提高共识度，本章提出一种新的关于自信语言偏好关系的反馈调整算法。在这个反馈调整过程中，首先确定不满足共识度的决策者，然后识别需要修改的语言偏好值和自信水平，最后为需要调整的语言偏好值和自信水平提供调整建议。

8.2.2　共识度量

　　群决策问题中的共识度量通常是通过计算决策者个体的优先级向量和群体的优先级向量之间的距离来实现的。基于此，共识度可以定义为两个层级：个体共识度和群体共识度。

　　【定义 8.4】（个体共识度）　设 $w^h = (w_1^h, w_2^h, \cdots, w_n^h)^T$ 是决策者 e_h 的个体优先级向量，$w^c = (w_1^c, w_2^c, \cdots, w_n^c)^T$ 是群体优先级向量，那么决策者 e_h 的个体共识度可以定义为

$$\mathrm{cl}(e_h) = 1 - \sqrt{\frac{1}{n}\sum_{i=1}^n (w_i^h - w_i^c)^2}, \quad h \in M \tag{8.1}$$

　　个体优先级向量 $w^h = (w_1^h, w_2^h, \cdots, w_n^h)^T$ 通过方案得分函数 SCS_h 导出。在这一步中，决策者 e_h 通过自信语言偏好关系 $T_h = (t_{ij,h}, y_{ij,h})_{n \times n}(h \in M)$ 提供他关于方案集 $X = \{x_1, x_2, \cdots, x_n\}(n \geq 2)$ 的偏好信息，为了从自信语言偏好关系 $T_h = (t_{ij,h}, y_{ij,h})_{n \times n}$ 中导出个体优先级向量，首先将自信水平 $y_{ij,h}$ 转换为数值 $\Delta^{-1}(y_{ij,h})$。决策者 e_h 的方案得分函数 SCS_h 定义如下。

　　【定义 8.5】　设 $E = \{e_1, e_2, \cdots, e_m\}(m \geq 2)$ 是一个决策者集合，$X = \{x_1, x_2, \cdots, x_n\}(n \geq 2)$ 是一个有限的备选方案集合，$T_h = (t_{ij,h}, y_{ij,h})_{n \times n}(h \in M)$ 是由决策者 e_h 给出的自信语言偏好关系，那么决策者 e_h 对于任意一个方案的得分函数 SCS_h 可以定义为

$$\mathrm{SCS}_h(x_i) = \frac{1}{n}\sum_{j=1}^n (I(t_{ij,h}) \times \Delta^{-1}(y_{ij,h})), \quad i \in N, \quad h \in M \tag{8.2}$$

根据决策者 e_h 的方案得分，可得优先级权重为

$$w_i^h = \frac{\mathrm{SCS}_h(x_i)}{\displaystyle\sum_{i=1}^{n}\mathrm{SCS}_h(x_i)}, \quad i \in N, \quad h \in M \tag{8.3}$$

【备注 8.3】 在定义 8.5 中，w_i^h 越大，决策者 e_h 对方案 x_i 的自信水平就越高。若有 $w_i^h > w_j^h$，则决策者 e_h 认为 $x_i \succ x_j$，$x_i, x_j \in X$，即方案 x_i 优于方案 x_j。通过计算式（8.2）和式（8.3）可以得出个体优先级向量 $w^h = (w_1^h, w_2^h, \cdots, w_n^h)^{\mathrm{T}}$ 的解。群体优先级向量 $w^c = (w_1^c, w_2^c, \cdots, w_n^c)^{\mathrm{T}}$ 的导出方法将在 8.3 节中阐述。

在以往的研究中，从个体共识度导出群体共识度通常采用平均值法，即对于 m 个决策者，将他们的共识度相加求和再除以 m，得到的均值就是群体共识度[113]。这种方法简单、通俗，但是对于自信语言偏好关系，每个决策者的自信水平是不同的。同时，决策者的自信水平可以在一定程度上反映他们的知识、能力或经验。通常情况下，决策者的自信水平越高，他可能对群决策问题有更多的知识或经验。因此，在群决策问题中，决策权重的分配应考虑决策者的多重自信水平。为此，本章设计一种新颖的决策者权重分配方法。

【定义 8.6】 设 $T_h = (t_{ij,h}, y_{ij,h})_{n \times n}$ 是决策者 e_h 给出的自信语言偏好关系，b_h 为决策者 e_h 自信语言偏好矩阵中的自信水平，那么决策者 e_h 的自信水平 b_h 及决策权重 λ_h 可以表示为

$$b_h = \Delta^{-1}\left(\min\left\{y_{ij,h} \middle| i = 1, 2, \cdots, n; j = 1, 2, \cdots, n\right\}\right), \quad h \in M \tag{8.4}$$

$$\lambda_h = \frac{b_h}{\displaystyle\sum_{h=1}^{m} b_h}, \quad h \in M \tag{8.5}$$

【备注 8.4】 在式（8.4）中，我们用最小自信水平 $\min\{y_{ij,h} | i \in N; j \in N\}$ 来反映决策者对自信语言偏好矩阵的自信水平 b_h。当 $b_h > \Delta^{-1}\min\{y_{ij,h} | i \in N; j \in N\}$ 时，自信语言偏好矩阵中不止一个语言偏好值对应的自信水平是低于 b_h 的，这可能不符合逻辑。此外，决策者自信水平越高，他在群决策中越有知识或经验。因此，采用最小自信水平来反映决策者在自信语言偏好矩阵中的自信水平是合理的。

【定义 8.7】（群体共识度） 在群决策问题中，考虑决策者不同自信水平的群体共识度可以定义为

$$\mathrm{cl} = \sum_{h=1}^{m} \lambda_h \cdot \mathrm{cl}(e_h) \tag{8.6}$$

【备注 8.5】 显然，$\mathrm{cl} \in [0, 1]$。更高的群体共识度意味着决策者之间更高的共识度。如果 $\mathrm{cl} = 1$，则该群决策问题中的所有决策者就群体意见达成完全共识。在这种"软"共识模型中，我们预先设定了可接受的共识阈值 $\delta(\delta \in [0, 1])$。如果群体共识度 cl 大于等于共识阈值 δ，则决策者之间的共识度是可以接受的，并且此时的群

体优先级向量即最终结果。如果群体共识度 cl 小于共识阈值 δ，则只需要通过反馈机制调整决策者的偏好信息，以实现可接受的共识度，具体的反馈调整算法将在 8.2.3 节中阐述。

8.2.3　反馈调整

8.2.2 节提出了共识度量的方法，如果 cl$\geq\delta$，则达到预定义的决策者之间的共识度，且此时的群体优先级向量是协商一致的解决方案，否则，决策者需要调整其自信语言偏好关系，以提高共识度。本节提出一种新的反馈调整过程，以提高决策者之间的共识度。

在实际的群决策情境中，自信水平反映了决策者的知识、能力或经验。总的来说，如果一个决策者对其偏好表现出较低的自信水平，那么他可能没有足够的证据去支撑自己的判断。最终的方案排序也会受到影响。本章假设决策者在实际决策过程中应表现出积极的决策行为，即决策者的自信水平应高于中等水平 $s_{g/2}$。基于此假设，对于表现出消极偏好的决策者，根据 8.1.2 节中提出的运算规则（5），将原始的自信语言偏好关系 $T = (t_{ij}, y_{ij})_{n\times n}$ 转换为自信水平不低于 $s_{g/2}$ 的等价的自信语言偏好关系，仍表示为 $T = (t_{ij}, y_{ij})_{n\times n}$。传统的反馈调整过程往往包含以下规则。

（1）识别规则。识别规则旨在确定共识度不可接受的决策者，并识别出对达成更高共识度具有最小贡献的语言偏好值位置。

（2）方向规则。方向规则旨在找出决策者意见的调整方向。

基于这两个规则，本章提出一种新的反馈调整过程来提高共识度。该过程的主要思想是根据个体自信语言偏好关系的语言偏好值与群体自信语言偏好关系的语言偏好值之间的距离来调整自信水平和语言偏好值。

（1）如果个体语言偏好值和群体语言偏好值之间的距离较大，则此语言偏好值对达成共识的贡献较小，需要调整语言偏好值并降低自信水平。本章假设决策者的决策行为是积极的，因此调整后的自信水平应不低于 $s_{g/2}$。

（2）个体语言偏好值和群体语言偏好值之间的距离越小，此语言偏好值对实现较高共识度的贡献越大，语言偏好值保持不变，决策者应提高其相应的自信水平。

（3）当决策者修改其偏好信息时，从反馈调整算法中收到的建议应仅作为参考。如果决策者不采纳建议，则可能无法达到共识阈值。为了提高效率并提高决策者的调整意愿，以避免共识无法达成，反馈调整算法中考虑决策者可接受的调整范围。设 $\hat{t}_{ij,h}$ 为决策者 e_h 的语言偏好值 $t_{ij,h}$ 的相应调整值，$\overline{\hat{t}_{ij,h}}$ 和 $\underline{\hat{t}_{ij,h}}$ 分别代表决策者 e_h 可以接受的语言偏好调整值的上限和下限，由决策者给出。例如，如果反馈调整算法建议决策者 e_1 的语言偏好值 $t_{12,1}$ 在$[l_6, l_8]$内更改，而决策者 e_1 可以接受的 $t_{12,1} \in [l_7, l_8]$（即 $\overline{\hat{t}_{12,1}} = l_8$，$\underline{\hat{t}_{12,1}} = l_7$），那么 $\hat{t}_{ij,h}$ 的结果将在两者的交集$[l_7, l_8]$内选取。

反馈调整过程的详细描述如下。

（1）使用识别规则识别需要调整的语言偏好值和自信水平。确定共识度低于共识阈值δ的决策者，即 $\mathrm{DMCH} = \{e_h | \mathrm{cl}(e_h) < \delta\}$。根据个体自信语言偏好矩阵 $T_h = (t_{ij,h}, y_{ij,h})_{n \times n}$ 和群体自信语言偏好矩阵 $T_c = (t_{ij,c}, y_{ij,c})_{n \times n}$，令 $D_h = (d_{ij,h})_{n \times n}$ 是关于 $T_h = (t_{ij,h}, y_{ij,h})_{n \times n}(e_h \in \mathrm{DMCH})$ 的距离矩阵，其中，

$$d_{ij,h} = \left| I(t_{ij,h}) - I(t_{ij,c}) \right| \tag{8.7}$$

用于衡量决策者 e_h 的个体语言偏好值 $t_{ij,h}$ 和群体语言偏好值 $t_{ij,c}$ 的偏差程度。$d_{ij,h}$ 越大，个体语言偏好值 $t_{ij,h}$ 和群体语言偏好值 $t_{ij,c}$ 的偏差程度就越大。

通过以下方式识别出偏差程度大于阈值$\overline{d}$ $(\overline{d} \geqslant 0)$的个体语言偏好值：

$$\mathrm{DE}_h = \{(i,j) | d_{ij,h} > \overline{d}, i < j\} \tag{8.8}$$

同时，通过以下方式识别出偏差程度小于阈值$\underline{d}$ $(\underline{d} \geqslant 0)$的个体语言偏好值：

$$\mathrm{DM}_h = \{(i,j) | d_{ij,h} < \underline{d}, i < j\} \tag{8.9}$$

（2）应用方向规则调整识别出的语言偏好值和自信水平。设 $\hat{T}_h = (\hat{t}_{ij,h}, \hat{y}_{ij,h})_{n \times n}$ 为与 $T_h = (t_{ij,h}, y_{ij,h})_{n \times n}$ 对应的调整后的自信语言偏好关系。给出 $\hat{T}_h = (\hat{t}_{ij,h}, \hat{y}_{ij,h})_{n \times n}$ 时将采用以下指导规则。

①对于每个$(i,j) \in \mathrm{DE}_h$，建议决策者将个体语言偏好值 $t_{ij,h}$ 调整得更接近群体语言偏好值 $t_{ij,c}$：

$$\hat{t}_{ij,h} \in \left[\max\left(\min(t_{ij,h}, t_{ij,c}), \underline{\hat{t}_{ij,h}}\right), \min\left(\max(t_{ij,h}, t_{ij,c}), \overline{\hat{t}_{ij,h}}\right) \right] \tag{8.10}$$

显然，当个体语言偏好值 $t_{ij,h}$ 和群体语言偏好值 $t_{ij,c}$ 之间存在较大的偏差程度时，个体语言偏好值 $t_{ij,h}((i,j) \in \mathrm{DE}_h)$对达到较高共识度的贡献较小。在这种情况下，个体语言偏好值 $t_{ij,h}$ 在共识的意义上可能是不合理的。因此，建议决策者降低对于个体语言偏好值 $t_{ij,h}$ 的自信水平，且自信水平应不低于 $s_{g/2}$。设 $\hat{y}_{ij,h}$ 是调整后的与 $y_{ij,h}$ 对应的自信水平。建议 $\hat{y}_{ij,h}$ 的调整区间为

$$\hat{y}_{ij,h} \in [s_{g/2}, y_{ij,h}] \tag{8.11}$$

【备注8.6】 个体语言偏好值 $t_{ij,h}$ 包含在决策者 e_h 的可接受调整范围$[\underline{\hat{t}_{ij,h}}, \overline{\hat{t}_{ij,h}}]$内。若决策者给出的个体语言偏好值不在决策者的可接受调整范围内，这显然是不合理和不符合逻辑的。因此，决策者 e_h 的可接受调整范围$[\underline{\hat{t}_{ij,h}}, \overline{\hat{t}_{ij,h}}]$和$[\min(t_{ij,h}, t_{ij,c}), \max(t_{ij,h}, t_{ij,c})]$存在交集，也就是说，在区间$[\max(\min(t_{ij,h}, t_{ij,c}), \underline{\hat{t}_{ij,h}}),$

$\min(\max(t_{ij,h}, t_{ij,c}), \overline{\hat{t}_{ij,h}})$]中至少有一个元素 $t_{ij,h}$。

②对于每个 $(i,j) \in DM_h$，个体语言偏好值 $t_{ij,h}$ 为达到较高共识度做出了更大的贡献，这意味着个体语言偏好值 $t_{ij,h}$ 非常接近群体语言偏好值 $t_{ij,c}$。在这种情况下，决策者应该对自己的评估更有信心。因此，建议决策者将与 $t_{ij,h}$ 对应的自信水平提高，并且保持 $t_{ij,h}$ 不变：

$$\hat{t}_{ij,h} = t_{ij,h} \text{ 且 } \hat{y}_{ij,h} \in [y_{ij,h}, s_g] \tag{8.12}$$

③对于 $i<j$，$(i,j) \notin DE_h$ 且 $(i,j) \notin DM_h$，建议 $\hat{t}_{ij,h} = t_{ij,h}$ 且 $\hat{y}_{ij,h} = y_{ij,h}$。对于 $i>j$，可根据 $\hat{t}_{ij,h} \oplus \hat{t}_{ji,h} = l_\gamma$ 和 $\hat{y}_{ij,h} = \hat{y}_{ji,h}$ 进行调整。

同时，对于共识度高于共识阈值的决策者，即 $e_h \notin DMCH$，建议 $\hat{T}_h = T_h$。

8.3　自信语言偏好关系的群决策集结和选择过程

选择过程是将多个决策者的个人自信语言偏好矩阵集结成一个群体自信语言偏好矩阵，根据群体优先级向量确定最终的方案排序。

8.3.1　集结过程

决策者的自信水平可以在一定程度上反映他们的知识、能力或经验。通常情况下，决策者的自信水平越高，他可能在该群决策问题上越有权威。因此，在分配群决策问题中的决策者权重时，应考虑他们的多重自信水平。本章在集结过程中给予自信水平较高的决策者更大的权重。

设 $\lambda = (\lambda_1, \lambda_2, \cdots, \lambda_m)^T$ 是各决策者的权重向量，$\lambda_h(h \in M)$ 可根据式（8.5）得出，其中，$\sum_{h=1}^{m} \lambda_h = 1$，$\lambda_h \in [0, 1]$。

【定义 8.8】 设 $T_h = (t_{ij,h}, y_{ij,h})_{n \times n}(h \in M)$ 是决策者 e_h 给出的自信语言偏好关系，利用加权平均算子，群体自信语言偏好关系 $T_c = (t_{ij,c}, y_{ij,c})_{n \times n}$ 推导为

$$T_c = (t_{ij,c}, y_{ij,c})_{n \times n} = \lambda_1 T_1 \oplus \lambda_2 T_2 \oplus \cdots \oplus \lambda_m T_m \tag{8.13}$$

$$t_{ij,c} = \sum_{h=1}^{m} \lambda_h t_{ij,h}, \quad y_{ij,c} = \min\{y_{ij,h} | h \in M\} \tag{8.14}$$

8.3.2　选择过程

在选择过程中，需要将备选方案的群体偏好信息转化为群体的方案排序。因

此，对于群体自信语言偏好关系，为了得到群体优先级向量 $w^c = (w_1^c, w_2^c, \cdots, w_n^c)^{\mathrm{T}}$，本章定义群体的方案得分函数 SCS。

【定义 8.9】 设 $X = \{x_1, x_2, \cdots, x_n\}(n \geqslant 2)$ 是一个备选方案集合，$T_c = (t_{ij,c}, y_{ij,c})_{n \times n}$ 表示群决策问题中的群体自信语言偏好关系，那么每个方案的得分函数为

$$\mathrm{SCS}(x_i) = \frac{1}{n} \sum_{j=1}^{n} (I(t_{ij,c}) \times \Delta^{-1}(y_{ij,c})), \quad i \in N \qquad (8.15)$$

则群体优先级向量 $w^c = (w_1^c, w_2^c, \cdots, w_n^c)^{\mathrm{T}}$ 为

$$w_i^c = \frac{\mathrm{SCS}(x_i)}{\sum\limits_{i=1}^{n} \mathrm{SCS}(x_i)}, \quad i \in N \qquad (8.16)$$

此外，考虑决策者自信水平的选择过程算法如算法 8.1 所示。

算法 8.1　考虑决策者自信水平的选择过程算法

输入：假设有一组备选方案 $X = \{x_1, x_2, \cdots, x_n\}$。$E = \{e_1, e_2, \cdots, e_m\}$ 表示一组受邀决策者。所有决策者对 X 中的备选方案进行成对比较，并使用自信语言偏好关系 $T_h = (t_{ij,h}, y_{ij,h})_{n \times n}(h \in M)$ 表示其偏好信息。

输出：方案排序。

（1）利用式（8.4）和式（8.5）计算决策者 e_h 的决策权重 λ_h。

（2）根据式（8.13）计算群体的自信语言偏好关系 $T_c = (t_{ij,c}, y_{ij,c})_{n \times n}$。

（3）通过式（8.15）计算群体自信语言偏好关系中每个备选方案的得分函数 $\mathrm{SCS}(x_i)$；通过式（8.16）计算群体优先级向量 $w^c = (w_1^c, w_2^c, \cdots, w_n^c)^{\mathrm{T}}$，获得最终方案排序。

（4）结束。

8.3.3　共识算法

基于前面对决策者在实际决策过程中应表现出积极的决策行为的假设，决策者的自信水平应不低于中间值 $s_{g/2}$。首先，根据 8.1.2 节提出的运算规则（5），将原始的自信语言偏好关系 $T_h = (t_{ij,h}, y_{ij,h})_{n \times n}$ 转变为自信水平不低于 $s_{g/2}$ 的等效矩阵。其次，根据式（8.3）和式（8.16）计算出一组自信语言偏好关系的个体和群体的优先级向量。再次，利用共识度量方法来计算决策个体和群体的共识度。最后，当决策者的共识度不可接受时，本章所提反馈调整算法可为决策者提供修改建议，以调整其自信语言偏好关系。基于自信语言偏好关系的群决策共识算法如算法 8.2 所示。

算法 8.2　基于自信语言偏好关系的群决策共识算法

输入：决策者给出的自信语言偏好矩阵 $T_h = (t_{ij,h}, y_{ij,h})_{n \times n} (h \in M)$，$y_{ij,h} \in S^{SL}$；决策者可接受的语言偏好调整值上下限 $\underline{\hat{t}_{ij,h}}$ 和 $\hat{t}_{ij,h}$；迭代次数 v；可接受的共识度 cl 的阈值 δ，以及偏差程度 $d_{ij,h}$ 的阈值 $\overline{d}$ 和 $\underline{d}$。

输出：调整后的个体自信语言偏好关系 $\overline{T}_h (h \in M)$ 和群体的方案优先级向量 $\overline{w}^c$。

（1）根据 8.1.2 节中提出的运算规则（5），将原始的自信语言偏好关系转换为自信水平不低于中间值 $s_{g/2}$ 的等效项。为了方便起见，预处理后的自信语言偏好关系仍然用 $T_h(h \in M)$ 表示。令 $v = 0$，$T_h^{(0)} = T_h(h \in M)$。

（2）利用式（8.3）计算个体的方案优先级向量 $w_h^{(v)}(h \in M)$，并利用式（8.16）计算群体的方案优先级向量 $w^{c(v)}$。

（3）通过式（8.1）和式（8.6）计算群体共识度 $\mathrm{cl}^{(v)}$，如果 $\mathrm{cl}^{(v)} \geqslant \delta$，进行步骤（5）；否则，进行步骤（4）。

（4）识别出共识度低于共识阈值的决策者，即 $\mathrm{cl}(e_h)^{(v)} < \delta$，计算偏差矩阵 $D_h^{(v)} = (d_{ij,h}^{(v)})_{n \times n} (h \in M)$，其中，$d_{ij,h}^{(v)} = |t_{ij,h}^{(v)} - t_{ij,c}^{(v)}|$。构建一个新的自信语言偏好关系 $T_h^{(v+1)} = (t_{ij,h}^{(v+1)}, y_{ij,h}^{(v+1)})_{n \times n}$，规则如下。

①对于 $(i,j) \in \mathrm{DE}_h^{(v)}$，$t_{ij,h}^{(v+1)} \in \left[\max\left(\min(t_{ij,h}^{(v)}, t_{ij,c}^{(v)}), \underline{\hat{t}_{ij,h}}\right), \min\left(\max(t_{ij,h}^{(v)}, t_{ij,c}^{(v)}), \overline{\hat{t}_{ij,h}}\right) \right]$，$y_{ij,h}^{(v+1)} \in [s_{g/2}, y_{ij,h}^{(v)}]$。

②对于 $(i,j) \in \mathrm{DM}_h^{(v)}$，$t_{ij,h}^{(v+1)} = t_{ij,h}^{(v)}$，$y_{ij,h}^{(v+1)} \in [y_{ij,h}^{(v)}, s_g]$。

③对于 $i < j$，$(i,j) \notin \mathrm{DE}_h^{(v)}$ 且 $(i,j) \notin \mathrm{DM}_h^{(v)}$，保持 $t_{ij,h}^{(v+1)} = t_{ij,h}^{(v)}$ 且 $y_{ij,h}^{(v+1)} = y_{ij,h}^{(v)}$。对于 $i > j$，根据 $t_{ij,h}^{(v+1)} \oplus t_{ji,h}^{(v+1)} = l_\gamma$，$y_{ij,h}^{(v+1)} = y_{ji,h}^{(v)}$ 进行调整。

另外，应保证 $t_{ij,h}^{(v+1)} \oplus t_{ji,h}^{(v+1)} = l_\gamma$，$y_{ij,h}^{(v+1)} = y_{ji,h}^{(v+1)}$ 且 $T_h^{(v+1)} \neq T_h^{(v)}$。令 $v = v + 1$，转步骤（3）。

（5）输出调整后的个体自信语言偏好关系 $\overline{T}_h = T_h^{(v)}(h \in M)$ 和群体的方案优先级向量 $\overline{w}^c = w^{c(v)}$。

该共识算法考虑了决策者的意愿。在传统意义上，反馈调整提供的建议通常仅作为决策者修改其偏好信息的参考依据。如果决策者不采纳建议，则可能无法达到预定义的共识度。为了提高效率并提高决策者的调整意愿，以避免共识达成失败，本章所提反馈调整算法中考虑了决策者可接受的调整范围。

8.4　算例与比较分析

本节给出一个算例来展示所提出的基于自信语言偏好关系的群体共识模型的应用，并提供一些比较分析来突出本章所提方法的贡献和创新。

8.4.1　算例分析

假设 $L = \{l_0, \cdots, l_4, \cdots, l_8\}$ 是决策者的语言偏好值集合，$S^{SL} = \{s_0, s_1, \cdots, s_8\}$ 是自信水平集合。该群决策问题中 4 个决策者 $E = \{e_1, e_2, e_3, e_4\}$ 对于 4 个备选方案 $X = \{x_1, x_2, x_3, x_4\}$ 给出了自信语言偏好矩阵。另外，分别假设共识阈值 δ 为 0.95，偏差阈值 $\underline{d}$ 和 $\overline{d}$ 为 0.5 和 1。4 个决策者给出的自信语言偏好关系分别如下。

$$T_1 = \begin{bmatrix} (l_4, s_8) & (l_6, s_3) & (l_8, s_5) & (l_4, s_2) \\ (l_2, s_3) & (l_4, s_8) & (l_5, s_4) & (l_6, s_6) \\ (l_0, s_5) & (l_3, s_4) & (l_4, s_8) & (l_7, s_3) \\ (l_4, s_2) & (l_2, s_6) & (l_1, s_3) & (l_4, s_8) \end{bmatrix}$$

$$T_2 = \begin{bmatrix} (l_4, s_8) & (l_1, s_8) & (l_5, s_8) & (l_3, s_8) \\ (l_7, s_8) & (l_4, s_8) & (l_8, s_8) & (l_6, s_8) \\ (l_3, s_8) & (l_0, s_8) & (l_4, s_8) & (l_2, s_8) \\ (l_5, s_8) & (l_2, s_8) & (l_6, s_8) & (l_4, s_8) \end{bmatrix}$$

$$T_3 = \begin{bmatrix} (l_4, s_8) & (l_3, s_5) & (l_1, s_4) & (l_0, s_5) \\ (l_5, s_5) & (l_4, s_8) & (l_5, s_6) & (l_1, s_6) \\ (l_7, s_4) & (l_3, s_6) & (l_4, s_8) & (l_0, s_7) \\ (l_8, s_5) & (l_7, s_6) & (l_8, s_7) & (l_4, s_8) \end{bmatrix}$$

$$T_4 = \begin{bmatrix} (l_4, s_8) & (l_2, s_5) & (l_3, s_7) & (l_6, s_4) \\ (l_6, s_5) & (l_4, s_8) & (l_1, s_6) & (l_2, s_3) \\ (l_5, s_7) & (l_7, s_6) & (l_4, s_8) & (l_5, s_2) \\ (l_2, s_4) & (l_6, s_3) & (l_3, s_2) & (l_4, s_8) \end{bmatrix}$$

（1）启动算法 8.2 之前，根据 8.1.2 节中提出的运算规则（5）预处理决策者给出的初始自信语言偏好关系，可以得到

$$T_1 = \begin{bmatrix} (l_4, s_8) & (l_2, s_5) & (l_8, s_5) & (l_4, s_6) \\ (l_6, s_5) & (l_4, s_8) & (l_5, s_4) & (l_6, s_6) \\ (l_0, s_5) & (l_3, s_4) & (l_4, s_8) & (l_1, s_5) \\ (l_4, s_6) & (l_2, s_6) & (l_7, s_5) & (l_4, s_8) \end{bmatrix}$$

$$T_2 = \begin{bmatrix} (l_4,s_8) & (l_1,s_8) & (l_5,s_8) & (l_3,s_8) \\ (l_7,s_8) & (l_4,s_8) & (l_8,s_8) & (l_6,s_8) \\ (l_3,s_8) & (l_0,s_8) & (l_4,s_8) & (l_2,s_8) \\ (l_5,s_8) & (l_2,s_8) & (l_6,s_8) & (l_4,s_8) \end{bmatrix}$$

$$T_3 = \begin{bmatrix} (l_4,s_8) & (l_3,s_5) & (l_1,s_4) & (l_0,s_5) \\ (l_5,s_5) & (l_4,s_8) & (l_5,s_6) & (l_1,s_6) \\ (l_7,s_4) & (l_3,s_6) & (l_4,s_8) & (l_0,s_7) \\ (l_8,s_5) & (l_7,s_6) & (l_8,s_7) & (l_4,s_8) \end{bmatrix}$$

$$T_4 = \begin{bmatrix} (l_4,s_8) & (l_2,s_5) & (l_3,s_7) & (l_6,s_4) \\ (l_6,s_5) & (l_4,s_8) & (l_1,s_6) & (l_6,s_5) \\ (l_5,s_7) & (l_7,s_6) & (l_4,s_8) & (l_3,s_6) \\ (l_2,s_4) & (l_2,s_5) & (l_5,s_6) & (l_4,s_8) \end{bmatrix}$$

此外，表 8.2 列出了决策者可接受的语言偏好值调整范围。令 $v=0$，$T_h^{(0)}=T_h(h=1,2,3,4)$，进入步骤（2）。

表 8.2　决策者可接受的语言偏好值调整范围

决策者	可接受的语言偏好值调整范围
e_1	$\hat{t}_{12,1}\in[l_1,l_3]$，$\hat{t}_{13,1}\in[l_4,l_8]$，$\hat{t}_{14,1}\in[l_3,l_5]$，$\hat{t}_{23,1}\in[l_4,l_8]$，$\hat{t}_{24,1}\in[l_6,l_7]$，$\hat{t}_{34,1}\in[l_0,l_2]$，$\hat{t}_{21,1}\in[l_5,l_7]$，$\hat{t}_{31,1}\in[l_0,l_4]$，$\hat{t}_{41,1}\in[l_3,l_5]$，$\hat{t}_{32,1}\in[l_0,l_4]$，$\hat{t}_{42,1}\in[l_1,l_2]$，$\hat{t}_{43,1}\in[l_6,l_8]$
e_2	$\hat{t}_{12,2}\in[l_0,l_2]$，$\hat{t}_{13,2}=l_5$，$\hat{t}_{14,2}=l_3$，$\hat{t}_{23,2}\in[l_5,l_8]$，$\hat{t}_{24,2}\in[l_6,l_7]$，$\hat{t}_{34,2}\in[l_1,l_2]$，$\hat{t}_{21,2}\in[l_6,l_8]$，$\hat{t}_{31,2}=l_3$，$\hat{t}_{41,2}=l_5$，$\hat{t}_{32,2}\in[l_0,l_3]$，$\hat{t}_{42,2}\in[l_1,l_2]$，$\hat{t}_{43,2}\in[l_6,l_7]$
e_3	$\hat{t}_{12,3}\in[l_1,l_3]$，$\hat{t}_{13,3}\in[l_1,l_4]$，$\hat{t}_{14,3}\in[l_0,l_3]$，$\hat{t}_{23,3}\in[l_5,l_7]$，$\hat{t}_{24,3}\in[l_1,l_7]$，$\hat{t}_{34,3}\in[l_0,l_2]$，$\hat{t}_{21,3}\in[l_5,l_7]$，$\hat{t}_{31,3}\in[l_4,l_7]$，$\hat{t}_{41,3}\in[l_5,l_8]$，$\hat{t}_{32,3}\in[l_1,l_3]$，$\hat{t}_{42,3}\in[l_1,l_7]$，$\hat{t}_{43,3}\in[l_6,l_8]$
e_4	$\hat{t}_{12,4}\in[l_1,l_3]$，$\hat{t}_{13,4}\in[l_3,l_5]$，$\hat{t}_{14,4}\in[l_3,l_6]$，$\hat{t}_{23,4}\in[l_3,l_5]$，$\hat{t}_{24,4}\in[l_5,l_7]$，$\hat{t}_{34,4}\in[l_2,l_3]$，$\hat{t}_{21,4}\in[l_5,l_7]$，$\hat{t}_{31,4}\in[l_3,l_5]$，$\hat{t}_{41,4}\in[l_2,l_5]$，$\hat{t}_{32,4}\in[l_3,l_5]$，$\hat{t}_{42,4}\in[l_1,l_3]$，$\hat{t}_{43,4}\in[l_5,l_6]$

（2）计算决策者个体的方案优先级向量和群体的方案优先级向量。

①获取个体的方案优先级向量。

根据式（8.2），可以得到决策者 e_h 的方案得分函数 $\mathrm{SCS}_h^{(0)}$：

$$\mathrm{SCS}_1^{(0)}(x_1)=26.5，\quad \mathrm{SCS}_1^{(0)}(x_2)=29.5，\quad \mathrm{SCS}_1^{(0)}(x_3)=12.25，\quad \mathrm{SCS}_1^{(0)}(x_4)=25.75$$

$$\mathrm{SCS}_2^{(0)}(x_1)=26，\quad \mathrm{SCS}_2^{(0)}(x_2)=50，\quad \mathrm{SCS}_2^{(0)}(x_3)=18，\quad \mathrm{SCS}_2^{(0)}(x_4)=34$$

$$\mathrm{SCS}_3^{(0)}(x_1)=12.75，\quad \mathrm{SCS}_3^{(0)}(x_2)=23.25，\quad \mathrm{SCS}_3^{(0)}(x_3)=19.5，\quad \mathrm{SCS}_3^{(0)}(x_4)=42.5$$

$$\mathrm{SCS}_4^{(0)}(x_1)=21.75，\quad \mathrm{SCS}_4^{(0)}(x_2)=24.5，\quad \mathrm{SCS}_4^{(0)}(x_3)=31.75，\quad \mathrm{SCS}_4^{(0)}(x_4)=20$$

根据式（8.3），可以得到决策者 e_h 的方案优先级向量 $w_h^{(0)}$：

$$w_1^{(0)} = (0.2819, 0.3138, 0.1304, 0.2739)^{\mathrm{T}}$$

$$w_2^{(0)} = (0.2031, 0.3906, 0.1406, 0.2657)^{\mathrm{T}}$$

$$w_3^{(0)} = (0.1301, 0.2372, 0.1990, 0.4337)^{\mathrm{T}}$$

$$w_4^{(0)} = (0.2219, 0.2500, 0.3240, 0.2041)^{\mathrm{T}}$$

②获取当前群体的方案优先级向量。

根据式（8.4）和式（8.5），可以得到

$$b_1 = 4, \quad b_2 = 8, \quad b_3 = 4, \quad b_4 = 4$$

$$\lambda_1 = 1/5, \quad \lambda_2 = 2/5, \quad \lambda_3 = 1/5, \quad \lambda_4 = 1/5$$

根据式（8.13），当前的群体自信语言偏好关系 $T^{(0)}$ 为

$$T^{(0)} = \begin{bmatrix} (l_4, s_8) & (l_{1.8}, s_5) & (l_{4.4}, s_4) & (l_{3.2}, s_4) \\ (l_{6.2}, s_5) & (l_4, s_8) & (l_{5.4}, s_4) & (l_5, s_5) \\ (l_{3.6}, s_4) & (l_{2.6}, s_4) & (l_4, s_8) & (l_{1.6}, s_5) \\ (l_{4.8}, s_4) & (l_3, s_5) & (l_{6.4}, s_5) & (l_4, s_8) \end{bmatrix}$$

根据式（8.15），可以从群体的自信语言偏好关系 $T^{(0)}$ 中得到每个备选方案的得分函数 $\mathrm{SCS}^{(0)}$：

$$\mathrm{SCS}^{(0)}(x_1) = 17.85, \quad \mathrm{SCS}^{(0)}(x_2) = 27.4, \quad \mathrm{SCS}^{(0)}(x_3) = 16.2, \quad \mathrm{SCS}^{(0)}(x_4) = 24.55$$

根据式（8.16），可以得到群体的方案优先级向量 $w^{c(0)}$：

$$w^{c(0)} = (0.2076, \ 0.3186, \ 0.1884, \ 0.2854)^{\mathrm{T}}$$

（3）根据式（8.1），可以得到每个决策者 e_h 的共识度：

$$\mathrm{cl}^{(0)}(e_1) = 0.9525, \quad \mathrm{cl}^{(0)}(e_2) = 0.9556, \quad \mathrm{cl}^{(0)}(e_3) = 0.8868, \quad \mathrm{cl}^{(0)}(e_4) = 0.8935$$

根据式（8.6），可以得到群体共识度：

$$\mathrm{cl}^{(0)} = 0.9288$$

由于 $\mathrm{cl}^{(0)} = 0.9288 < \delta = 0.95$ 并且 $\mathrm{cl}^{(0)}(e_3) < \delta$，$\mathrm{cl}^{(0)}(e_4) < \delta$，决策者 e_3 和 e_4 需要对他们给出的自信语言偏好关系的语言偏好值和自信水平进行合理的调整，以达到可接受的共识度。

（4）通过偏差阈值 $\bar{d} = 1$ 及 $\underline{d} = 0.5$，可以识别出决策者 e_3 和 e_4 给出的自信语言偏好矩阵中偏好值元素误差大于 $\bar{d}$（DE_h, $h = 3, 4$）及偏好值元素误差小于 $\underline{d}$(DM_h, $h = 3, 4$)的位置：

$$\mathrm{DE}_3^{(0)} = \{(1,2),(1,3),(1,4),(2,4),(3,4)\}, \quad \mathrm{DM}_3^{(0)} = \{(2,3)\}$$

$$\mathrm{DE}_4^{(0)} = \{(1,3),(1,4),(2,3),(3,4)\}, \quad \mathrm{DM}_4^{(0)} = \{(1,2)\}$$

因此，考虑决策者可接受范围的调整意见 $T_3^{(1)}$ 和 $T_4^{(1)}$ 可以构造为

$$T_3^{(1)} = \begin{bmatrix} (l_4,s_8) & ([l_{1.8},l_3],[s_4,s_5]) & ([l_1,l_4],s_4) & ([l_0,l_3],[s_4,s_5]) \\ ([l_5,l_{6.2}],[s_4,s_5]) & (l_4,s_8) & (l_5,[s_6,s_8]) & ([l_1,l_5],[s_4,s_6]) \\ ([l_4,l_7],s_4) & (l_3,[s_6,s_8]) & (l_4,s_8) & ([l_0,l_{1.6}],[s_4,s_7]) \\ ([l_5,l_8],[s_4,s_5]) & ([l_3,l_7],[s_4,s_6]) & ([l_{6.4},l_8],[s_4,s_7]) & (l_4,s_8) \end{bmatrix}$$

$$T_4^{(1)} = \begin{bmatrix} (l_4,s_8) & (l_2,[s_5,s_8]) & ([l_3,l_{4.4}],[s_4,s_7]) & ([l_{3.2},l_6],s_4) \\ (l_6,[s_5,s_8]) & (l_4,s_8) & ([l_3,l_5],[s_4,s_6]) & (l_6,s_5) \\ ([l_{3.6},l_5],[s_4,s_7]) & ([l_3,l_5],[s_4,s_6]) & (l_4,s_8) & ([l_2,l_3],[s_4,s_6]) \\ ([l_2,l_{4.8}],s_4) & (l_2,s_5) & ([l_5,l_6],[s_4,s_6]) & (l_4,s_8) \end{bmatrix}$$

不失一般性，决策者 e_3 和 e_4 根据上述调整建议提供了新的自信语言偏好关系：

$$T_3^{(1)} = \begin{bmatrix} (l_4,s_8) & (l_2,s_5) & (l_4,s_4) & (l_3,s_4) \\ (l_6,s_5) & (l_4,s_8) & (l_5,s_8) & (l_4,s_5) \\ (l_4,s_4) & (l_3,s_8) & (l_4,s_8) & (l_0,s_5) \\ (l_5,s_4) & (l_4,s_5) & (l_8,s_5) & (l_4,s_8) \end{bmatrix}$$

$$T_4^{(1)} = \begin{bmatrix} (l_4,s_8) & (l_2,s_8) & (l_4,s_6) & (l_4,s_4) \\ (l_6,s_8) & (l_4,s_8) & (l_4,s_5) & (l_6,s_5) \\ (l_4,s_6) & (l_4,s_5) & (l_4,s_8) & (l_2,s_4) \\ (l_4,s_4) & (l_2,s_5) & (l_6,s_4) & (l_4,s_8) \end{bmatrix}$$

对于无须调整偏好信息的决策者 e_1 和 e_2，令 $T_1^{(1)} = T_1^{(0)}$，$T_2^{(1)} = T_2^{(0)}$。同样地，根据本章所提选择过程可从 $T_1^{(1)}$、$T_2^{(1)}$、$T_3^{(1)}$ 和 $T_4^{(1)}$ 中导出决策个体的方案优先级向量和群体的方案优先级向量：

$$w_1^{(1)} = (0.2819, 0.3138, 0.1304, 0.2739)^{\mathrm{T}}$$

$$w_2^{(1)} = (0.2031, 0.3906, 0.1406, 0.2657)^{\mathrm{T}}$$

$$w_3^{(1)} = (0.1862, 0.3245, 0.1915, 0.2978)^{\mathrm{T}}$$

$$w_4^{(1)} = (0.2292, 0.3385, 0.2188, 0.2135)^{\mathrm{T}}$$

$$w^{c(1)} = (0.2214, 0.3452, 0.1690, 0.2644)^{\mathrm{T}}$$

由式（8.1）和式（8.6）可以得到

$$\mathrm{cl}^{(1)}(e_1) = 0.9605, \quad \mathrm{cl}^{(1)}(e_2) = 0.9717, \quad \mathrm{cl}^{(1)}(e_3) = 0.9713, \quad \mathrm{cl}^{(1)}(e_4) = 0.9640$$

$$\mathrm{cl}^{c(1)} = 0.9678$$

这表明决策者已经达成群体共识。

基于 $w^{c(1)} = (0.2214, 0.3452, 0.1690, 0.2644)^{\mathrm{T}}$，可以生成备选方案的最终排序：$x_2 \succ x_4 \succ x_1 \succ x_3$，可以得到最优方案为 x_2。

8.4.2　比较分析

本章着眼于自信语言偏好关系下的共识模型，开发了一种新颖的集结方法来导出群体偏好信息，同时提出了一个迭代算法来提高自信语言偏好关系下的个体间的共识度。为了进一步展示本章所提共识模型的优势和贡献，下面主要分析决策者的多重自信水平对群决策中方案排序的影响，以及调整后的自信语言偏好与原始自信语言偏好之间的调整程度。

1. 决策者的自信水平对群决策问题中方案排序的影响

本章认为决策者的自信水平反映了他们在社会经历、文化水平、知识经验等方面的能力，对最终的方案排序有直接的影响。对于如下算例：

$$T_1 = \begin{bmatrix} (l_4,s_8) & (l_6,s_3) & (l_8,s_5) & (l_4,s_2) \\ (l_2,s_3) & (l_4,s_8) & (l_5,s_4) & (l_6,s_6) \\ (l_0,s_5) & (l_3,s_4) & (l_4,s_8) & (l_7,s_3) \\ (l_4,s_2) & (l_2,s_6) & (l_1,s_3) & (l_4,s_8) \end{bmatrix}$$

$$T_2 = \begin{bmatrix} (l_4,s_8) & (l_1,s_8) & (l_5,s_8) & (l_3,s_8) \\ (l_7,s_8) & (l_4,s_8) & (l_8,s_8) & (l_6,s_8) \\ (l_3,s_8) & (l_0,s_8) & (l_4,s_8) & (l_2,s_8) \\ (l_5,s_8) & (l_2,s_8) & (l_6,s_8) & (l_4,s_8) \end{bmatrix}$$

$$T_3 = \begin{bmatrix} (l_4,s_8) & (l_3,s_5) & (l_1,s_4) & (l_0,s_5) \\ (l_5,s_5) & (l_4,s_8) & (l_5,s_6) & (l_1,s_6) \\ (l_7,s_4) & (l_3,s_6) & (l_4,s_8) & (l_0,s_7) \\ (l_8,s_5) & (l_7,s_6) & (l_8,s_7) & (l_4,s_8) \end{bmatrix}$$

$$T_4 = \begin{bmatrix} (l_4,s_8) & (l_2,s_5) & (l_3,s_7) & (l_6,s_4) \\ (l_6,s_5) & (l_4,s_8) & (l_1,s_6) & (l_2,s_3) \\ (l_5,s_7) & (l_7,s_6) & (l_4,s_8) & (l_5,s_2) \\ (l_2,s_4) & (l_6,s_3) & (l_3,s_2) & (l_4,s_8) \end{bmatrix}$$

本章的决策过程考虑决策者的自信水平，应用一种基于决策者自信水平的集结算子将个体的自信语言偏好关系集结成一个群体的自信语言偏好矩阵。

根据式（8.5），可以得到决策者 $e_h(h = 1, 2, 3, 4)$ 的决策权重为

$$\lambda_1 = 1/8，\quad \lambda_2 = 1/2，\quad \lambda_3 = 1/4，\quad \lambda_4 = 1/8$$

并通过得分权重获得最终的方案排序。具体结果如表 8.3 所示。

表 8.3　算例的具体结果

群体的自信语言偏好关系	SCS(x_i)	方案排序
$T_c = \begin{bmatrix} (l_4, s_8) & (l_{2.25}, s_3) & (l_{4.125}, s_4) & (l_{2.75}, s_2) \\ (l_{5.75}, s_3) & (l_4, s_8) & (l_6, s_4) & (l_{4.25}, s_3) \\ (l_{3.875}, s_4) & (l_2, s_4) & (l_4, s_8) & (l_{2.5}, s_2) \\ (l_{5.25}, s_2) & (l_{3.75}, s_3) & (l_{5.5}, s_2) & (l_4, s_8) \end{bmatrix}$	$SCS(x_1) = 15.19$ $SCS(x_2) = 21.5$ $SCS(x_3) = 15.13$ $SCS(x_4) = 16.19$	$x_2 \succ x_4 \succ x_1 \succ x_3$

语言偏好关系表示决策者对其评估充分自信，所有语言偏好值相关的自信水平都是相同的，即对于 $\forall i, j = 1, 2, \cdots, n$，$y_{ij} = s_g$。为了简化语言偏好关系中的符号表示法，通常省略自信水平。因此，可以将语言偏好关系视为自信语言偏好关系的特殊情况。根据上述算例研究，假设 4 个决策者对其评估完全自信，那么语言偏好关系表示为 $\overline{\overline{T}}_h = (\overline{\overline{t}}_{ij,h})$ $(h = 1, 2, 3, 4)$：

$$\overline{\overline{T}}_1 = \begin{bmatrix} l_4 & l_6 & l_8 & l_4 \\ l_2 & l_4 & l_5 & l_6 \\ l_0 & l_3 & l_4 & l_7 \\ l_4 & l_2 & l_1 & l_4 \end{bmatrix}, \quad \overline{\overline{T}}_2 = \begin{bmatrix} l_4 & l_1 & l_5 & l_3 \\ l_7 & l_4 & l_8 & l_6 \\ l_3 & l_0 & l_4 & l_2 \\ l_5 & l_2 & l_6 & l_4 \end{bmatrix}$$

$$\overline{\overline{T}}_3 = \begin{bmatrix} l_4 & l_3 & l_1 & l_0 \\ l_5 & l_4 & l_5 & l_1 \\ l_7 & l_3 & l_4 & l_0 \\ l_8 & l_7 & l_8 & l_4 \end{bmatrix}, \quad \overline{\overline{T}}_4 = \begin{bmatrix} l_4 & l_2 & l_3 & l_6 \\ l_6 & l_4 & l_1 & l_2 \\ l_5 & l_7 & l_4 & l_5 \\ l_2 & l_6 & l_3 & l_4 \end{bmatrix}$$

由于决策者都是完全自信的，决策权重根据决策者数量进行平均分配：

$$\lambda_1 = 1/4, \quad \lambda_2 = 1/4, \quad \lambda_3 = 1/4, \quad \lambda_4 = 1/4$$

可以得到群体的语言偏好关系 $\overline{\overline{T}}_c = (\overline{\overline{t}}_{ij,c})$ 和最终的方案排序。具体结果如表 8.4 所示。

表 8.4　自信语言偏好关系特殊情况的具体结果

群体语言偏好关系 $\overline{\overline{T}}_c$	SCS(x_i)	方案排序
$\overline{\overline{T}}_c = \begin{bmatrix} l_4 & l_3 & l_{4.25} & l_{3.25} \\ l_5 & l_4 & l_{4.75} & l_{3.75} \\ l_{3.75} & l_{3.25} & l_4 & l_{3.5} \\ l_{4.75} & l_{4.25} & l_{4.5} & l_4 \end{bmatrix}$	$SCS(x_1) = 28$ $SCS(x_2) = 31$ $SCS(x_3) = 29$ $SCS(x_4) = 35$	$x_4 \succ x_2 \succ x_3 \succ x_1$

表 8.4 中不考虑自信水平时的备选方案排序与表 8.3 中考虑自信水平时获得的结果不同。当自信水平没有被考虑时，最佳方案是 x_4 而不是 x_2。因此，决策者的自信水平对群决策问题的最终结果具有重要影响。

2. 原始自信语言偏好与调整后自信语言偏好间的调整度和调整率

调整度代表原始自信语言偏好和调整后自信语言偏好间的差异程度。调整度越大,则原始自信语言偏好保留得越少。调整率表示自信语言偏好关系中被修改的元素比例。调整率越大,则自信语言偏好关系中的元素被修改得越多。调整度和调整率通过以下方式计算。

设 $T_h^{(0)} = \left(t_{ij,h}^{(0)}, y_{ij,h}^{(0)}\right)_{n \times n}$ 和 $\hat{T}_h = (\hat{t}_{ij,h}, \hat{y}_{ij,h})_{n \times n}$ 如前面定义,那么决策者 e_h 给出的 T_h 的调整度为

$$\mathrm{AD}_h = \tau \frac{\sum_{i,j=1}^n \left| I\left(t_{ij,h}^{(0)}\right) - I(\hat{t}_{ij,h}) \right|}{\sum_{i,j=1}^n I\left(t_{ij,h}^{(0)}\right)} + (1-\tau) \frac{\sum_{i,j=1}^n \left| \Delta^{-1}\left(y_{ij,h}^{(0)}\right) - \Delta^{-1}(\hat{y}_{ij,h}) \right|}{\sum_{i,j=1}^n \Delta^{-1}\left(y_{ij,h}^{(0)}\right)} \tag{8.17}$$

决策者 e_h 给出的 T_h 的调整率为

$$\mathrm{AR}_h = \tau \frac{\sum_{i,j=1}^n f_{ij,h}}{n^2} + (1-\tau) \frac{\sum_{i,j=1}^n \tilde{f}_{ij,h}}{n^2} \tag{8.18}$$

其中, $f_{ij,h} = \begin{cases} 0, & t_{ij,h}^{(0)} = \hat{t}_{ij,h} \\ 1, & \text{其他} \end{cases}$, $\tilde{f}_{ij,h} = \begin{cases} 0, & y_{ij,h}^{(0)} = \hat{y}_{ij,h} \\ 1, & \text{其他} \end{cases}$, $\tau \in [0, 1]$ 为控制语言偏好值和决策者自信水平的调整度和调整率的参数。本章认为语言偏好值和决策者的自信水平同样重要,因此令 $\tau = 0.5$ 。

如前面所述,任意语言偏好值 t_{ij} 都可以转化为 (t_{ij}, s_g) ,那么 Tian 等[114]中的例 5.2 可以表示为

$$T_1 = \begin{bmatrix} (l_4, s_8) & (l_3, s_8) & (l_7, s_8) & (l_3, s_8) & (l_7, s_8) \\ (l_5, s_8) & (l_4, s_8) & (l_5, s_8) & (l_4, s_8) & (l_6, s_8) \\ (l_1, s_8) & (l_3, s_8) & (l_4, s_8) & (l_3, s_8) & (l_6, s_8) \\ (l_5, s_8) & (l_4, s_8) & (l_5, s_8) & (l_4, s_8) & (l_4, s_8) \\ (l_1, s_8) & (l_2, s_8) & (l_2, s_8) & (l_4, s_8) & (l_4, s_8) \end{bmatrix}$$

$$T_2 = \begin{bmatrix} (l_4, s_8) & (l_5, s_8) & (l_6, s_8) & (l_4, s_8) & (l_8, s_8) \\ (l_3, s_8) & (l_4, s_8) & (l_3, s_8) & (l_4, s_8) & (l_4, s_8) \\ (l_2, s_8) & (l_5, s_8) & (l_4, s_8) & (l_3, s_8) & (l_7, s_8) \\ (l_4, s_8) & (l_4, s_8) & (l_5, s_8) & (l_4, s_8) & (l_5, s_8) \\ (l_0, s_8) & (l_4, s_8) & (l_1, s_8) & (l_3, s_8) & (l_4, s_8) \end{bmatrix}$$

$$T_3 = \begin{bmatrix} (l_4,s_8) & (l_4,s_8) & (l_7,s_8) & (l_5,s_8) & (l_7,s_8) \\ (l_4,s_8) & (l_4,s_8) & (l_2,s_8) & (l_6,s_8) & (l_6,s_8) \\ (l_1,s_8) & (l_6,s_8) & (l_4,s_8) & (l_5,s_8) & (l_5,s_8) \\ (l_3,s_8) & (l_2,s_8) & (l_3,s_8) & (l_4,s_8) & (l_3,s_8) \\ (l_1,s_8) & (l_2,s_8) & (l_3,s_8) & (l_5,s_8) & (l_4,s_8) \end{bmatrix}$$

$$T_4 = \begin{bmatrix} (l_4,s_8) & (l_6,s_8) & (l_4,s_8) & (l_3,s_8) & (l_6,s_8) \\ (l_2,s_8) & (l_4,s_8) & (l_3,s_8) & (l_5,s_8) & (l_4,s_8) \\ (l_4,s_8) & (l_5,s_8) & (l_4,s_8) & (l_3,s_8) & (l_6,s_8) \\ (l_5,s_8) & (l_3,s_8) & (l_5,s_8) & (l_4,s_8) & (l_5,s_8) \\ (l_2,s_8) & (l_4,s_8) & (l_2,s_8) & (l_3,s_8) & (l_4,s_8) \end{bmatrix}$$

根据 Tian 等[114]的方法，最终的方案排序为

$$x_1 \succ x_2 \succ x_4 \succ x_3 \succ x_5$$

并且可以得到调整度和调整率，如表 8.5 所示。

表 8.5　Tian 等[114]中方法的调整度和调整率

决策者	AD_h	AR_h
e_1	0.0625	0.32
e_2	0.06	0.24
e_3	0.08	0.4
e_4	0.03	0.16

在 Tian 等[114]的例 5.2 中，共识阈值 $\overline{CM} = 0.9$，因此本章定义共识阈值 $\delta = 0.9$。根据式（8.1），可以得到决策者 e_h 的共识度为

$$cl^{(0)}(e_1) = 0.8652, \quad cl^{(0)}(e_2) = 0.8788, \quad cl^{(0)}(e_3) = 0.8560, \quad cl^{(0)}(e_4) = 0.8819$$

根据式（8.6），可以得到

$$cl^{(0)} = 0.8705$$

由于 $cl^{(0)} = 0.8705 < \delta = 0.9$，并且 $cl^{(0)}(e_1) < \delta$，$cl^{(0)}(e_2) < \delta$，$cl^{(0)}(e_3) < \delta$，$cl^{(0)}(e_4) < \delta$，所有的决策者都需要调整他们的自信语言偏好关系来达到一个可接受的共识度。运用算法 8.2，并进行如下的比较分析。

1）运用算法 8.2 提高共识度并且保持自信水平不变

为了节省空间，此处只展示调整后的 $\hat{T}_h = (\hat{t}_{ij,h}, \hat{y}_{ij,h})_{n \times n}$：

$$\hat{T}_1 = \begin{bmatrix} (l_4,s_8) & (l_4,s_8) & (l_6,s_8) & (l_3,s_8) & (l_7,s_8) \\ (l_4,s_8) & (l_4,s_8) & (l_4,s_8) & (l_4,s_8) & (l_5,s_8) \\ (l_2,s_8) & (l_4,s_8) & (l_4,s_8) & (l_3,s_8) & (l_6,s_8) \\ (l_5,s_8) & (l_4,s_8) & (l_5,s_8) & (l_4,s_8) & (l_4,s_8) \\ (l_1,s_8) & (l_3,s_8) & (l_2,s_8) & (l_4,s_8) & (l_4,s_8) \end{bmatrix}$$

$$\hat{T}_2 = \begin{bmatrix} (l_4,s_8) & (l_5,s_8) & (l_6,s_8) & (l_4,s_8) & (l_7,s_8) \\ (l_3,s_8) & (l_4,s_8) & (l_3,s_8) & (l_4,s_8) & (l_5,s_8) \\ (l_2,s_8) & (l_5,s_8) & (l_4,s_8) & (l_3,s_8) & (l_6,s_8) \\ (l_4,s_8) & (l_4,s_8) & (l_5,s_8) & (l_4,s_8) & (l_5,s_8) \\ (l_1,s_8) & (l_3,s_8) & (l_2,s_8) & (l_3,s_8) & (l_4,s_8) \end{bmatrix}$$

$$\hat{T}_3 = \begin{bmatrix} (l_4,s_8) & (l_4,s_8) & (l_6,s_8) & (l_4,s_8) & (l_7,s_8) \\ (l_4,s_8) & (l_4,s_8) & (l_3,s_8) & (l_5,s_8) & (l_5,s_8) \\ (l_2,s_8) & (l_5,s_8) & (l_4,s_8) & (l_4,s_8) & (l_6,s_8) \\ (l_4,s_8) & (l_3,s_8) & (l_4,s_8) & (l_4,s_8) & (l_4,s_8) \\ (l_1,s_8) & (l_3,s_8) & (l_2,s_8) & (l_4,s_8) & (l_4,s_8) \end{bmatrix}$$

$$\hat{T}_4 = \begin{bmatrix} (l_4,s_8) & (l_5,s_8) & (l_6,s_8) & (l_3,s_8) & (l_7,s_8) \\ (l_3,s_8) & (l_4,s_8) & (l_3,s_8) & (l_5,s_8) & (l_5,s_8) \\ (l_2,s_8) & (l_5,s_8) & (l_4,s_8) & (l_3,s_8) & (l_6,s_8) \\ (l_5,s_8) & (l_3,s_8) & (l_5,s_8) & (l_4,s_8) & (l_5,s_8) \\ (l_1,s_8) & (l_3,s_8) & (l_2,s_8) & (l_3,s_8) & (l_4,s_8) \end{bmatrix}$$

最终的方案排序为

$$x_1 \succ x_2 \succ x_4 \succ x_3 \succ x_5$$

此处可以计算得到调整度和调整率,如表 8.6 所示。

表 8.6　基于算法 8.2 且保持自信水平不变时的调整度和调整率

决策者	AD_h	AR_h
e_1	0.04	0.16
e_2	0.03	0.24
e_3	0.08	0.32
e_4	0.05	0.16

　　由表 8.6 可知,当利用算法 8.2 来提高共识度并且保持自信水平不变时,最终可以得到和 Tian 等[114]的方法相同的方案排序。但是,将表 8.5 和表 8.6 进行比较,

可以清楚地得到在达到可接受的共识度时，本章所提方法比 Tian 等[114]的方法可以保留更多的决策者原始信息。

2）运用算法 8.2 提高共识度（同时调整语言偏好值和自信水平）

调整后的 $\hat{T}_h = (\hat{t}_{ij,h}, \hat{y}_{ij,h})_{n \times n}$ 和群体的 $T_c = (t_{ij,c}, y_{ij,c})_{n \times n}$ 如下：

$$\hat{T}_1 = \begin{bmatrix} (l_4,s_8) & (l_4,s_6) & (l_6,s_7) & (l_3,s_8) & (l_7,s_8) \\ (l_4,s_6) & (l_4,s_8) & (l_4,s_5) & (l_4,s_8) & (l_5,s_8) \\ (l_2,s_7) & (l_4,s_5) & (l_4,s_8) & (l_3,s_8) & (l_6,s_8) \\ (l_5,s_8) & (l_4,s_8) & (l_5,s_8) & (l_4,s_8) & (l_4,s_8) \\ (l_1,s_8) & (l_3,s_8) & (l_2,s_8) & (l_4,s_8) & (l_4,s_8) \end{bmatrix}$$

$$\hat{T}_2 = \begin{bmatrix} (l_4,s_8) & (l_5,s_8) & (l_6,s_8) & (l_4,s_8) & (l_7,s_7) \\ (l_3,s_8) & (l_4,s_8) & (l_3,s_8) & (l_4,s_8) & (l_5,s_4) \\ (l_2,s_8) & (l_5,s_8) & (l_4,s_8) & (l_3,s_8) & (l_6,s_8) \\ (l_4,s_8) & (l_4,s_8) & (l_5,s_8) & (l_4,s_8) & (l_5,s_8) \\ (l_1,s_7) & (l_3,s_4) & (l_2,s_8) & (l_3,s_8) & (l_4,s_8) \end{bmatrix}$$

$$\hat{T}_3 = \begin{bmatrix} (l_4,s_8) & (l_4,s_8) & (l_6,s_5) & (l_4,s_7) & (l_7,s_8) \\ (l_4,s_8) & (l_4,s_8) & (l_3,s_8) & (l_5,s_6) & (l_5,s_8) \\ (l_2,s_5) & (l_5,s_8) & (l_4,s_8) & (l_4,s_8) & (l_6,s_8) \\ (l_4,s_7) & (l_3,s_6) & (l_4,s_8) & (l_4,s_8) & (l_4,s_5) \\ (l_1,s_8) & (l_3,s_8) & (l_2,s_8) & (l_4,s_5) & (l_4,s_8) \end{bmatrix}$$

$$\hat{T}_4 = \begin{bmatrix} (l_4,s_8) & (l_5,s_8) & (l_6,s_5) & (l_3,s_8) & (l_7,s_7) \\ (l_3,s_8) & (l_4,s_8) & (l_3,s_8) & (l_5,s_8) & (l_5,s_6) \\ (l_2,s_5) & (l_5,s_8) & (l_4,s_8) & (l_3,s_8) & (l_6,s_8) \\ (l_5,s_8) & (l_3,s_8) & (l_5,s_8) & (l_4,s_8) & (l_5,s_8) \\ (l_1,s_7) & (l_3,s_6) & (l_2,s_8) & (l_3,s_8) & (l_4,s_8) \end{bmatrix}$$

$$T_c = \begin{bmatrix} (l_4,s_8) & (l_{4.47},s_6) & (l_6,s_5) & (l_{3.47},s_7) & (l_7,s_7) \\ (l_{3.53},s_6) & (l_4,s_8) & (l_{3.26},s_5) & (l_{4.53},s_8) & (l_5,s_4) \\ (l_2,s_5) & (l_{4.74},s_5) & (l_4,s_8) & (l_{3.26},s_8) & (l_6,s_8) \\ (l_{4.53},s_7) & (l_{3.47},s_8) & (l_{4.74},s_8) & (l_4,s_8) & (l_{4.47},s_5) \\ (l_1,s_7) & (l_3,s_4) & (l_2,s_8) & (l_{3.53},s_5) & (l_4,s_8) \end{bmatrix}$$

最终的方案排序为

$$x_1 \succ x_4 \succ x_3 \succ x_2 \succ x_5$$

并且可以计算得到利用算法 8.2 同时调整语言偏好值和自信水平时的调整度和调整率，如表 8.7 所示。

表 8.7　基于算法 8.2 同时调整语言偏好值和自信水平时的调整度和调整率

决策者	AD_h	AR_h
e_1	0.07	0.28
e_2	0.055	0.2
e_3	0.125	0.32
e_4	0.05	0.2

由表 8.7 可知，在利用算法 8.2 来提高共识度时最终的方案排序不同于自信水平保持不变时的结果。这也可以证明决策者的自信水平对群决策问题的最终结果具有重要影响。此外，由表 8.5 和表 8.7 中的调整率可知，在使用算法 8.2 时有 3 个决策者的调整率不高于 Tian 等[114]的方法，需要调整的元素更少，同时在某种程度上其调整过程的效率相对较高。

与此同时，Tian 等[114]的方法只是从数学角度出发，没有考虑决策者的干预。如果决策者不采用 Tian 等[114]的方法，可能无法达到预定义的共识度，导致共识决策的失败。因此，相对来讲，本章所提模型更加合理、有效。

2021 年，Zhang 等[115]提出了具有多粒度不平衡语言信息的群决策共识达成模型。Zhang 等[115]的模型与算法 8.2 相比存在以下不同。

（1）Zhang 等[115]给出了基于多粒度不平衡语言信息的多属性决策矩阵，而不是本章的成对比较语言偏好矩阵。多属性决策矩阵是简洁的，但 Zhang 等[115]的属性权重是预定义的，这比通过属性之间的成对比较计算权重更主观。

（2）Zhang 等[115]采用语言二元组求解语言信息，而本章采用虚拟语言模型求解语言信息。Dong 等[56]证明了语言二元组和虚拟语言模型是相似的。这两种模型之间的主要区别是表示格式不同。使用这两种模型进行计算时，结果是一样的。

（3）Zhang 等[115]的模型考虑了决策者的有界置信度，但是在集结过程中，决策者的权重仍然是预定义的，可以由决策者的有界置信度推导出来。本章考虑了决策者可接受的偏好值调整范围，提出了一种基于决策者自信水平的集结方法。

（4）Zhang 等[115]的方法在共识达成过程中使用了基于最小调整的方法。每次调整只修改个体共识度最差的决策者，以保存更多的原始信息，但可能需要更多次修改才能达到可接受的共识度，需要消耗更多的人力和物力。

8.5　本 章 小 结

本章聚焦自信语言偏好关系这一新型偏好关系，并为自信语言偏好关系构建了一个基于迭代的共识框架。本章开发了一种迭代算法，以提高自信语言偏好关系下的群体共识度。此外，本章定义了一些新的自信语言偏好关系运算规则。在共识达成过程中，本章提出了一种兼顾决策者自信水平和语言偏好值的新共识度量方法来衡量决策者之间的共识度。在选择过程中，本章定义了一种基于决策者自信水平的新集结方法，以从个体的自信语言偏好矩阵中导出群体的自信语言偏好关系。最后，本章构建了基于自信语言偏好关系的群决策共识模型，考虑了决策者可接受的偏好值调整范围，在达到可接受的共识度的同时，可以尽可能多地保留决策者的原始信息。

今后的工作可以考虑从以下方面展开。

（1）基于信息技术和社会的快速发展，大规模群决策问题正受到广泛关注[68, 112, 116]。将自信语言偏好关系扩展到大规模群决策中进一步探索共识达成过程也将是一项有趣且有价值的研究。

（2）决策者的行为/态度和社会关系可能对决策结果有很大影响。用自信语言偏好关系研究群决策问题中的非合作行为会很有趣，它可能会对决策效率产生不利影响[117, 118]。同时，利用社交网络产生的社会关系来促进决策者之间的共识达成已成为热门话题[119, 120]，如何将自信语言偏好关系扩展到社交网络群决策也是一项有价值的研究。

（3）群决策中的决策者已经使用多粒度语言术语表达偏好[115]，利用多粒度语言术语集和语言层次来处理自信语言偏好关系中的偏好信息并探索其一致性和共识也将是一项有意义的研究。

参 考 文 献

[1] 徐玖平，陈建中. 群决策理论与方法及实现[M]. 北京：清华大学出版社，2009.

[2] de Borda J C. Mémoire sur les Elections au Scrutin[M]. Paris：Histoire de l'Académie Royale des Sciences，1781.

[3] de Condorcet M. Essai sur L'application de L'analyse à la Probabilité des Décisions Rendues à la Pluralité des Voix[M]. Paris：Imprimerie Royale，1785.

[4] von Neumann J，Morgenstern O. The Theory of Games and Economic Behaviors[M]. Princeton：Princeton University Press，1944.

[5] Arrow K J. Social Choice and Individual Values[M]. New Haver：Yale University Press Inc.，1951.

[6] 张震. 具有残缺和不确定信息的群决策方法研究[D]. 大连：大连理工大学，2014.

[7] Black D. The Theory of Committees and Elections[M]. Cambridge：Cambridge University Press，1958.

[8] Hwang C L，Lin M J. Group Decision Making under Multiple Criteria：Method and Application[M]. Berlin：Springer-Verlag，1987.

[9] 陈珽. 决策分析[M]. 北京：科学出版社，1987.

[10] 岳超源. 决策理论与方法[M]. 北京：科学出版社，2003.

[11] Herrera-Viedma E，Cabrerizo F J，Kacprzyk J，et al. A review of 'soft' consensus models in a fuzzy environment[J]. Information Fusion，2014，17：4-13.

[12] Kacprzyk J，Fedrizzi M. A 'soft' measure of consensus in the setting of partial（fuzzy）preferences[J]. European Journal of Operational Research，1988，34（3）：316-325.

[13] Xu Z S，Cai X Q. Group consensus algorithms based on preference relations[J]. Information Sciences，2011，181（1）：150-162.

[14] Chiclana F，Herrera F，Herrera-Viedma E. Integrating three representation models in fuzzy multipurpose decision making based on fuzzy preference relations[J]. Fuzzy Sets and Systems，1998，97（1）：33-48.

[15] Herrera-Viedma E，Herrera F，Chiclana F，et al. Some issues on consistency of fuzzy preference relations[J]. European Journal of Operational Research，2004，154（1）：98-109.

[16] Liu X W，Pan Y W，Xu Y J，et al. Least square completion and inconsistency repair methods for additively consistent fuzzy preference relations[J]. Fuzzy Sets and Systems，2012，198：1-19.

[17] Ma J，Fan Z P，Jiang Y P，et al. A method for repairing the inconsistency of fuzzy preference relations[J]. Fuzzy Sets and Systems，2006，157：20-33.

[18] Świtalski Z. General transitivity conditions for fuzzy reciprocal preference matrices[J]. Fuzzy Sets and Systems，2003，137（1）：85-100.

[19] Switalski Z. Transitivity of fuzzy preference relations—An empirical study[J]. Fuzzy Sets and Systems, 2001, 118 (3): 503-508.

[20] Tanino T. Fuzzy preference orderings in group decision making[J]. Fuzzy Sets and Systems, 1984, 12 (2): 117-131.

[21] Tanino T. Fuzzy preference relations in group decision making[M]//Kacprzyk J, Roubens M. Non-Conventional Preference Relations in Decision Making. Berlin: Springer, 1988: 54-71.

[22] Tanino T. On group decision making under fuzzy preferences[M]//Kacprzyk J, Fedrizzi M. Multiperson Decision Making Models Using Fuzzy Sets and Possibility Theory. Dordrech: Kluwer, 1990: 172-185.

[23] Wu Z B, Xu J P. A concise consensus support model for group decision making with reciprocal preference relations based on deviation measures[J]. Fuzzy Sets and Systems, 2012, 206: 58-73.

[24] Xu Y J, Da Q L. Methods for priority of incomplete complementary judgement matrices[J]. Systems Engineering and Electronics, 2009, 31 (1): 95-99.

[25] Xu Y J, Da Q L. Weighted least-square method and its improvement for priority of incomplete complementary judgement matrix[J]. Systems Engineering and Electronics, 2008, 30 (7): 1273-1276.

[26] Xu Y J, Da Q L, Liu L H. Normalizing rank aggregation method for priority of a fuzzy preference relation and its effectiveness[J]. International Journal of Approximate Reasoning, 2009, 50 (8): 1287-1297.

[27] Xu Y J, Da Q L, Wang H M. A note on group decision-making procedure based on incomplete reciprocal relations[J]. Soft Computing, 2011, 15 (7): 1289-1300.

[28] Xu Y J, Patnayakuni R, Wang H M. Logarithmic least squares method to priority for group decision making with incomplete fuzzy preference relations[J]. Applied Mathematical Modelling, 2013, 37 (4): 2139-2152.

[29] Xu Y J, Patnayakuni R, Wang H M. The ordinal consistency of a fuzzy preference relation[J]. Information Sciences, 2013, 224: 152-164.

[30] Xu Y J, Wang H M. Eigenvector method, consistency test and inconsistency repairing for an incomplete fuzzy preference relation[J]. Applied Mathematical Modelling, 2013, 37 (7): 5171-5183.

[31] Saaty T L. The Analytic Hierarchy Process[M]. New York: McGraw-Hill, 1980.

[32] Xu Z S. Consistency of interval fuzzy preference relations in group decision making[J]. Applied Soft Computing, 2011, 11 (5): 3898-3909.

[33] Bazaraa M S, Shetty C M. Nonlinear Programming—Theory and Algorithms[M]. Singapore: Wiley, 1990.

[34] Ma J, Fan Z P, Jiang Y P, et al. An optimization approach to multiperson decision making based on different formats of preference information[J]. IEEE Transactions on Systems Man and Cybernetics, Part A: Systems and Humans, 2006, 36 (5): 876-889.

[35] Herrera-Viedma E, Martinez L, Mata F, et al. A consensus support system model for group decision-making problems with multigranular linguistic preference relations[J]. IEEE Transactions on Fuzzy Systems, 2005, 13 (5): 644-658.

[36] Yager R R. On ordered weighted averaging aggregation operators in multicriteria decision making[J]. IEEE Transactions on Systems Man and Cybernetics，1988，18（1）: 183-190.

[37] Palomares I，Rodríguez R M，Martínez L. An attitude-driven web consensus support system for heterogeneous group decision making[J]. Expert Systems with Applications，2013，40（1）: 139-149.

[38] Önüt S，Efendigil T，Kara S S. A combined fuzzy MCDM approach for selecting shopping center site: An example from Istanbul，Turkey[J]. Expert Systems with Applications，2010，37（3）: 1973-1980.

[39] Yeh J M，Kreng B，Lin C H. A consensus approach for synthesizing the elements of comparison matrix in the Analytic Hierarchy Process[J]. International Journal of Systems Science，2001，32（11）: 1353-1363.

[40] Wu Z B，Xu J P. A consistency and consensus based decision support model for group decision making with multiplicative preference relations[J]. Decision Support Systems，2012，52（3）: 757-767.

[41] Xu Y J，Liu X，Wang H M. The additive consistency measure of fuzzy reciprocal preference relations[J]. International Journal of Machine Learning and Cybernetics，2018，9（7）: 1141-1152.

[42] Dong Y C，Xu Y F，Li H Y. On consistency measures of linguistic preference relations[J]. European Journal of Operational Research，2008，189（2）: 430-444.

[43] Xu Z S. An automatic approach to reaching consensus in multiple attribute group decision making[J]. Computers and Industrial Engineering，2009，56（4）: 1369-1374.

[44] Herrera F，Herrera-Viedma E，Verdegay J L. A model of consensus in group decision making under linguistic assessments[J]. Fuzzy Sets and Systems，1996，78（1）: 73-87.

[45] Herrera-Viedma E，Herrera F，Chiclana F. A consensus model for multiperson decision making with different preference structures[J]. IEEE Transactions on Systems Man and Cybernetics: Part A-Systems and Humans，2002，32（3）: 394-402.

[46] Dong Y C，Fan Z P，Yu S. Consensus building in a local context for the AHP-GDM with the individual numerical scale and prioritization method[J]. IEEE Transactions on Fuzzy Systems，2015，23（2）: 354-368.

[47] Gong Z W，Zhang H H，Forrest J，et al. Two consensus models based on the minimum cost and maximum return regarding either all individuals or one individual[J]. European Journal of Operational Research，2015，240（1）: 183-192.

[48] Gong Z W，Xu X X，Zhang H H，et al. The consensus models with interval preference opinions and their economic interpretation[J]. Omega，2015，55: 81-90.

[49] Xu Y J，Cabrerizo F J，Herrera-Viedma E. A consensus model for hesitant fuzzy preference relations and its application in water allocation management[J]. Applied Soft Computing，2017，58: 265-284.

[50] Palomares I，Martínez L，Herrera F. A consensus model to detect and manage noncooperative behaviors in large-scale group decision making[J]. IEEE Transactions on Fuzzy Systems，2014，22（3）: 516-530.

[51] Cabrerizo F J, Pérez I J, Herrera-Viedma E. Managing the consensus in group decision making in an unbalanced fuzzy linguistic context with incomplete information[J]. Knowledge-Based Systems, 2010, 23 (2): 169-181.

[52] Herrera-Viedma E, Alonso S, Chiclana F, et al. A consensus model for group decision making with incomplete fuzzy preference relations[J]. IEEE Transactions on Fuzzy Systems, 2007, 15 (5): 863-877.

[53] Yager R R, Filev D P. Induced ordered weighted averaging operators[J]. IEEE Transactions on Systems, Man, and Cybernetics, Part B (Cybernetics), 1999, 29 (2): 141-150.

[54] Wu J, Chiclana F, Fujita H, et al. A visual interaction consensus model for social network group decision making with trust propagation[J]. Knowledge-Based Systems, 2017, 122: 39-50.

[55] Alonso S, Herrera-Viedma E, Chiclana F, et al. A web based consensus support system for group decision making problems and incomplete preferences[J]. Information Sciences, 2010, 180 (23): 4477-4495.

[56] Dong Y C, Xu Y F, Li H Y, et al. The OWA-based consensus operator under linguistic representation models using position indexes[J]. European Journal of Operational Research, 2010, 203 (2): 455-463.

[57] Xu Y J, Li K W, Wang H M. Distance-based consensus models for fuzzy and multiplicative preference relations[J]. Information Sciences, 2013, 253: 56-73.

[58] Dong Y C, Xiao J, Zhang H J, et al. Managing consensus and weights in iterative multiple-attribute group decision making[J]. Applied Soft Computing, 2016, 48: 80-90.

[59] Dong Y C, Zhang H J, Herrera-Viedma E. Integrating experts' weights generated dynamically into the consensus reaching process and its applications in managing non-cooperative behaviors[J]. Decision Support Systems, 2016, 84: 1-15.

[60] Xu Y J, Rui D, Wang H M. A dynamically weight adjustment in the consensus reaching process for group decision-making with hesitant fuzzy preference relations[J]. International Journal of Systems Science, 2017, 48 (6): 1311-1321.

[61] Xu Y J, Zhang W C, Wang H M. A conflict-eliminating approach for emergency group decision of unconventional incidents[J]. Knowledge-Based Systems, 2015, 83: 92-104.

[62] Xu Y J, Wen X W, Zhang B W. A two-stage consensus method for large-scale multi-attribute group decision making with an application to earthquake shelter selection[J]. Computers and Industrial Engineering, 2018, 116: 113-129.

[63] Ben-Arieh D, Chen Z F. Linguistic-labels aggregation and consensus measure for autocratic decision making using group recommendations[J]. IEEE Transactions on Systems, Man, and Cybernetics, Part A: Systems and Humans, 2006, 36 (3): 558-568.

[64] Dong Q X, Cooper O. A peer-to-peer dynamic adaptive consensus reaching model for the group AHP decision making[J]. European Journal of Operational Research, 2016, 250 (2): 521-530.

[65] Xu Y J, Wang Q Q, Cabrerizo F J, et al. Methods to improve the ordinal and multiplicative consistency for reciprocal preference relations[J]. Applied Soft Computing, 2018, 67: 479-493.

[66] Chiclana F, Mata F, Martinez L, et al. Integration of a consistency control module within a consensus model[J]. International Journal of Uncertainty Fuzziness and Knowledge-Based

Systems，2008，16：35-53.

[67] Zhang Z，Guo C H，Martínez L. Managing multigranular linguistic distribution assessments in large-scale multiattribute group decision making[J]. IEEE Transactions on Systems，Man，and Cybernetics：Systems，2017，47（11）：3063-3076.

[68] Liu X，Xu Y J，Montes R，et al. Alternative ranking-based clustering and reliability index-based consensus reaching process for hesitant fuzzy large scale group decision making[J]. IEEE Transactions on Fuzzy Systems，2019，27（1）：159-171.

[69] Xu J P，Wu Z B. A discrete consensus support model for multiple attribute group decision making[J]. Knowledge-Based Systems，2011，24（8）：1196-1202.

[70] Ng K C，Abramson B. Consensus diagnosis：A simulation study[J]. IEEE Transactions on Systems，Man，and Cybernetics，1992，22（5）：916-928.

[71] Xu X H，Zhou S H，Wang Y F，et al. Conflict eliminating coordination method for emergency decision of unconventional outburst incidents[J]. Control and Decision，2013，28（8）：1138-1144.

[72] Chang T H，Hsu S C，Wang T C，et al. Measuring the success possibility of implementing ERP by utilizing the incomplete linguistic preference relations[J]. Applied Soft Computing，2012，12（5）：1582-1591.

[73] Xu Z S. Incomplete linguistic preference relations and their fusion[J]. Information Fusion，2006，7（3）：331-337.

[74] Xu Z S. EOWA and EOWG operators for aggregating linguistic labels based on linguistic preference relations[J]. International Journal of Uncertainty，Fuzziness and Knowledge-Based Systems，2004，12（6）：791-810.

[75] Elzinga C，Wang H，Lin Z W，et al. Concordance and consensus[J]. Information Sciences，2011，181（12）：2529-2549.

[76] Cook W D，Seiford L M. On the Borda-Kendall consensus method for priority ranking problems[J]. Management Science，1982，28（6）：621-637.

[77] Cook W D，Seiford L M. Priority ranking and consensus formation[J]. Management Science，1978，24（16）：1721-1732.

[78] Xu Y J，Gupta J N D，Wang H M. The ordinal consistency of an imcomplete reciprocal preference relation[J]. Fuzzy Sets and Systems，2014，246：62-77.

[79] Xu Y J，Li K W，Wang H M. Incomplete interval fuzzy preference relations and their applications[J]. Computers and Industrial Engineering，2014，67：93-103.

[80] Xu Y J，Ma F，Tao F F，et al. Some methods to deal with unacceptable incomplete 2-tuple fuzzy linguistic preference relations in group decision making[J]. Knowledge-Based Systems，2014，56：179-190.

[81] Pinson S D，Louçã J A，Moraitis P. A distributed decision support system for strategic planning[J]. Decision Support Systems，1997，20（1）：35-51.

[82] Doumpos M，Kosmidou K，Baourakis G，et al. Credit risk assessment using a multicriteria hierarchical discrimination approach：A comparative analysis[J]. European Journal of Operational Research，2002，138（2）：392-412.

[83] Kohonen T. The self-organizing map[J]. Neurocomputing, 1998, 21 (1-3): 1-6.

[84] Akinduko A A, Mirkes E M, Gorban A N. SOM: Stochastic initialization versus principal components[J]. Information Sciences, 2016, 364-365: 213-221.

[85] Xu J P, Xu D, Lu Y. Resident participation in post-Lushan earthquake housing reconstruction: A multi-stage field research method-based inquiry[J]. Environment Hazards, 2016, 15 (2): 128-147.

[86] Wu J Y, Lindell M K. Housing reconstruction after two major earthquakes: The 1994 Northridge earthquake in the United States and the 1999 Chi-Chi earthquake in Taiwan[J]. Disasters, 2004, 28 (1): 63-81.

[87] Liu B S, Chen Y, Shen Y H, et al. A complex multi-attribute large-group decision making method based on the interval-valued intuitionistic fuzzy principal component analysis model[J]. Soft Computing, 2014, 18 (11): 2149-2160.

[88] Liu B S, Shen Y H, Chen X H, et al. A partial binary tree DEA-DA cyclic classification model for decision makers in complex multi-attribute large-group interval-valued intuitionistic fuzzy decision-making problems[J]. Information Fusion, 2014, 18: 119-130.

[89] Xu Y J, Chen L, Li K W, et al. A Chi-square method for priority derivation in group decision making with incomplete reciprocal preference relations[J]. Information Sciences, 2015, 306: 166-179.

[90] Xu Y J, Chen L, Wang H M. A least deviation method for priority derivation in group decision making with incomplete reciprocal preference relations[J]. International Journal of Approximate Reasoning, 2015, 66 (C): 91-102.

[91] Zhou L G, Chen H Y. On compatibility of uncertain additive linguistic preference relations based on the linguistic COWA operator[J]. Applied Soft Computing, 2013, 13 (8): 3668-3682.

[92] Zhou L G, He Y D, Chen H Y, et al. On compatibility of uncertain multiplicative linguistic preference relations based on the linguistic COWGA[J]. Applied Intelligence, 2014, 40 (2): 229-243.

[93] Zhou L G, Merigo J M, Chen H Y, et al. The optimal group continuous logarithm compatibility measure for interval multiplicative preference relations based on the COWGA operator[J]. Information Sciences, 2016, 328: 250-269.

[94] Torra V. Hesitant fuzzy sets[J]. International Journal of Intelligent Systems, 2010, 25 (6): 529-539.

[95] Xia M M, Xu Z S. Hesitant fuzzy information aggregation in decision making[J]. International Journal of Approximate Reasoning, 2011, 52 (3): 395-407.

[96] Rodríguez R M, Martínez L, Torra V, et al. Hesitant fuzzy sets: State of the art and future directions[J]. International Journal of Intelligent Systems, 2014, 29 (6): 495-524.

[97] Xia M M, Xu Z S. Managing hesitant information in GDM problems under fuzzy and multiplicative preference relations[J]. International Journal of Uncertainty, Fuzziness and Knowledge-Based Systems, 2013, 21 (6): 865-897.

[98] Zhu B, Xu Z S, Xu J P. Deriving a ranking from hesitant fuzzy preference relations under group decision making[J]. IEEE Transactions on Cybernetics, 2014, 44 (8): 1328-1337.

[99] Xu Z S，Xia M M. Distance and similarity measures for hesitant fuzzy sets[J]. Information Sciences，2011，181（11）：2128-2138.

[100] Chiclana F，Herrera-Viedma E，Alonso S. A note on two methods for estimating missing pairwise preference values[J]. IEEE Transactions on Systems，Man，and Cybernetics，Part B（Cybernetics），2009，39（6）：1628-1633.

[101] Herrera-Viedma E，Chiclana F，Herrera F，et al. Group decision-making model with incomplete fuzzy preference relations based on additive consistency[J]. IEEE Transactions on Systems，Man，and Cybernetics，Part B（Cybernetics），2007，37（1）：176-189.

[102] Zhang Z M，Wang C，Tian X D. A decision support model for group decision making with hesitant fuzzy preference relations[J]. Knowledge-Based Systems，2015，86：77-101.

[103] Yager R R. Quantifier guided aggregation using OWA operators[J]. International Journal of Intelligent Systems，1996，11（1）：49-73.

[104] Cabrerizo F J，Chiclana F，Al-Hmouz R，et al. Fuzzy decision making and consensus：Challenges[J]. Journal of Intelligent and Fuzzy Systems，2015，29（3）：1109-1118.

[105] Chiclana F，Herrera F，Herrera-Viedma E，et al. A classification method of alternatives for multiple preference ordering criteria based on fuzzy majority[J]. Journal of Fuzzy Mathematics，1996，4：801-814.

[106] Xu Z S. A survey of preference relations[J]. International Journal of General Systems，2007，36（2）：179-203.

[107] Xu Z S. A method based on linguistic aggregation operators for group decision making with linguistic preference relations[J]. Information Sciences，2004，166（1-4）：19-30.

[108] Liu W Q，Dong Y C，Chiclana F，et al. Group decision-making based on heterogeneous preference relations with self-confidence[J]. Fuzzy Optimization Decision Making，2016，16（4）：429-447.

[109] Liu W Q，Dong Y C，Chiclana F，et al. A new type of preference relations：Fuzzy preference relations with self-confidence[C]. Vancouver：2016 IEEE International Conference on Fuzzy Systems，2016：7-24.

[110] Zadeh L A. A note on Z-numbers[J]. Information Sciences，2011，181（14）：2923-2932.

[111] Kacprzyk J，Zadrożny S. Soft computing and Web intelligence for supporting consensus reaching[J]. Soft Computing，2010，14（8）：833-846.

[112] Alonso S，Pérez I J，Cabrerizo F J，et al. A linguistic consensus model for web 2.0 communities[J]. Applied Soft Computing，2013，13（1）：149-157.

[113] Liu W Q，Zhang H J，Chen X，et al. Managing consensus and self-confidence in multiplicative preference relations in group decision making[J]. Knowledge-Based Systems，2018，162：62-73.

[114] Tian J F，Zhang Z M，Ha M H. An additive consistency and consensus-based approach for uncertain group decision making with linguistic preference relations[J]. IEEE Transactions on Fuzzy Systems，2019，27（5）：873-887.

[115] Zhang Z，Li Z L，Gao Y. Consensus reaching for group decision making with multi-granular unbalanced linguistic information：A bounded confidence and minimum adjustment-based

approach[J]. Information Fusion，2021，74：96-110.

[116] Chiclana F，Tapia García J M，del Moral M J，et al. A statistical comparative study of different similarity measures of consensus in group decision making[J]. Information Sciences，2013，221：110-123.

[117] Dong Y C，Zhao S H，Zhang H J，et al. A self-management mechanism for noncooperative behaviors in large-scale group consensus reaching processes[J]. IEEE Transactions on Fuzzy Systems，2018，26（6）：3276-3288.

[118] Xu X H，Du Z J，Chen X H. Consensus model for multi-criteria large-group emergency decision making considering non-cooperative behaviors and minority opinions[J]. Decision Support Systems，2015，79：150-160.

[119] Zhang Z，Gao Y，Li Z L. Consensus reaching for social network group decision making by considering leadership and bounded confidence[J]. Knowledge-Based Systems，2020，204：106240.

[120] Lu Y L，Xu Y J，Herrera-Viedma E，et al. Consensus of large-scale group decision making in social network：The minimum cost model based on robust optimization[J]. Information Sciences，2021，547：910-930.